湖南省社会科学评审委员会重大课题"中国式现代化背景下湖南幼学—家学—女学一体化发展的理论研究与实践探索"研究成果

三方协同 共育新苗

湖南省"家校社共育"
➡ 理论研究与案例选编 ⬅

主编：罗　婷　舒凡卿

编委：周明侠　周　亮　胡桂香
　　　杨志红　钟大蔚　文麦秋

湖南师范大学出版社

·长沙·

图书在版编目（CIP）数据

三方协同　共育新苗：湖南省"家校社共育"理论研究与案例选编／罗婷，舒凡卿主编. —长沙：湖南师范大学出版社，2023. 12

ISBN 978 - 7 - 5648 - 5124 - 8

Ⅰ. ①三…　Ⅱ. ①罗…　②舒…　Ⅲ. ①学校教育—合作—家庭教育—案例—湖南　Ⅳ. ①G459

中国国家版本馆 CIP 数据核字（2023）第 195493 号

三方协同　共育新苗：湖南省"家校社共育"理论研究与案例选编

Sanfang Xietong　Gongyu Xinmiao：Hunansheng "Jia Xiao She Gongyu" Lilun Yanjiu yu Anli Xuanbian

罗　婷　舒凡卿　主编

◇出　版　人：吴真文
◇责任编辑：胡艳晴
◇责任校对：王　璞
◇出版发行：湖南师范大学出版社
　　　　　　地址/长沙市岳麓区　邮编/410081
　　　　　　电话/0731 - 88873071　88873070　传真/0731 - 88872636
　　　　　　网址/https：//press. hunnu. edu. cn
◇经销：新华书店
◇印刷：长沙印通印刷有限公司
◇开本：710 mm×1000 mm　1/16
◇印张：17. 75
◇字数：280 千字
◇版次：2023 年 12 月第 1 版
◇印次：2023 年 12 月第 1 次印刷
◇书号：ISBN 978 - 7 - 5648 - 5124 - 8
◇定价：49. 00 元

　　党的十八大以来，以习近平同志为核心的党中央高度重视家庭家教家风建设。习近平总书记指出："我们要重视家庭文明建设，努力使千千万万个家庭成为国家发展、民族进步、社会和谐的重要基点，成为人们梦想启航的地方。"党的二十大报告进一步指出，要"健全学校家庭社会育人机制"。习近平总书记有关家庭教育的重要论述，厚植中华优秀传统文化，以深厚的家国情怀，深刻阐释了家庭、家教和家风建设的重大意义，为家校社的协同提供了方向指引。为在新时代的伟大征程中，落实立德树人的根本任务，弘扬中华民族重视家庭教育的优良传统，推进家庭文明建设，增进家庭幸福与社会和谐，培养德智体美劳全面发展的社会主义建设者和接班人，提供了思想力量和重要遵循。

　　为全面落实习近平总书记关于注重家庭家教家风建设的重要论述及对湖南重要讲话、重要指示批示精神，湖南省委省政府乘势而上，积极作为，近年来，相继出台了《湖南省家庭教育促进条例》《湖南省关于指导推进家庭教育工作的规划（2022—2025年）》，力求通过完善立德树人根本任务落实机制，完善家庭教育法律政策体系，构建普惠性家庭教育公共服务供给体系，打造专业化家庭教育支持体系，完善精准化家庭教育指导服务机制，构建全链条的家校社协同育人机制等重点任务，全面促进家校社协同育人，为全面建设社会主义现代化新湖南、实现第二个百年奋斗目标奠定人才基础。

"三方协同"，就是家庭、学校、社会协同育人。2023 年 1 月，教育部等十三部门联合印发的《关于健全学校家庭社会协同育人机制的意见》提到，学校家庭社会协同育人的主要目标是，到"十四五"时期末，政府对学校家庭社会协同育人工作的统筹领导更加有力，制度体系基本建立健全。学校积极主导、家庭主动尽责、社会有效支持的协同育人机制更加完善；促进学生全面发展、健康成长的良好氛围更加浓厚；学校教育主阵地作用进一步强化，家庭教育指导服务更加专业；家长科学育儿观念基本树立，履行家庭教育主体责任更加到位；城乡社区家庭教育指导服务站点普遍建立，社会育人资源利用更加充分。到 2035 年，形成定位清晰、机制健全、联动紧密、科学高效的学校家庭社会协同育人机制。

因此，我们编写本书，以《关于健全学校家庭社会协同育人机制的意见》为指导，根源在于立本，中心在于树人，目标在于兴邦。就是力图以法治为依据，紧扣立德树人这个根本任务，立足湖南家庭教育的实际，解决当前学校、家庭、社会协同育人中的主要理论和实践问题，以促进儿童健康成长为根本目标，提升家庭教育工作专业化和规范化水平，开拓湖南教育高质量发展的新局面，使新时代人民满意的湖南教育，成为全面建设社会主义现代化新湖南的力量源泉。

　　编写本书，我们的意图主要在于：

　　一是传承优秀传统文化，坚守家庭教育的思想源泉，深化理论阐释。中国的家庭教育传统源远流长，在浩如烟海的文化典籍中，历代的家训、家规、家仪、家书，以及散见于经史子集中的有关家教的名言、名篇，无不蕴含着丰富、先进的家庭教育思想。中华优秀传统文化，以家庭家教家风为基本载体，在长期的历史积淀中，逐渐成为一种渗透于民族深层心理、日常行为生活和教育学习行为中的文化基因，代代相传。本书有关协同育人的理论阐释，就是力图以中华优秀的家庭教育传统为思想源泉，发掘其理论要旨和内涵，并力图在新时代语境中激活其新义，在协同育人领域构建中国话语，发出中国声音，以其作为当前家庭家教家风建设以及协同育人的一种理论指引。

　　二是聚焦现实具体问题，思考协同育人的特色机制，汇聚智慧力量。教育家蔡元培先生说："家庭者，人生最初之学校也。"家庭在人生成长中的重要性不言而喻。但不可否认，当前部分家庭教育行为，还处于自发和无序的状态；过度依赖学校教育和社会教育的现象还较为普遍，且一些家庭教育指导机构一定程度上存在从业者素质高低不等、指导内容良莠不齐等问题；系统科学的协同育人知识和行之有效的方法，尚较为匮乏。本书的编写，依托落户于长沙师范学院的湖南省教育厅关工委家庭教育中心，充分发挥其"红色底色、师范本色、儿童特色"，在构建"幼学—家学—女学"教育新高地的过程中，力图面对现实问题,充分加强家庭教育的研究,积极思考协同育人特色机制的建构,从而在协同育人业务的开展、经验的总结、知识的普及、理论的运用、路径的探讨等方面,形成具有针对性的智库建议,为协同育人相应政策措施的制定及其可持续性发展,提供智力支持。

三是立足优秀案例分享,呈现协同育人的解决方案,探寻实践路径。为进一步凸显近年来我省协同育人工作的成效,明确协同育人过程中面对具体问题的解决方案,探索新时代家校社协同育人的新问题、新特点、新要求和新方法,我们在面向大、中、小学征集协同育人优秀案例的基础上,经过严格遴选,在本书中编入了 49 个较有代表性的案例。拟通过案例的呈现,提供一套可供借鉴、推广的家庭教育解决方案,以期通过案例的研读,家长们能不断提升自身素质和能力,不断完善家庭教育;各类学校能够与家庭形成育人合力,逐渐完善协同育人的机制和路径;政府相关主管部门能够切实做好制度设计和政策保障等工作,全方位搭建人才培养的平台。

四是面向少年儿童成长,完善协同育人的指导服务,实现价值驱动。本书的编写,立足理论阐述、智库建议和实践案例三大板块,是要围绕培养社会主义接班人的根本任务,面向少年儿童的健康成长,不断探寻协同育人的理论创新和理念更新,思考协同育人的政策保障和社会支持,构建协同育人的工作载体和合作平台,延伸协同育人的服务阵地和业务样态,提升协同育人的专业水平和育人实效,真正实现协同育人指导服务的专业化、规范化、科学化、个性化和可持续化。一言以蔽之，本书总的宗旨，是要探讨如何把教育的"家事"，上升为新时代的重要"国事"并具体落实的问题。

习近平总书记说："中华民族历来重视家庭。中华民族传统家庭美德铭记在中国人的心灵中，融入中国人的血脉中，是支撑中华民族生生不息、薪火相传的重要精神力量，是家庭文明建设的宝贵精神财富。"在以中国式现代化全面推进中华民族伟大复兴历史背景下，在加快建设教育强国、科技强国、人才强国的宏大历史征程中，在把"三高四新"蓝图变成美好现实的现实奋进中，做好家庭教育，做好协同育人，为党育人、为国育才，培养优秀的社会主义事业接班人，是所有教育工作者和全社会应有的责任。

本书的编写，得到了湖南省教育工委、湖南省教育厅关工委、湖南省教育厅关工委家庭教育指导中心、湖南省妇女儿童教育研究中心以及湖南师范大学出版社同仁们的大力支持。省教育工委王建华书记一直关心本书的编写工作；省教育厅关工委的同志们从该书的选题、案例的选择直至定稿一直参与其中，并悉心指导；当然，该书最终能够出版发行得益于各位作者无私奉献自己的研究成果与实践经验，在此我们表示深深的感谢。但是，由于学力所及和时间有限，本书的编写，也还有理论探讨值得进一步深化、智库建议尚可进一步落地、案例选编进一步优化的空间。这些，我们都将在今后的家庭教育研究和实践工作中，逐步完善。

"天下之本在家",未来,我们将会继续聚焦并深化家庭教育研究,弘扬中华民族优秀家庭教育传统,打造家庭、学校、社会协同教育平台,为家庭教育的实施提供全面的保障和多元支撑,培育更多优秀的社会主义建设者和接班人!

罗 婷

2023 年 11 月 20 日于长沙师范学院

（罗婷,长沙师范学院党委书记,二级教授,博士研究生导师。担任湖南省妇女儿童教育研究中心主任,湖南省教育厅关工委家庭教育指导中心主任,兼任中国高等教育管理研究会副理事长等职务）

目录

理论编

> **编者按**

实践编

➤ 幼儿组·编者按

➤ 小学组·编者按

▶ 中学组·编者按

➤ **其他组·编者按**

理 论 编

编者按

自教育部等 13 个部门联合印发《关于健全学校家庭社会协同育人机制的意见》以来,家校社协同育人的重要性被提到了前所未有的高度。新形势下,家校社协同育人的理论和价值内涵,也被赋予了新的特点。在加快建设高质量教育体系、全面推进家校社协同育人、扎实推进"双减"政策的背景下,发掘理论新的纵深度、寻求环境新的支撑度、实现理论新的指引度,是本书家校社协同育人理论研究的目标指向。

明确一种思想指引。深刻领悟习近平总书记有关儿童教育的系列新理念、新思想和新观念,在儿童教育研究和实践中,始终坚持以"党的领导"为方向引领,坚持以"人民中心"为价值引领,坚持以"全面发展"为目标引领。

建构一种理论模式。以长沙师范学院党委书记、博士研究生导师罗婷教授为核心的研究团队,创造性地提出了"幼学—家学—女学"协同发展的协同育人模式,将儿童教育(幼学)、家庭教育(家学)、女性发展(女学)融合为治理共同体,为推动妇女儿童事业高质量发展、引领社会主义家庭文明新风尚、培养担当民族复兴大任的时代新人,建构了一种全新的理论模式。

搭建一种系统框架。将研究目标从在校学生转向所有社会成员,在"双减"、社会经济、传统文化等系统框架和多维视域中,探讨儿童教育从无序合作到有序协调、工具理性到"立德树人"的转变和科学发展过程,探寻协同育人的系统性、科学性。

‖ "幼学—家学—女学"协同发展的价值理念、逻辑证成与模式创新 ‖

长沙师范学院　罗婷　周亮

党的二十大报告提出，要实施科教兴国战略，强化现代化建设人才支撑。教育、科技、人才是全面建设社会主义现代化国家的基础性、战略性支撑。幼儿教育是我国教育体系中最基础的起始环节，对人才的成长发挥着奠基性和持续性的作用与影响。党的二十大报告还提出，加强家教家风建设，加强和改进未成年人思想道德建设，推动明大德、守公德、严私德，提高人民道德水准和文明素养，将家庭教育视为未成年人道德教育的重要阵地。与此同时，"坚持男女平等基本国策，保障妇女儿童合法权益"更是连续三次被写入全国党代会报告。由此可见，儿童成长、家庭建设、妇女发展都是党和国家高度重视的国之大计。

幼学是一切关于幼儿成长的学问，家学是对一切有助于认识和发展家的内涵、价值、功能和组织形式等相关内容的总称，女学是对有关女性发展的学问总称。在我国传统社会，女性是家庭建设和儿童教育的主要承担者，家庭是女性和儿童共同成长的摇篮，女性发展、儿童成长和家的建设是有机联系在一起的。家学、女学和幼学三者有着密不可分的天然联系。近现代以来，随着女性参与社会分工的增加和现代教育制度变革，女性社会角色冲突、家庭教育功能弱化、儿童行为失范等系列问题亟待一种推动儿童、家庭和妇女协同发展的新治理模式来解决。党的二十大报告强调，要健全共建共治共享的社会治理制度，提升社会治理效能。如何融合家庭、女性和儿童为发展共同体，实现三者的协同发展是一种创新性的社会公共服务和教育治理现代化改革探索，对于建设社会主义家庭新风尚、推动女性和儿童事业发展、培养担当民族复兴大任的时代新人等历史使命的完成具有重要意义。

一、"幼学—家学—女学"协同发展的文化渊源与价值理念

家庭教育是人类发展史上最为久远、稳定的教育形式。在现代教育得到普及以前，学校教育在我国只是少部分人的特权，家庭教育承担着幼儿教育教化的主要任务。[①] 中国传统社会是以家庭伦理为起点的"家国同构"的国家组织形式，"家是最小国，国是千万家"，家庭稳定和谐是国家和社会稳定和谐的基础，家庭教育承载着传承社会公德和国家意志的重要功能。"修身、齐家、治国、平天下"是中国传统社会男人成长的典型期望，家是连接个人成长和社会价值实现的重要中介。《孟子·离娄上》中说："天下之本在国，国之本在家，家之本在身。"可以说，中国的传统家庭教育不仅仅是个人和家庭的私事，更是关系国家稳定和社会和谐的重大事件。[②] 我国古代对家庭教育和儿童早期成长的重视构成了我国优秀传统文化的重要组成部分，很多古代家庭教育文献中对儿童早期教育甚至胎教都有详细论述，如颜之推在《颜氏家训》中强调"人生小幼，精神专利，长成已后，思虑散逸，固须早教，勿失机也"。《列女传·母仪传·周室三母》中论及胎教的重要性，对母亲孕期的行为和思想进行了规范，认为"故妊子之时，必慎所感，感于善则善，感于恶则恶。人生而肖万物者，皆其母感于物，故形音肖之"。纵观我国教育发展史，家庭教育是传统教育中幼儿教育的主要形式，以"家国情怀"和"孝悌文化"为主的"德育优先"是我国传统家庭教育和幼儿教育的鲜明特征。

中国传统教育中另外一个鲜明特征是女性教育和幼儿教育的紧密结合。"贤妻良母""相夫教子"是传统中华文化中对女性最为鲜明且影响深远的角色和功能定位，可以说我国传统女性教育的主要内容是如何教导女性完成"淑女、

---

① 张东燕，高书国.现代家庭教育的功能演进与价值提升：兼论家庭教育现代化[J].中国教育学刊，2020（1）：66-71.
② 佘双好.我国古代家庭教育优良传统和方法探析：从家训看我国古代家庭教育传统和方法[J].武汉大学学报（社会科学版），2001（1）：116-122.

贤妻、良母"的三重角色定位，"贤妻良母"成为婚后女性角色的主要社会期望。这与传统中国社会"男主外、女主内"的社会分工有一定关系，传统中国女性参与社会活动的机会很少，在婚姻和家庭生活中基本作为男性的附庸而存在。父亲在外劳作和参与社会活动，母亲大多被固定和封闭在家庭之中，因此母亲日常和幼儿相处时间较多，母子之间较为亲密的亲子关系决定了母亲在幼儿教育和家庭教育中的重要角色。养子教子是中国传统女性的主要社会功能定位，同时"相夫教子"也是女性婚后生命意义的主要内容。正是在这个背景下，中国古代涌现了不少伟大女性，作为母亲，其教育案例成功被世代传颂和讴歌，如"孟母三迁""岳母刺字""画荻教子""量禀教子"等。自 20 世纪初，中国经济社会逐渐转型，女性自我意识和社会参与度不断提高，教育子女的繁重责任和逐步个性化的社会活动成为牵扯女性时间、精力和社会角色定位的一对长时间存在的矛盾①。加上现代教育逐渐兴起和我国教育服务逐渐普及，托儿所、学前教育机构的设立也成为一种减轻妇女家庭教育压力的重要影响因素，女性在家庭教育和幼儿成长中的功能被削弱，影响被降低。

"幼学—家学—女学"协同发展既是对我国高度重视家庭教育的优秀传统文化的创新性传承，也是新时代倡导社会主义新家庭家教家风建设的必然要求，同时对现代社会女性"走出家庭"后社会角色定位转变所出现的家庭教育和幼儿教化新局面、新情况和新问题的妥善解决具有重要意义，有利于家庭教育形成儿童、家庭和妇女共建、共享、共治的协同善治的状态。

二、"幼学—家学—女学"协同发展的逻辑证成

（一）儿童发展是"幼学—家学—女学"协同发展的根本动力

"望子成龙""光宗耀祖"是中国家长养育孩子最为突出而普遍的价值追求，儿童发展是中国传统家庭教育的核心目标。从教育原型分析，家庭教育是比学校教育更早也更接近教育原型的一种教育类型。②学校教育是以传

---

① 薛国瑞，林小静 . 20 世纪 30 年代中国母亲角色的转型与争论 [J]. 天府新论，2021（1）：134-142.

② 吴重涵，张俊，刘莎莎 . 现代家庭教育：原型与变迁 [J]. 教育研究，2022，43（8）：54-66.

授系统科学知识为目的的一种制度化教育，家庭教育则是以生活场景为主要教育内容的非正式、非制度化的教育，但其对儿童成长具有更为广泛而持久的影响。威廉·菲尔定·奥格本（William Fielding Ogburn）甚至认为"情感和教育功能是家庭保留下来的最有力功能"[1]。我国的社会传统强调"家国一体"，以道德和伦理为个人和国家的根本，而人的道德素养首先在家庭的潜移默化和言传身教中萌芽，并以家庭教育作为贯彻始终的主要培育手段。这意味着，在传统社会，家学是幼学发展的重要支撑。

虽然在现代经济社会转型背景下，女性逐渐走向社会化、个性化发展，人们越来越强调父母应该在家庭教育中扮演同样重要的角色，但是女性在家庭教育中的地位和作用因为其特殊的生育者身份和密切的亲子互动依然不可替代。池瑾的研究表明母亲教育观念（儿童发展观、教育观与期望）对儿童的心理特征，尤其是气质类型有显著影响。[2] 王娟等人的研究发现母亲的语言支架对儿童的情绪理解及儿童的亲社会行为均有显著影响。[3] 李喜乐等发现母亲的不恰当归因可能导致儿童的消极情绪和外在行为变化。[4] "推动摇篮的手就是推动世界的手"，由此可见，女学是提升家庭教育质量、改善儿童教育品质、促进儿童全面健康发展的重要途径，三者具有相互促进、协同提升的必要性和可行性。

（二）核心家庭的形成强化了"幼学—家学—女学"协同发展的现实基础

现代经济社会转型和城市化发展不断推动着我国家庭结构的变化，传统的"三代同堂""四代同堂"的联合型大家庭逐渐被"两代同堂"的现代核心家庭所取代。[5] 传统的联合型大家庭中祖辈、叔辈对幼儿共同进行教育的

---

① 威廉·菲尔定·奥格本.社会变迁：关于文化和先天的本质[M].王晓毅，译.杭州：浙江人民出版社，1989：43.
② 池瑾.母亲教育观念与儿童心理特征的相关研究[J].教育研究与实验，2003（2）：44-48.
③ 王娟，汪鑫鑫.母亲语言支架预测儿童亲社会行为：儿童情绪理解的中介作用[J].中国临床心理学杂志，2021，29（1）：19-23.
④ 李喜乐，孙安琪，高平圆，等.母亲的情景特异性归因与儿童问题行为：儿童消极情绪的调节作用[J].心理与行为研究，2021，19（1）：74-81.
⑤ 陈建强.中国家庭教育会怎么样：21世纪初中国家庭教育发展基本趋势预测[J].家庭教育，2000（1）：4-6.

大教育环境逐步演变为以小家庭为核心的相对孤立的家庭教育小环境。在现代核心家庭中，父母成为承担家庭和幼儿教育的单一主体，父母对儿童发展的影响相对传统的联合型大家庭更为凸显。传统的联合型大家庭中祖辈和先为父母的同辈可以作为初为人父母的年轻夫妻的教导者，甚至共同分担儿童教育教化的责任，而现代核心家庭的父母面临着从毫无经验的初学者立即转化为孤立的家庭教育单一承担主体，家庭教育的指导和女性教育（作为母亲）成为科学育儿、建设和谐家庭迫在眉睫的社会需求。

为人父母是自然生育的结果，但是好父母是接受教育和主动学习而形成的。现代人对理想母亲的要求已经远超中国传统"相夫教子"的角色要求，科学育儿、民主意识、新时代精神等构成了现代人对理想母亲的主要素质要求。现代核心家庭背景下，年轻的父母面对子女教育的多元化选择难免莫衷一是，夫妻双方的教育观念差异经常成为家庭矛盾的主要诱因。近年来，亲职教育（又称为"家长教育"）作为一种新型教育类型逐渐兴起，初期主要作为国家对一些青少年罪犯的父母进行的一种强制教育而存在。亲职教育的教育对象为父母，教学内容主要为如何做好父母和父母如何教育孩子两个方面。有学者认为，在现代核心家庭背景下，初为父母的年轻夫妻在家庭关系处理、幼儿教育等问题上常常茫然无措，因此，亲职教育应该从一种强制教育转为对年轻父母的一种普及教育。[①] 亲职教育的目的是引导家庭形成正向的夫妻关系、家庭关系和亲子关系，这对于儿童，特别是学龄前的幼儿的健康成长具有重要意义。[②] 亲职教育以对父母教育进行教育为形式，也包含夫妻的性别教育内容，其目的在于帮助父母更正确有效地实施幼儿教育，可以视为幼儿、家庭和妇女协同教育的萌芽形态。

（三）社会主义家庭新风尚是"幼学—家学—女学"协同发展的文化愿景

家庭是妇女、儿童共同成长的摇篮，睿智尽职的父母以及和谐的家庭关

---

① 张晶，邱阳东. "亲职教育"亟须从"强制"走向普及 [J]. 教书育人，2018（14）：22-23.
② 杨梦萍，胡娟. 3～6岁幼儿家长亲职教育参与现状及需求研究：以苏州市为例 [J]. 教育理论与实践，2020，40（29）：18-21.

系为幼儿的健康成长提供良好的环境。大量研究表明，家庭关系紧张、夫妻冲突、母亲抚养压力大对于儿童的心理生理健康成长均有重要影响。[①] "幼学—家学—女学"协同发展的目的之一即在于通过家庭教育构建和谐的家庭关系，除了教育女性更好地承担母亲这一角色的知识、技能、方法和技巧以外，家庭教育也可以引导男性更多地参与幼儿教化。在鼓励女性参与社会建设，发挥女性在政治经济社会"半边天"作用的同时，鼓励男性更多地回归和守护家庭，在家庭建设和幼儿教育教化上承担"半边天"的责任，同时达到解放女性和优育儿童的双重效益，形成新时代中国特色社会主义家庭新风尚，这是新时代"幼学—家学—女学"协同发展最美好的协同愿景。

三、新时代"幼学—家学—女学"协同发展的实践模式

（一）以促进妇女儿童的社会融入为"幼学—家学—女学"协同发展的效益追求

教育的根本目的在于培养人，也即促进人的社会化和社会生存技能的发展。[②] 在传统中国社会，家庭教育是最为普及的教育类型。基于中国社会传统上的"家国同构"教育理念，家庭教育的重要职能在于将统治阶级的意识形态家庭化，即通过不断地教化、磨砺和完善将统治阶级的意识形态内化为家庭成员的个性化选择[③]，也即通过家庭教育的形式达成人的社会化。传统的中国式家庭教育注重整体性和社会性，通过教育将自然人转化为价值理念一致的社会人，这对于维持社会稳定有重要价值，但是对于个体的自我发展、个性化成长会产生一定的消极影响。现代教育则强调人的社会化和个性化并重，实现人的社会化和个性化协调统一发展。[④] 个性化发展和社会融入不是矛盾对立的，而是可以相互促进和共同发展的。

"幼学—家学—女学"协同发展首先以儿童的全面发展为目标。而妇女

① 赵丽沙，张燕娜，张兴利.母亲抚养压力对 4～6 岁儿童持续性注意的影响：夫妻冲突与母亲敏感性的中介作用 [J].中国临床心理学杂志，2020，28（6）：1301-1304.
② 吴佩杰.论家庭教育中的价值引领与青少年社会化 [J].教育与职业，2007（18）：188-189.
③ 徐娜娜.先秦时期的家庭观念与家庭教育 [J].中华家教，2022（4）：6.
④ 王艳娟.教育只是实现人的社会化吗 [D].长春：东北师范大学，2009.

受教育与发展并因此更好地融入社会是保证家庭教育能够促进儿童全面健康发展的前提，一个自尊、自信、自立、自强的新时代母亲毫无疑问比囿于男权和家庭的传统固化的女性更能养育出心智健全的儿童。中国传统文化中的"女德"教育被长时间地奉为女性教育的必修课，其中"男主外、女主内"的分工在彼时的时代背景下有一定的优势，但是其突出的不足在于将女性定位为男性的依附和从属品，男性和家庭是女性的主要价值体现和生存依附，与现代女性充分融入社会的时代要求格格不入。自从 20 世纪以女性"走出家庭"为标志的妇女解放运动兴起以来，女性的社会融入既是政治经济社会发展的必然要求，也是女性同样作为独立个体存在的应然状态。女性的解放和成长并不是孤立的性别意识问题，恰恰是提高家庭养育环境、培养"时代新人"的题中应有之义。

家庭对儿童进行教养的最终目标是促进家庭成员的顺利社会化。"幼学—家学—女学"协同发展应充分吸收传统家庭教育中培养"家国情怀"的优点，同时克服其固定化、模式化和贬抑女性的不足，将家庭教育与女性成长、儿童成才顺利衔接，扩大传统家庭教育的社会适应范畴。"幼学—家学—女学"协同发展要充分考量现代竞争、开放、全民融入的经济社会新特征，不仅要满足儿童成长和人才培育的目标，而且要从家庭的狭小空间中解放女性，同时以积极正向的家庭环境培育社会主义新生力量，从而满足从家庭和谐走向社会稳定的顺利连接，积极促进妇女和儿童的良好社会融入，在兼顾整体性培育的同时充分尊重个性化发展需求。

（二）以道德教育为"幼学—家学—女学"协同发展的内容聚焦

学校教育是以系统传授科学知识为主要目标的规范化教育模式，家庭教育作为一种生活化、常态化和模糊化的教育形式是更利于承担道德教育责任的教育模式，而且对儿童的成长影响更为深刻。[1] 家庭教育的内容非常宽泛，德智体美劳均可作为家庭教育的内容，但是其中最为重要和基础性的是德育

---

[1] 唐宏瑛，刘经农. 品德教育：家庭教育的主旋律 [J]. 中国成人教育，2008（24）：150-151.

教育。我国传统的家庭教育就非常强调德育的重要性，"养正于蒙"等传统教育理念以伦理道德的"人伦"教育为主要手段，通过灌输道德观念和养成行为习惯达到使子女社会化的目标。随着现代教育的兴起，学校教育成为儿童教育的主战场，家庭教育的地位逐渐弱化。[①] 更值得警惕的是，家庭教育逐渐沦为学校教育的延伸，甚至仅仅是学校智育的延伸，家庭教育的德育功能出现"空白化"。[②] 家庭德育教育功能的缺失是导致学校教育失效的常见原因，现代青少年行为失范、心理问题频发大部分也可以从家庭教育的德育缺失中找到原因。[③] 此外，现代女性"走出家门，走向社会"带来女性价值观的多元化发展，女性角色由中华传统的"贤妻良母"的家庭定位向家庭和社会兼顾转化。但是，女性的个性化成长并不一定意味着其传统女性家庭角色的淡化甚至退化。走向广阔社会实践的富有智慧、正直善良的女性更有服务社会的责任心和应对社会的能力，这更有利于其培养国家需要的优秀人才，这正是"家学—女学—幼学"协同发展的最好愿景。"幼学—家学—女学"协同发展强调家庭教育以德育为主要内容，这既包括对儿童进行道德教育，也包括对父母的性别平等、社会分工合作、家庭责任分担、和谐家庭建设、服务社会等意识进行道德教育，是一种以家庭和谐、各尽其责、互相促进、共同进步为核心价值理念的融合协同教育范式。"幼学—家学—女学"协同发展的根本目的在于以家庭教育为载体，促进女性、儿童顺利融入现代社会，最终培养能为国家、为社会贡献自身力量的现代女性和堪当民族复兴大任的时代新人。因此，以社会主义核心价值观为主要引领的道德教育应该成为"幼学—家学—女学"协同发展的主要内容。通过家庭道德教育耦合家庭发展与社会性发展、血缘亲情与社会责任、道德实践与生活实践，建立女性个性化成长、儿童全面发展、家庭和谐稳定和社会平等进步的连接线。

---

① 张良才. 中国家庭教育的传统、现实与对策 [J]. 中国教育学刊，2006（6）：36-39.
② 唐爱民. 学校德育获取家庭教育支持的内在逻辑、不良因素与改进路径 [J]. 教育科学，2021，37（4）：26-32.
③ 程敏. 幼儿教育活动中的安全管理探析 [C] // 2020年课堂教学教育改革专题研讨会论文集. 北京：2020：2.

（三）以政府主导构建"幼学—家学—女学"一体化协同发展的社会支持体系

在我国主要以政府垂直治理为主要治理手段的背景下，构建"幼学—家学—女学"协同发展的社会协同支持体系应优先选择政府主导，妇儿工委、妇联、教育主管部门、学校、社区、家庭多主体参与的协同治理模式。"幼学—家学—女学"协同发展虽然是妇女、儿童和家庭发展的个性化需求，但是关乎社会整体发展的命运，实际上应该被视为政府为公民提供人性化基本公共社会服务的一部分。[①]"幼学—家学—女学"协同发展最终实现的除了家庭稳定、妇儿发展等个人效益，也包括为国树人、社会和谐、国家稳定等公共效益。政府主导的任务一是制定促进"幼学—家学—女学"协同发展相关政策文件，并协调、统筹和监管相关事宜的规范发展；二是通过公共媒体加强"幼学—家学—女学"协同发展的宣讲和引导，提高"幼学—家学—女学"协同发展的影响力和公信力；三是政府以购买公共服务的方式对"幼学—家学—女学"协同发展进行财政支持。

各级妇联是我国妇女、儿童、家庭工作协同发展的重要推动力量，妇女儿童事业发展和家庭建设属于该组织的主干业务范畴。"幼学—家学—女学"协同发展具有促进妇儿工作和家庭建设工作融合发展的协同效应，有利于部门各分支工作的协调合作、效率提升。妇联、社区和其他社会力量是落实"幼学—家学—女学"协同发展的有效协同部门。各级妇联可以进一步健全"幼学—家学—女学"协同发展具体方法、措施和制度，加大"幼学—家学—女学"协同发展的宣传和指导力度，将家庭教育与社会教育互通共融。社区可以通过举办新婚夫妇学校、孕妇学校、家长学校、婚姻学校等多种途径，充分利用自身丰富的资源优势，宣讲和普及育儿知识、性别平等、家庭建设等相关知识。[②]学校和教育主管部门作为学校教育的主要执行者，应充分认识"幼学—

---

① 陈志其.家庭教育的社会转向及其支持体系建构：基于福利多元主义理论视角[J].基础教育，2021，18（2）：21-27.

② 李晓巍，刘倩倩.学前儿童家庭教育的社会支持：回顾与展望[J].河北师范大学学报（教育科学版），2021，23（1）：126-134.

家学—女学"协同发展在缓解学生行为失范、促进学生良好习惯养成、矫正学生心理健康问题等方面的重要作用，积极促进"幼学—家学—女学"协同发展以及社会教育和学校教育的深度融合。

（四）以新形态"家校共育"为"幼学—家学—女学"协同发展的常态化路径

家庭和学校是儿童成长的两个主要教育场域，家庭教育与学校教育的交互作用是儿童行为习惯养成的主要影响因素。[①] 学校教育的低效和失效通常是家庭教育无力或乏力的延续性表现。不良的家庭结构与消极的教养方式是妨碍学校德育获得家庭教育支持的最重要的影响因素，二者分别构成了影响学校德育之家庭基础的客观障碍与主观偏差。[②] 家校共育是联通家庭教育和学校教育的重要纽带，也是家学与幼学协同发展的典型举措，因此近年来受到广泛重视。但是，常规的"家校共育"以学校教育获得家庭教育支持为主要目的，基本漠视家庭结构现状和作为家庭教育主要执行者——女性的生存状态而做出单向性要求，学校教育反哺家庭教育的功能缺失，这就无法破解"不良的家庭结构与消极的教养方式"这两个影响家庭支持学校教育的关键桎梏。

我们提倡的新形态"家校共育"基于家庭建设与学校教育的双向支持，是对常规家校共育形态的必要和有益补充。一是新形态的"家校共育"在常规家庭育儿知识普及和信息互通的基础上进行现代家庭家教家风建设的宣讲，实现家学与幼学的融合。众所周知，夫妻不和、家庭冲突、单亲家庭、重组家庭、留守儿童、流动儿童、隔代抚养等家庭结构性和情感性问题是导致儿童行为失范、教育失效的主要原因，[③] 可以说拯救家庭就是拯救儿童。因此，新形态的"家校共育"注重现代家庭教育的引导和宣讲，这是实现家

---

① 樊秀丽，姜方华，张宗倩.从行为习惯养成看家庭与学校的关系：基于北京进城务工人员随迁子女学校的田野研究[J].民族教育研究，2018，29（3）：108-114.
② 唐爱民.学校德育获取家庭教育支持的内在逻辑、不良因素与改进路径[J].教育科学，2021，37（4）：26-32.
③ 张良，张立冬.家庭结构对农村青少年不良社会行为的影响：监管 VS 理解——基于中国家庭教育追踪数据（CEPs）的实证检验[J].农业技术经济，2023（1）：127-143.

学与幼学的互惠互利、共同进步的优先路径，对于新时代的家庭建设和立德树人具有双向协同效益。二是新形态"家校共育"重视性别教育，着力实现女学与幼学、女学与家学的融合。女性（母亲）是家庭教育的主要执行者，也是儿童成长中最为亲密的引路人。新中国成立以来，我国妇女逐渐摆脱"夫权"的束缚，走向社会主义建设的广阔天地，在国家经济社会建设中发挥了"半边天"的重要作用。新时代的"巾帼建功"让广大妇女视野更为开阔，思想更为自主，这无疑也培养了更为优秀的母亲，从而有利于更好地实施家庭教育和幼儿教育。但是，我们不能忽视的是大部分女性在走向社会、参与经济建设的过程中经常会面临"工作—家庭"难以兼顾的困境。① 对于"工作—家庭"的冲突，如果应对不当，则会导致家庭教育弱化甚至家庭矛盾突出，这也成为家庭教育支持学校教育无力的主要原因之一。不容置疑的是，即使身为职业女性，母亲在幼儿的成长过程中依然不可或缺，女性依然是家庭教育的主要承担者，尤其在亲子陪伴、谈心、学习辅导和家校交流等方面的作用更是不可替代。② 新形态"家校共育"在传统的"家校共育"基础上还应该肩负起女性教育和父母教育的双重责任，一方面要通过女性教育培育更为优秀的母亲，使其能够正确应对母亲和职场女性的角色冲突，更好地实现母亲角色的价值，使之成为促进幼儿全面发展的重要支撑；另一方面要在家庭生活中倡导健康和谐的性别平等观念，强化父亲的家庭责任担当，加强社会支持，以分担青年女性的育儿责任，共同构建儿童陪护和教育的良好环境。③

学校因为拥有得天独厚的教育资源和对家长的号召力，依然被视为新形态"家校共育"的主阵地。妇联、教育主管部门应通过政策引导、宣传鼓励、资金互助等多途径支持"幼学—家学—女学"协同发展的新形态"家校共育"，进而形成可依赖的"幼学—家学—女学"协同发展常态化协同路径。

① 张琪，张琳.青年女性"工作—家庭"冲突的影响因素及其平衡机制研究[J].中国青年研究，2018（04）：60-67.
② 徐伟.职业女性走出家庭教育困境的思考[J].中国成人教育，2014（4）：64-66.
③ 陈芳，沙勇.社会投资视角下乡—城流动妇女工作与家庭平衡机制研究[J].学海，2020（5）：79-85.

（五）以跨学科研究为"幼学—家学—女学"协同发展的学术支撑

"幼学—家学—女学"协同发展虽然在我国有深厚的历史文化渊源和切实的现实需求支撑，但是作为一种连接"家庭—妇女—儿童"多对象共同发展的创新性社会公共服务模式，不仅需要整合学校教育、家庭教育和社会教育的多个教育场景，同时对于如何构建相应的理论框架、内容体系、实践路径和服务模式等诸多问题均有待进行更为广泛的开拓性学术研究。一是要加强"幼学—家学—女学"协同发展的跨学科理论研究。理论研究是提升实践指导能力的前提，家庭学、女性学、教育学、管理学等相关基础理论学科的学者应坚持系统观和大教育观的引领，从不同的视角构建"幼学—家学—女学"协同发展的学科理论体系和实践服务内容体系，科学设置"幼学—家学—女学"一体化教育的课程体系，推动形成"幼学—家学—女学"协同发展的社会支持体系。二是要整合资源，打造示范性的学术研究和实践指导团队。"幼学—家学—女学"协同发展是坚持政府引领下多主体协同治理的创新性治理模式，资源整合是协同治理的前提，示范性研究高地和实践团队是引领该领域发展的领头雁。长沙师范学院110年坚守师范教育，70余年发展学前教育，是新中国最早的幼儿师范高等学校，有着浓厚的"师范本色"和"儿童特色"，被誉为"幼儿教师的摇篮"，是教育部卓越教师培养计划改革项目实施单位、"幼师国培"示范性综合改革培训基地。学校也有深厚的"女学传统"，在一百多年的办学历史中，曾有长沙女子师范学校、湖南省女子师范学校等35年的女校办学经历，培养了刘英、谢冰莹等一大批杰出女性，被誉为"近代女性教育的摇篮之一"和"湖湘女学的源头之一"。学校还有着深厚的"家学底蕴"，徐特立、许光达等老一辈"长师人"和无产阶级革命家是"家庭家教家风"的红色典范。同时，学院还拥有湖南省妇联妇女儿童教育中心、湖南省教育厅关工委家庭教育指导中心、湖南省学前教育研究中心、湖南省托育机构负责人和保育员培训基地等多个相关研究平台，整合了"幼学—家学—女学"相关研究领域专家，统筹推进"幼学—家学—女学"协同发展的理论研究和社会服务工作，堪称目前国内该领域研究的先行者和探路人。在我国传统社会，家庭教育一直是幼儿教化、道德养成的主要方式，而女性在抚养幼儿和家庭教育中承担着主要责任，"幼学—家学—女学"三者协同发展具有密不可分的内在逻辑关系、文化渊源和现实基础。在当前经济社会转型、价值观念多元化背景下，"幼学—家学—女学"协同发展也是系统应对我国婚姻家庭稳定性下降、女性社会性发展与家庭责任冲突、家庭教育功能性弱化、儿童行为失范和心理疾病高发等突出社会问题的社会服务和教育治理模式的现代化变革。

"幼学—家学—女学"协同发展是一项需要多方支持、多方参与、多方联动的系统工程，应在政府主导下构建家庭、学校、社区和社会力量等多个主体参与，综合学校教育、家庭教育和社会教育多种教育形态的立体化治理路径体系。通过"幼学—家学—女学"协同发展连接个人发展、家庭发展和社会发展为发展共同体，在家庭生活中倡导健康和谐的性别观念，强化父亲的家庭责任担当，加强社会支持，逐步建立家庭、学校和社会相辅相成的"家—校—社"社会服务圈，通过共建、共治、共享的协同模式，最终达成我国新时代妇女儿童事业和家庭建设协同发展的善治状态。

（本文原载《学前教育研究》2023 年第 1 期，中国人民大学报刊复印中心期刊《幼儿教育导读》2023 年第 4 期全文转载）

‖ 强化价值指引 大力推进新时代家庭家教家风建设 ‖

长沙师范学院 罗婷

家庭是社会的基本细胞,家庭的前途命运同国家和民族的前途命运紧密相连。

党的十八大以来,习近平总书记围绕注重家庭、注重家教、注重家风建设发表了一系列重要论述,对于动员社会各界广泛参与家庭文明建设,努力使千千万万个家庭成为国家发展、民族进步、社会和谐的重要基点,把实现个人梦、家庭梦融入国家梦、民族梦之中,汇聚起全面建设社会主义现代化国家、实现中华民族伟大复兴中国梦的磅礴力量,具有十分重要的意义。

如何以习近平总书记重要论述为指引,打造具有辐射推广价值的新时代家庭家风家教建设实践路径?湖南日报《理论·智库》特约请湖南省妇联重大项目"习近平家风建设体系及其实践研究"课题组专家学者建言献策。

党的十八大以来,党中央将家庭家教家风建设提升到治国理政的新高度。习近平总书记深刻指出,"不论时代发生多大变化,不论生活格局发生多大变化,我们都要重视家庭建设,注重家庭、注重家教、注重家风",并围绕推进家庭家教家风建设、加强中华优秀传统家风的现代转换、新时代家庭文化建设相关工作发表了一系列重要论述。

改革开放 40 多年来,伴随市场经济发展,我国经济制度、社会结构、家庭结构、价值观念等发生了深刻变革,社会思潮日益复杂多元,加上全球化背景下家庭文化开放性带来的影响,传承发展中华传统家风家教受到一定挑战。当前,应进一步强化以实现中华民族伟大复兴的中国梦、培育践行社会主义核心价值观、提升广大家庭幸福感为价值指引，完善家庭文化建设运行机制，构建与新时代发展相适应、与市场经济发展相协调的家庭家教家风建设体系。

一、以实现中华民族伟大复兴中国梦为指引，树立正确的新时代家庭观

新时代家庭观不仅要将个人与家庭紧密结合起来，更要注重培养能担当中华民族复兴大任的时代新人。

新时代家庭观应体现国与家的辩证统一。既要强调国家民族利益之于家庭利益、个人利益的一致性，把个人理想、家庭幸福与国家富强、民族复兴紧紧联系在一起，教育引导家庭成员发扬爱国主义光荣传统，也要教育引导每一名家庭成员增强家庭意识、责任意识和社会意识。

新时代家庭观应体现对传统文化与先进文化的继承发展。既要借鉴和吸收中华传统文化中的优秀成分，比如以"修身、齐家、治国、平天下"理念助推家庭成员循序渐进成长、实现个人价值，更要厚植革命文化、社会主义先进文化，通过传承和弘扬推进其发展。

新时代家庭观应体现人的全面发展与个性发展的结合。既注重推动家庭成员德、智、体、美、劳全面发展，又努力让每一位家庭成员找到可充分施展自身才能的独特领域，充分发展个性。只有将全面发展与个性发展相结合，才能激发人的创造性，才能造就社会文明的五彩缤纷。

二、以培育践行社会主义核心价值观为指引，构建科学的新时代家风家教体系

习近平总书记指出："家风是一个家庭的精神内核，也是一个社会的价值缩影，良好家风和家庭美德正是社会主义核心价值观在现实生活中的直观体现。"当前，应以社会主义核心价值观为准则，构建与新时代发展相适应、科学的家风家教体系。

新时代家风家教体系应以中华优秀文化为基石。家风家教是传统文化和

伦理道德在家庭中的体现，中国传统社会历来重视家风家教的建设和传承。在新时代家风家教建设中，既要融入中华优秀传统文化、传统美德，又要坚持以社会主义核心价值观为指导，把重塑新时代家庭家教家风与推动形成良好社会道德风尚有机结合起来。

新时代家风家教体系应以红色家风为内涵。红色家风是老一辈无产阶级革命家和各个时代的优秀共产党人在长期革命实践、社会主义建设和改革开放的历史进程中形成的家庭风尚，体现了中国共产党人的先进性和纯洁性。新时代家庭应注重学习传承红色家风，引导每一个家庭成员树立正确的人生观、价值观和世界观。

新时代家风家教体系应将党员廉政作风建设作为外延。家风连着党风、政风，党风、政风需要家风涵养。注重培养良好家风家教是党员领导干部必备的政治修养，是其为人做事的"保险栓"、抵御歪风邪气的"防火墙"，应将党员干部优良家风家教建设作为党风廉政建设的重要支撑。

三、以提升广大家庭幸福感为指引，凝聚新时代和谐家庭建设力量

家是最小国，国是千万家，国家富强、民族复兴最终要体现在千万个家庭幸福美满上。为此，要引导社会各界参与到和谐家庭建设中来，凝聚起奋进新时代、奋斗新征程的家庭建设力量。

健全新时代和谐家庭建设的运行机制。新时代和谐家庭建设需要构建党委领导、政府主导、社会协同、媒体助阵、人人参与的运行机制，协同推进覆盖城乡的家庭教育指导服务体系建设。

发挥妇联、民政及其他组织的功能。应充分发挥共青团、妇联、民政等组织在家风建设中的重要作用，倡导构建男女平等、和睦、文明的婚姻家庭关系，深入实施"家家幸福安康工程"；发挥其他社会组织在家风家教建设中的协调作用，以接地气、符合需求、越来越精准的服务满足广大家庭对美好生活的向往。

强化学校作为建设和谐家庭重要阵地的作用。各级各类学校应强化对家庭教育工作的指导与服务，丰富指导服务内容，办好家长学校，发挥好家长

委员会的作用，助力和谐家庭建设。

鼓励支持妇女在和谐家庭建设中发挥独特作用。鼓励妇女带领家庭成员积极参与文明家庭、五好家庭、最美家庭等群众性精神文明建设活动，在全社会营造平等、文明、和谐、稳定的家庭环境，实现共建共享的家庭追求，自觉把"家庭梦"融入中国梦。

（本文原载《湖南日报（理论·智库专版）》，2022年3月23日）

‖ 全面落实"双减"政策 赋能家庭教育健康发展 ‖

湖南女子学院 贺江平

2021 年 7 月，中共中央办公厅、国务院办公厅印发了《关于进一步减轻义务教育阶段学生作业负担和校外培训负担的意见》（以下简称"双减"政策）。同年 10 月，《中华人民共和国家庭教育促进法》（以下简称《家庭教育促进法》）颁布。两个具有关联性的政策法规明确了家、校、社各有其位、协同发展的教育格局。

一、实施"双减"政策可助推家庭教育健康发展

加快"双减"政策落实、落细，需要社会各界尤其是广大家长正确认知这一政策。

"双减"政策的核心是回归教育的本质。实施"双减"政策是党和国家深化教育治理、构建教育良好生态的重大举措，着眼于解决教育的短视化与功利化问题。政策实施以来，我省在推动"五项管理"、提高课后服务质量、治理校外培训等方面取得了良好成效。

"双减"政策和家庭教育是相辅相成的关系。一方面，"双减"政策可促使家庭教育回归理性，由唯分数、唯升学取向转而注重青少年的全面发展与人格教育；另一方面，"双减"政策的落实有赖于家庭教育的整体推进，尊重儿童权利与青少年身心发展规律需要家、校、社共同协作。

二、以"减负 + 增能"推进家庭教育建设

"双减"政策实施之后，应以学生减负、家长增能双向驱动家庭教育良性发展。

推进家庭教育主体建设。父母及其他监护人是家庭教育的第一责任人。习近平总书记指出："家长应该担负起教育后代的责任。家长特别是父母对子女的影响很大，往往可以影响一个人的一生。"为此，一是要通过政策引导、社会舆论促进家长转变传统教育观念；二是要通过《家庭教育促进法》及地方性法规督促家长履行教育责任；三是要通过外部赋能与内部学习提升家长的科学教养能力。

推进家庭教育基础建设。良好的家庭关系是家庭教育顺利实施的条件基础，完整的家庭结构是确保双系抚育的功能基础，对于残缺家庭、隔代抚养以及抚育能力不足的家庭，应采取针对性措施帮助其恢复正常家庭功能。当前，应着力破解家庭性别分工不合理、父亲在家庭教育中参与不足、新时代青少年特征转变等给家庭教育带来的问题与挑战。

推进家庭教育内涵建设。家庭教育涵盖道德品质、身体素质、生活技能、文化修养、行为习惯等方面，重在"以德育人"，其前置目标是培养健康的体魄和健全的人格，终极目标是将孩子教育成"有能力幸福的人"。应注重利用中华优秀传统文化资源，通过梳理古今名人家训、挖掘身边的家庭美德故事、树立当代道德模范典型等方式，培养孩子的家国情怀、责任担当和奉献精神；通过言传身教培养孩子良好的作息、饮食、收纳等生活习惯，以及在学习中善于提出问题、发现问题、解决问题的习惯。

三、构建以"促"助"进"的家庭教育支持体系

《家庭教育促进法》强调家庭教育离不开学校、政府、社会的指导、支持与服务，将家庭教育由传统"家事"上升为重要"国事"。

加强家庭教育指导的组织保障。地方政府应制定家庭教育工作专项规划，将家庭教育指导纳入城乡公共服务体系和政府购买服务目录；应由教育行政部门、妇女联合会统筹，构建政府主导、多部门合作、社会参与的组织网络，

建立完善联席会议制度与组织协调机制；加强家庭教育研究，设置家庭教育工作大纲，设立家庭教育从业标准，规范家庭教育行业发展，建立家庭教育指导师遴选、培养及准入制度，建立完善家庭教育质量监管与评估机制。

加强家庭教育指导服务体系建设。应依托城乡中小学校、基层社区、公共服务设施建立家庭教育指导服务站点或家长学校；在学校开设面向家长的家庭教育课程，定期举办专家讲座、家长沙龙等活动，

加强家校沟通，建立家校互访制度。在各服务站点组建"社工＋心理咨询师＋家庭教育指导师"的跨界团队，提供融培训、咨询、实务于一体的全方位家庭教育指导服务；加大政府购买家庭教育公共服务的力度，引导社会力量积极开展家庭文明建设、公益培训、亲子工作坊、家庭咨询等多元服务。加强针对不同区域、群体的差异化扶持。

加强对农村、边远、少数民族地区家庭教育指导服务的政策保障与财政扶持。完善农村教育资源与设施建设，依托农村中小学校、儿童之家、乡村"复兴少年宫"、乡村图书馆等开展丰富多样的素质教育；探索建立家庭教育分类指导体制，对留守、流动、贫困、残疾、事实无人抚养等特殊困境儿童及其家庭给予重点帮扶；将家庭教育指导纳入乡镇（街道）社工站服务项目清单，依托专职社工、党员干部、返乡大学生、志愿者等开展常态化的家庭教育支持。

（本文原载《湖南日报（理论·智库专版）》，2022 年 3 月 23 日）

‖ 充分发挥妇女在家庭建设中的独特作用 ‖

湖南师范大学　李桂梅

家庭是社会的细胞，家庭和睦则社会安定，家庭幸福则社会祥和，家庭文明则社会文明。党的十八大以来，我国更加注重家庭、注重家教、注重家风，重视发挥妇女在家庭建设中的独特作用，推动社会主义核心价值观在家庭落地生根，形成爱国爱家、相亲相爱、向上向善、共建共享的社会主义家庭文明新风尚。

一、重视家庭和家庭文明建设

中华民族历来重视家庭。古人云："天下之本在国，国之本在家。"家庭不仅是主要的生产单位，承担物质生产和人口生产的重任，还是人们生活的依托和意义所在，社会的物质生产、个人的人生价值等都在家庭生活中得以实现。中华民族传统家庭美德铭刻在中国人的心灵中，融入中国人的血脉，是支撑中华民族生生不息、薪火相传的重要精神力量，是家庭文明建设的宝贵精神财富。无论时代如何变化，无论经济社会如何发展，对一个社会来说，家庭的生活依托都不可替代，家庭的社会功能都不可替代，家庭的文明作用都不可替代。

中国共产党成立至今，带领广大妇女接续奋斗，妇女事业蓬勃发展，妇女地位发生了翻天覆地的变化。在社会上妇女积极参与经济建设，在家庭中男女平等、夫妻和睦的思想观念更加深入人心。现代家庭的主要关系是夫妻关系和亲子关系，妇女身兼妻子、母亲、女儿、儿媳等多重身份，这决定了她们是维系家庭几代人的核心成员，对家庭中抚育、教育、赡养、休闲与感情满足等多种功能的实现都有着巨大影响，妇女在构建融洽家庭关系、树立健康家庭价值追求和弘扬家庭文明风尚等方面的作用越来越凸显。正如习近平总书记强调的，要注重"发挥妇女在社会生活和家庭生活中的独特作用，发挥妇女在弘扬中华民族家庭美德、树立良好家风方面的独特作用"。从某种意义上说，重视家庭文明建设，就是重视妇女在家庭中的影响与作用。

二、坚持爱家爱国统一

《大学》云："一家仁，一国兴仁；一家让，一国兴让；一人贪戾，一国作乱。"家是最小国，国是千万家。历史告诉我们，每个人的前途命运都与国家和民族的前途命运紧密相连，只有把爱家和爱国统一起来，千千万万个家庭才会成为国家发展、民族进步、社会和谐的基点，成为人们梦想起航的地方。

在新型冠状病毒感染疫情肆虐之际，许多逆行者奋战在战"疫"一线。在全国各地驰援湖北的4万多名医护人员中，有三分之二是女性，她们是妻子、妈妈、女儿，但她们同样是在国家危难之时敢于挺身而出、勇于担当的白衣战士，用汗水、奉献和牺牲谱写了一曲高尚的家国情怀赞歌。现实充分说明，开创美好生活需要广大妇女贡献更大智慧和力量，家庭建设应该为妇女承担社会责任提供坚定支持，帮助妇女处理好家庭和工作的关系，做对社会有责任、对家庭有贡献的新时代女性。

改革开放以来，党和国家充分认识到妇女和家庭在支撑社会发展、分担社会责任中的作用。国家"十三五"和"十四五"规划纲要都对家庭建设提出明确要求，强调加强家庭、家教、家风建设。

习近平总书记指出，国家富强、民族复兴、人民幸福，最终要体现在千千万万个家庭都幸福美满上，体现在亿万人民生活不断改善上。我们还要认识到，国家好，民族好，家庭才能好。只有实现中华民族伟大复兴的中国梦，家庭梦才能梦想成真。当今世界正处于百年未有之变局，实现中华民族伟大复兴的道路依然充满艰难险阻，只有每个家庭及其成员继续高扬家国情怀，发扬赤心爱国、精忠报国的精神，弘扬先大家后小家、为大家舍小家的优良传统，心往一处想、劲往一处使，才能实现中华民族伟大复兴的中国梦。

三、注重家庭道德教育

习近平总书记强调，"要注重家庭、注重家教、注重家风，认真研究家庭领域出现的新情况新问题，把推进家庭工作作为一项长期任务抓实抓好"。注重家庭教育一直是中国的优良传统，道德教育更是传统家庭教育的核心和基本内容。古人云："积善之家，必有余庆；积不善之家，必有余殃。"自古以来，围绕忠孝、仁义、勤俭、诚信等优良品格要求，我国形成了底蕴深厚的家庭道德教育规范。

习近平总书记指出，家庭是人生的第一个课堂，父母是孩子的第一任老师。家庭教育涉及很多方面，但最重要的是品德教育，是如何做人的教育。也就是古人说的"爱子，教之以义方""爱之不以道，适所以害之也"。母亲在家庭教育中的作用是其他人无法替代的，从"孟母三迁"到"岳母刺字"，无不彰显家庭教育中母亲言传身教和严格要求对子女成长成才过程起到的独特作用。因此，广大妇女要自觉肩负起在家庭中培育和践行社会主义核心价值观的责任，在家庭美德建设中发挥作用，引导家庭成员特别是下一代热爱党、热爱祖国、热爱人民、热爱中华民族，积极传播中华民族传统美德，倡导忠诚、责任、亲情、学习、公益的理念，帮助孩子形成美好心灵，促使他们健康成长，长大后成为对国家和人民有用的人。

四、传承和弘扬优良家风

家风又称门风，是一个家族世代相传的风气，体现一个家族在行为习惯、道德要求、思想观念等方面的价值追求和精神风貌。人自出生起，便生活在某种特定的家风教化之中，这种早期教化潜移默化地塑造着一个人的世界观、人生观、价值观，并由此对其思维方式、处世方式、审美情趣和行为习惯等的形成和发展起到先导性和奠基性作用。正是优良家风的浸润濡染，中华民族的许多传统美德才能代代传承。在中国好家风万户城乡家庭大调查中，近九成人认为母亲在家风传承中的作用排第一，足以证明女性对家风的影响之大。中国妇女自古以来具有敬老爱幼、勤俭持家等优秀品质，这是中华优秀传统文化的重要组成部分，也关系到家庭和睦，关系到社会和谐，关系到下一代健康成长。

领导干部的家风起着示范引领的作用。习近平总书记在不同场合多次指出，领导干部要加强对亲属和身边工作人员的教育和约束，要求他们守德、守纪、守法，每一位领导干部都要把家风建设摆在重要位置，传承红色家风，向焦裕禄、谷文昌和杨善洲学习，廉洁修身、廉洁齐家。领导干部树立良好家风，才能教育好家人，才能引导好党风和政风，推动整个社会形成良好氛围。培养良好家风，妇女应该充分发挥在家庭中的独特地位和优势，坚持以社会主义核心价值观为统领，既要爱小家，也要爱国家，带领家庭成员共同升华爱国爱家的家国情怀、建设相亲相爱的家庭关系、弘扬向上向善的家庭美德、体现共建共享的家庭追求，以好的家风支撑起好的社会风气。

（本文原载《新湘评论》2021 年第 5 期）

‖ 隔代教养对儿童自立行为的影响：家庭结构的调节作用 ‖

湖南师范大学认知与人类行为湖南省重点实验室、
湖南省心理健康教育基地　凌辉
湖南师范大学认知与人类行为湖南省重点实验室　张美玲
徐思奇　杨红君

隔代教养是指祖辈参与对孙辈的抚养和承担部分或全部教育义务并与孙辈一起生活的一种养育方式。大量研究表明，隔代教养与儿童的身心健康发展密切相关。相对于父母教养、父母和祖父母共同教养的幼儿，完全隔代教养的幼儿表现出更多的情绪问题、行为问题、性格缺陷、人际交往障碍且适应性较差[1]。一项追踪研究表明，隔代教养儿童在身体发育上与父母抚养组无显著差异，但在神经心理发展上显著落后于父母抚养组[2]。此外，也有研究表明隔代教养对儿童发展并非全是消极影响，隔代教养对弱势家庭孩子的认知能力和学业成绩都具有积极效应，是一个重要的支持力量[3]。可见，隔代教养的利弊还存在争议，隔代教养对儿童发展的影响机制还需要进一步探究。

---

[1]　王玲凤.隔代教养幼儿的心理健康状况调查［J］.中国心理卫生志，2007（10）：672-674.
[2]　张月芳，王伟，朱亚宁，等.隔代抚养对婴幼儿体格及神经心理发育的影响［J］.中国儿童保健杂志，2015，23（10）：1044-1046.
[3]　曾迪洋，洪岩璧.早期隔代抚养对初中生教育和健康状况的影响［J］.南京师大学报（社会科学版），2020（1）：96-107.

黄希庭率先提出"自立"这一具有鲜明的中国传统文化特色的概念，并将自立界定为个体从自己过去依赖的事物那里独立出来，自己行动、自己作主、自己判断、对自己的承诺和行为负起责任的过程[1]。儿童自立行为则是指为了有效解决儿童个体的基本的生存与发展问题在其心理发展主要任务所涉及的领域个体自我决断、自我行动、自我负责的程度与水平[2]。多项研究表明父母教养方式、亲子关系以及家庭环境等家庭因素对儿童自立行为养成发挥着重要影响[3]，隔代教养作为一种特殊的家庭教养形式[4]对儿童自立行为发展也可能具有重要影响。

家庭结构指的是家庭中成员的构成及其相互影响、相互作用的状态以及由这种状态构成的相对稳定的联系模式[5]，单亲家庭和双亲家庭是现代社会最为普遍的两种家庭结构形式。已有研究显示，单亲家庭儿童在学业、心理或社会适应等方面存在诸多问题[6]。但是，也有研究发现单亲家庭子女在自我成长以及亲密的亲子关系方面具有优势[7]。不少儿童在家庭变故的挫折经历中成功成长和成熟[8]。与完整家庭相比，单亲家庭儿童可能更能体会抚养者的艰辛从而与抚养者形成较强的情感依恋[9]。研究发现，良好的亲子依恋能够显著正向预测儿童的自立行为水平[10]。

基于以上论述，推测隔代教养将显著影响儿童自立行为的发展，而这种影响可能会受到家庭结构的调节，即家庭结构在隔代教养与儿童自立行为的

①　黄希庭，李媛.大学生自立意识的探索性研究［J］.心理科学，2001（4）：389-392.
②　凌辉，黄希庭.6至12岁儿童自立行为的研究［J］.心理科学，2006（4）：937-940.
③　王玲凤，稽宇虹.小学儿童的自我概念及其与父母教养方式的关系［J］.中国临床心理学杂志，2004，12（2）：142-144.
④　葛国宏，陈传锋，杜晓凌.隔代教养背景下幼儿亲子依恋对心理理论的影响：一个有调节的中介模型［J］.中国临床心理学杂志，2021，29（2）：224-229.
⑤　闫安.社会学视野下的家庭教育与青少年犯罪分析［J］.学理论，2011（12）：128-130.
⑥　Barajas MS. Academic Achievement of Children in Single Parent Homes: A Critical Review［J］. The Hilltop Review, 2011, 5（1）: 4.
⑦　朱萍.优势视角下的单亲家庭治疗［J］.考试周刊，2011（17）：210-212.
⑧　徐安琪，叶文振.父母离婚对子女的影响及其制约因素——来自上海的调查［J］.中国社会科学，2001（6）：137-149.
⑨　王世军.单亲家庭及其对子女成长的影响［J］.学海，2002（4）：84-88.
⑩　凌辉，黄希庭.高低自立水平儿童的亲子依恋特点的研究［J］.中国临床心理学杂志，2009，17（5）：612-614.

关系中起调节作用。

一、研究方法

（一）研究对象

研究对象包括 3~6 岁幼儿和 6~12 岁儿童。数据通过问卷星平台以网络形式收集，取样前获得所在学校领导、老师和学生家长知情同意。

3~6 岁组：面向全国幼儿园共发放问卷 24936 份，所有问卷由幼儿父 / 母填写。共收回 24936 份数据，剔除极端数据和无效数据后获得有效问卷 24425 份，有效率为 97.95%。其中隔代教养家庭 11990 组，占 49.09%，非隔代教养家庭 12435 组，占 50.91%。单亲家庭 545 组，占 2.23%，双亲家庭 23880 组，占 97.77%。

6~12 岁组：面向全国多所小学发放问卷 23064 份。1~3 年级学生由父母读题，在孩子理解题意的基础上，儿童独立作答；4~6 年级的学生自己读题并独立作答。共收回 23064 份数据，剔除极端数据和无效数据后获得有效问卷 21736 份，有效率为 94.24%。其中隔代教养家庭 7762 组，占 35.71%，非隔代教养家庭 13974 组，占 64.29%。单亲家庭 1442 组，占 6.63%，双亲家庭 20294 组，占 93.37%。

（二）研究工具

1. 一般资料问卷

包括儿童年龄、性别、祖辈是否参与教养等人口学信息。

2. 3~6 岁儿童自立行为问卷

采用凌辉编制的 3~6 岁儿童自立行为问卷[①]。问卷由 27 个条目组成，包括 5 个维度：日常自立、社会自立（安全常识）、社会自立（社交行为）、学业自立、心理自立（自我控制）。所有条目采用 5 点计分，从 1 到 5 分别

[①] 凌辉，朱阿敏，张建人，等 . 3~6 岁儿童自立行为问卷的编制 [J]. 中国临床心理学杂志，2016，24（4）：667-670..

代表"完全不符合"到"完全符合"。在本研究中，该问卷的 Cronbach's α 系数为 0.91。

3. 6~12 岁儿童自立行为问卷

采用凌辉编制的 6~12 岁儿童自立行为问卷。该问卷共 49 个条目，包括领域和功能 2 个维度。领域维度分为一般自立、学业自立、日常生活自立、社会自立以及道德自立 5 个领域；功能维度分为自我决断、自我行动、自我负责 3 个维度。采用 5 点计分法，从 1"完全不同"到 5"完全相同"。得分越高代表自立行为发展水平越高。在本研究中，该问卷的 Cronbach's α 系数为 0.82。

（三）数据统计

使用 SPSS 27.0 进行描述性分析、相关分析、共同方法偏差检验，使用 Hayes 编制的 SPSS 宏程序 Process 4.1 进行调节效应检验。

二、结果

（一）共同方法偏差检验

采用 Harman 单因素检验法对数据进行共同方法偏差检验[1]。对于 3~6 岁幼儿组，特征根大于 1 的因子共有 6 个，且最大因子方差解释率为 31.85%（小于 40%）；对于 6~12 岁儿童组，特征根大于 1 的因子共 12 个，且最大因子方差解释率为 15.36%（小于 40%）。故本研究数据不存在严重的共同方法偏差。

（二）3~6 岁幼儿家庭结构的调节效应检验

表 1 结果显示，隔代教养与幼儿整体自立行为和自立行为各维度均呈显著负相关。采用 Process 宏（模型 1）进行调节效应检验（自立总分以及自立各维度在分析前都已经标准化）。结果如表 2 所示。在控制幼儿性别

---

[1] 周浩，龙立荣.共同方法偏差的统计检验与控制方法 [J].心理科学进展，2004（6）：942-950.

后，隔代教养对自立各因子均具有显著的负向预测作用。隔代教养和家庭结构的交互项对学业自立（$\beta=0.02$，$t=2.94$，$P<0.01$）、心理自立（自我控制）维度（$\beta=0.02$，$t=2.47$，$P<0.05$）以及自立总分（$\beta=0.01$，$t=2.02$，$P<0.05$）有显著的正向预测作用。表明家庭结构在隔代教养与幼儿自立行为总分以及学业自立、心理自立（自我控制）维度之间存在调节作用。

进一步简单斜率分析表明，隔代教养能显著负向预测双亲家庭幼儿学业自立（$\beta_{simple}=-0.18$，$t=-27.86$，$P<0.001$）和心理自立（自我控制）（$\beta_{simple}=-0.16$，$t=-25.25$，$P<0.001$）；对单亲家庭幼儿学业自立（$\beta_{simple}=-0.05$，$t=-1.12$，$P>0.05$）、心理自立（自我控制）（$\beta_{simple}=-0.05$，$t=-1.21$，$P>0.05$）没有显著预测作用。隔代教养能显著负向预测双亲家庭幼儿（$\beta_{simple}=-0.18$，$t=-28.90$，$P<0.001$）和单亲家庭幼儿（$\beta_{simple}=-0.10$，$t=-1.21$，$P<0.05$）自立行为总分，但对单亲家庭幼儿自立行为总分的负向预测作用比对双亲家庭幼儿的负向预测作用更弱。

表1　3~6岁幼儿组描述统计、相关分析结果（$n=24425$）

	M	SD	1	2	3	4	5	6	7	8
1. 性别	0.47	0.50	——							
2. 家庭结构	0.02	0.15	–0.00	——						
3. 隔代教养	0.49	0.50	0.01	0.04**	——					
4. 日常自立	31.04	3.72	0.06**	–0.01	–0.14**	——				
5. 安全常识	23.04	4.23	0.03**	–0.01	–0.15**	0.64**	——			
6 社交行为	20.59	3.27	0.02**	0.00	–0.12**	0.60**	0.56**	——		
7. 学业自立	14.46	3.27	0.08**	–0.00	–0.17**	0.56**	0.65**	0.51**	——	
8. 自我控制	19.03	3.34	0.04**	–0.02*	–0.16**	0.57**	0.59**	0.55**	0.64**	——
9. 自立总分	108.17	14.62	0.06**	–0.01	–0.18**	0.83**	0.86**	0.78**	0.81**	0.81**

注：性别为虚拟变量，女生=1，男生=0，M代表女生所占比例；家庭结构为虚拟变量，双亲家庭=0，单亲家庭=1，M代表单亲家庭所占比例；隔代教养为虚拟变量，非隔代教养=0，隔代教养=1，M代表有祖辈参与教养幼儿所占比例。*$P<0.05$，**$P<0.01$。

表2　家庭结构对隔代教养与幼儿自立行为关系的调节效应

回归方程		拟合指标			系数显著性		
结果变量	预测变量	R	R^2	F	B	β	t
心理自立	性别	0.08	0.01	148.64***	0.52	0.08	12.69***
	隔代教养	0.19	0.04	767.81***	–1.14	–0.17	–27.70***

续表

回归方程		拟合指标			系数显著性		
心理自立	家庭结构	0.19	0.04	0.70	0.01	0.00	0.09
	隔代教养 × 家庭结构	0.19	0.04	8.66**	0.84	0.02	2.94**
心理自立（自我控制）	性别	0.04	0.00	37.68***	0.27	0.04	6.50***
	隔代教养	0.16	0.03	636.42***	−1.06	−0.16	−25.14***
	家庭结构	0.16	0.03	1.81	−0.28	−0.01	−1.91*
	隔代教养 × 家庭结构	0.16	0.03	6.12	0.73	0.02	2.47*
社会自立	性别	0.06	0.00	75.84***	1.69	0.06	9.18***
	隔代教养	0.19	0.04	837.14***	−5.31	−0.18	−28.90***
	家庭结构	0.19	0.04	0.00	−0.34	−0.00	−0.53
	隔代教养 × 家庭结构	0.19	0.04	4.07	2.58	0.01	2.02*

注：仅列出交互项有显著性的数据。*$P<0.05$，**$P<0.01$，***$P<0.001$。

（三）6~12岁儿童家庭结构的调节效应检验

表3结果显示，隔代教养与儿童自立行为总分和自立行为各维度均呈显著负相关。采用Process宏（模型1）进行调节效应检验（自立总分及自立各维度在分析前都已经标准化）。结果显示，在控制儿童性别后，隔代教养对自立各因子均具有显著的负向预测作用。隔代教养与家庭结构的交互项对道德自立因子有显著的负向预测作用（$\beta=0.02$，$t=2.69$，$P<0.01$），对其他因子的预测不显著。

为进一步揭示家庭结构在隔代教养与6~12岁儿童道德自立之间的调节作用，进行简单斜率分析。结果显示：隔代教养对6~12岁双亲家庭儿童道德自立具有显著的负向预测作用（$\beta_{simple}=-0.09$，$t=-13.44$，$P<0.001$），对6~12岁单亲家庭儿童道德自立没有显著的负向预测作用（$\beta_{simple}=-0.02$，$t=-0.95$，$P>0.05$）。

表3 6~12岁儿童组描述统计、相关分析结果（$n=21736$）

	1	2	3	4	5	6	7	8	9	10	11
1 性别	——										
2 家庭结构	−0.00	——									
3 隔代教养	−0.02*	0.12**	——								
4 自我决断	0.04**	−0.05**	−0.08**								

	1	2	3	4	5	6	7	8	9	10	11
5 自我行动	0.09**	−0.05**	−0.12**	0.53**	——						
6 自我负责	0.03**	−0.06**	−0.13**	0.45**	0.43**	——					
7 一般自立	0.00	−0.05**	−0.08**	0.50**	0.62**	0.46**	——				
8 学业自立	0.09**	−0.06**	−0.13**	0.70**	0.80**	0.67**	0.52**	——			
9 日常自立	0.06**	−0.03**	−0.12**	0.55**	0.48**	0.52**	0.29**	0.43**	——		
10 社会自立	−0.04**	−0.04**	−0.02*	0.35**	0.31**	0.41**	0.20**	0.23**	0.25**	——	
11 道德自立	0.08**	−0.05**	−0.10**	0.49**	0.58**	0.54**	0.35**	0.55**	0.31**	0.14**	——
12 自立总分	0.07**	−0.07**	−0.14**	0.78**	0.85**	0.77**	0.67**	0.91**	0.63**	0.44**	0.67**

注：性别为虚拟变量，女生 =1，男生 =0；家庭结构为虚拟变量，双亲家庭 =0，单亲家庭 =1；隔代教养为虚拟变量，非隔代教养 =0，隔代教养 =1。**$P<0.01$，***$P<0.001$。

三、讨论

本研究考察了隔代教养对 3~6 岁幼儿和 6~12 岁儿童自立行为的影响，并对家庭结构的调节作用进行了检验。结果显示，隔代教养可显著负向预测儿童自立行为，这与以往研究结论一致[1]。家庭结构调节隔代教养对 3~6 岁幼儿整体自立、学业自立、心理自立（自我控制）维度的影响，调节隔代教养对 6~12 岁儿童道德自立的影响。总的趋势是，相对于双亲家庭儿童，隔代教养对单亲家庭儿童自立行为的不利影响较小。

本研究结果显示，隔代教养对 3~6 岁幼儿总体自立行为及学业自立、心理自立（自我控制）的预测作用受到家庭结构的调节。这可能与如下原因有关。第一，在中国文化背景下，离婚风险在社会经济地位较高（如女方受教育程度较高）的群体中较高[2]，而主要抚养者文化程度越高，越有利于儿童自立行为的健康发展[3]。单亲家庭抚养者的文化程度越高，意味着其越能给予儿童良好的亲子教育，帮助儿童更加健康地成长。第二，3~6 岁幼儿在认知发展上处于自我中心阶段，对事件的思考会受其感知特点的影响。在这个阶段，

[1] 蒋启梦，周楠.中国隔代教养和幼儿健康关系的研究进展[J].中国学校卫生，2020，41（12）：1912-1915.

[2] Xu Q, Yu J, Qiu Z. The Impact of Children on Divorce Risk [J]. The Journal of Chinese Sociology, 2015（2）: 1-20.

[3] 凌辉，黄涛，李光程，等.离异型单亲家庭儿童自立行为的现状与特点研究[J].中国临床心理学杂志，2019，27（5）：1045-1048.

幼儿的思维是直接的，思维的间接性和概括性均属于萌芽阶段。因此对事物的思考会停留在表面上，对自己事务的处理基本是依照大人的规定与提醒，还不能内化为自己的独立判断[①]。因此，抚养者对儿童的教养和带领显得尤为重要。而分析本研究数据可知，双亲隔代教养家庭祖父辈共同居住的比例为 90.50%，远高于单亲隔代教养家庭中祖父辈共同居住的比例（73.51%）。相较于双亲隔代教养家庭有较多的照顾者，单亲隔代教养家庭对幼儿的照顾人员更少。因此与双亲隔代教养家庭的祖辈相比，单亲隔代教养家庭的祖辈可能更少溺爱孙辈，较少替孙辈"包办"，从而让孙辈拥有更多的自主性与独立性。第三，处于单亲家庭的儿童缺乏双亲的有力保护，他们需要承担更多的责任，独自面对生活中的更多挑战，这使得他们相较于双亲家庭的孩子拥有更强的自立愿望，更具有自主性与成熟度，因而自立行为发展较快。

本研究发现，对 6~12 岁双亲家庭儿童而言，隔代教养能显著负向预测儿童道德自立行为，而对 6~12 岁单亲家庭儿童，隔代教养对儿童道德自立的负向预测不显著。这可能与以下原因有关。首先，单亲家庭儿童更能体谅抚养者的艰辛，因此有可能与抚养者形成较强的情感依恋，而良好的亲子关系在儿童的道德成长中起着重要作用[②]。此外，单亲家庭儿童父母对孩子的爱和关注通常更加集中，这可能会使孩子更有宽容度和同理心，更能理解别人的感受，从而促进道德自立的发展。徐安琪的研究显示，单亲家庭的家长自述孩子比一般孩子更富于同情心的比例达到 40%。

综上所述，本研究结果提示，隔代教养对儿童自立行为发展具有消极影响，相较于单亲家庭儿童，双亲家庭的儿童受隔代教养的不利影响程度更大。基于本研究结果，隔代教养对儿童自立行为培养的弊端需要引起家长的重视。

（本文原载《中国临床心理学杂志》2022 年第 4 期）

---

① 凌辉，张建人，钟妮，等. 3~6 岁儿童自立行为结构的初步研究 [J]. 中国临床心理学杂志，2014，22（6）：1037-1041.
② 迟希新. 留守儿童道德成长问题的心理社会分析 [J]. 教师教育研究，2005（6）：74-77.

‖ 好家风的六把"标尺" ‖

长沙师范学院　杨文

一、引言

　　党的二十大报告中，将加强"家庭家教家风建设"作为"推进文化自信自强，铸就社会主义文化新辉煌"的重要内容。家风可以反映出一个家庭的文化和精神面貌，是家庭的精神内核，也是家庭的外在形象。家风也是一种无形的力量，它会在家庭中代代传承，对孩子的性格、人格、处事方式、情感关系都产生深远的影响。好家风对孩子的熏陶是一种无声的教育[①]。因此，构建起富有中国现代化特色的好家风衡量标准，除了可以帮助更多家庭完成良好家风建设，更可以对下一代形成良好家教氛围，为我国的新时代人才建设筑牢基础。本文将好家风分为六个标尺：孝亲、齐家、积善、明礼、崇简、知耻，并通过案例与归纳分析逐个明晰其核心理念与具体方法、维度、特征和路径，以期帮助父母按照这六把标尺去营造自己的家风，创造幸福的家庭，让孩子在优良的家风和幸福的家庭中获得成长。

二、孝亲——以感恩的心善待父母

（一）孝亲的核心理念

　　孝，在中国传统文化中有着十分重要的地位。在古代，"孝"甚至被认

---

① 钟和.习近平关于家风家教重要论述的理论探究[J].理论视野，2023，278（4）：39-44.

为是一切道德的基础。《论语》就把"孝、悌"作为"仁"的根本。这是因为基于亲人之间血缘的"孝"相比其他道德品质更具有本源性。孝在维护社会和谐稳定、提高个人道德素质方面有着非常特殊的意义。①

从传统道德观念来看，"孝亲"的核心是善待父母。父母是生养和照顾孩子长大的人。从牙牙学语到长大成人，孩子都离不开父母的呵护和教育。所以，感恩父母、善待父母应是一个普通中国人的应有品德。关于怎样善待父母，部分人群认为，善待父母就是给父母钱，让他们想吃什么就吃什么，想买什么就买什么。②但这与我国新时代的道德和发展要求相去甚远，善待父母不仅要在物质层面关怀父母，为他们购买生活所需的物品，改善他们生活条件，还要在精神层面关爱父母，多陪伴父母，多和父母沟通，告诉父母自己的近况。善待父母是基本道德，如果一个人连父母都不能善待，那么其人的基本品格则难以保证。当然，父母与子女之间的感情是相互的，即所谓父慈子孝。善待父母不应该变成一句华而不实的口号，而是要贯彻到日常生活中。父母们应该以身作则，让孩子懂得孝敬老人、善待父母的道理。③

（二）孝亲的案例分析

基于社会观察，本文选择一户普通的工薪家庭作为孝亲案例分析对象。同时，出于个人隐私考虑，将该家庭中的女主人代称为小徐。小徐平时性格较为粗犷，但她对老人非常细心。婆婆来她家小住时，她每天早上都会为婆婆准备丰富的早餐，并在完成菜市场买菜等家庭工作后才会去上班。下班回家后，小徐会主动帮婆婆分担家务，让婆婆有时间与孙子共享天伦之乐。除工作时间外，小徐还会利用周末时间跟丈夫一起带着婆婆和儿子到城市周边旅游，品尝特色美食。当婆婆不舒服时，小徐也会主动照顾，并及时带婆婆到医院看病，帮婆婆买药。婆婆住在小徐家的这段时间里过得非常开心，经常夸赞自己的儿媳妇好。小徐的儿子也在此过程中耳濡目染，他从父母对奶

---

① 孙杰.由孝而教：古代教育智慧之中国式表达[J].学术探索，2023，279（2）：128-134.
② 熊凤水.中国农村养老理念的嬗变与创新[J].甘肃社会科学，2013，205（4）：57-61.
③ 沈勤，蒯卓敏.新时代文化养老服务体系建设路径探析[J].广西社会科学，2019，290（8）：72-77.

奶的态度中明白了"孝亲"的核心理念，以及具体孝敬老人的方式方法。于是，儿子每天晚上都帮小徐按摩，并对她说"妈妈辛苦了"，这让小徐也倍感欣慰。该案例中，小徐通过以身作则和言传身教，成功构建起了一个以孝亲为核心的和谐家庭氛围，形成了祖孙三代相互照顾的行为情境。

（三）孝亲的方法归纳

从上述案例分析中不难看出，教会孩子"孝亲"需要父母的言传身教。父母是孩子的榜样，如果父母对老人的态度不好，孩子就会记在心里，并用同样的恶劣态度对待自己的父母。如果父母对老人的态度好，那么孩子也会学着体贴和关心父母。培养孩子的孝心不能只停留在说教上，更应体现在行动中，只有父母以身作则，孩子才会把"孝"字真正放在心中，孝顺才能在家族中延续，其具体方法可归纳为图1中的三个方面。

营造孝顺父母
的家庭氛围

家庭中应事事
以老人为先

定时探望老人

图1　营造"孝亲"好家风的方法

首先，营造孝顺父母的家庭氛围。家庭中应该有"孝亲"的氛围。父母不应该在孩子面前说对方父母的长短，而是要讲父母对自己的关心和爱护，自己为父母做的事。父母还应该提醒孩子，爷爷奶奶和外公外婆年纪大了，应该尊敬他们、照顾他们。同时，父母还要告诉孩子自己有一天也会老，也需要孩子的照顾。无论孩子能否听懂这些道理，经过多轮重复灌输，孩子会在潜移默化中树立"孝亲"的观念。其次，家庭中应事事以老人为先。在很多家庭中，孩子永远排在第一位，父母和老人都要让着他们。但是这种做法不利于培养孩子孝顺父母的品质。当家中有老人时，应该以老人为先，比如吃饭时应该先给老人盛饭，也可以让孩子来帮老人盛，让孩子从生活中的小事开始做到孝亲。最后，定时探望老人。如果不和老人住在一起，就要注意按时探望老人，而且在探望老人时尽量带着孩子，满足他们对孙辈的思念之情也是一种孝顺。如果因为特殊原因孩子长时间没跟老人见面，父母应该让孩子给老人及时进行电话沟通，让祖孙两代有交流和沟通的机会。

俗话说"看花容易绣花难"，善待父母这几个字看起来简单，但真正做起来我们会发现自己有很多不足。更关键的是，只有父母做到了善待老人，才能给孩子做好榜样。

三、齐家——以嘉言懿行与家人和睦共处

（一）齐家的核心理念

"齐家"的概念出自《大学》，即保证家族成员的齐心与和睦，如果一个人不能与家人和睦相处，那么，即使他获得了再多成就与荣誉，他也将会是孤独的。因为他的荣耀和幸福无人分享，痛苦和迷茫也无人诉说。幸福需要与家人和谐相处，只有对家人给予了充分的理解和体谅才能收获宽容和谐的家庭氛围。与亲人和谐相处，营造幸福家庭要靠我们自己努力。家庭不和谐，家人之间的关系紧张，将导致诸多不幸。[①] 所以，营造和谐家风，以嘉言懿行与家人和睦共处应为齐家的指导思想。

（二）齐家的案例分析

在我国历史上，杨绛与钱钟书的家庭处理方式即为齐家的典型成功案例。杨绛是我国著名文学家和外国文学研究家，她同时也是其丈夫钱钟书的贤内助。为支持丈夫出国留学，她中断自己在清华的学业，陪丈夫远渡重洋。留学期间，杨绛几乎包揽所有家务，并在家务之余去钱钟书所在学校旁听。钱钟书不擅长家务，在杨绛怀孕期间，他对于家庭工作常常力有不逮，杨绛总是对他表示"不要紧"。作为一个妻子和母亲，杨绛为家人付出了全部的心血和爱，而钱钟书感情细腻，对待妻子和女儿宽和温柔，把最大的宽容留给家人。虽然他们一家人的生活并不是一帆风顺，但那些风雨同舟、患难与共

---

① 余秀兰.父母社会背景、教育价值观及其教育期望[J].南京师大学报（社会科学版），2020，230（4）：62-74.

的日子同样动人，因为和谐亲密的家庭带来的幸福感，是其他事物无法比拟的。杨绛与钱钟书的成功案例意味着，与家人和谐相处，营造幸福家庭应是人生中的重要课题。

（三）齐家的路径归纳

尽管家庭和谐的重要性不言而喻，但实际生活中保持与家人的和睦相处并不容易。基于案例分析，其具体的路径可概括为以下四点（见图2）：

求同存异　　　　　　　　　勇于承认错误

与家人和谐相处

包容与信任　　　　　　　　及时化解矛盾

图2　与家人和谐相处的要点

第一，求同存异。在非原则性问题上，应该抱着求同存异的态度来与家人沟通。只要达到最终目的即可，无须过分追究过程。过于纠结具体的过程和细节，往往徒增烦恼和不快。对于重大事件，家庭成员可以从不同角度畅所欲言，以便找到更好的解决方案。如通过家庭会议等形式，经过多方意见表达、讨论后决定重大事项等。第二，包容与信任。与家庭成员相处时，需要包容和信任，只有互相信任、互相包容，才能相处得更融洽。在与外人相处时，人们倾向于"伪装"自己，将自身的缺点隐藏。但在家人面前，人们更倾向于卸下"伪装"，用自己最真实的面目去面对自己的亲人和爱人。而真实的面目往往意味着更多的缺点和棱角，所以和家人相处更需要包容和信任。第三，勇于承认错误。与家人相处时要敢于承认错误，认错不等于低头，因为这样可以加强信任。对于那些已经发生的错误，要勇于承认，不要延伸到其他事和其他人身上，也不要给自己贴标签。犯了错误，只要勇于认错，积极改正，就能重新赢得家人的信任。第四，及时化解矛盾。和家人之间有了矛盾应及时化解。首先，要做到控制情绪，不要被情绪支配，说出一些伤害对方的话。其次，要好好想一想和别人发生矛盾的原因，如果有误会就要及时澄清。最后，如果做错了，就应及时向对方道歉，千万不要因为面子而不肯道歉，这样只会让矛盾升级。与家人相处的学问有很多，但真诚和爱才是最重要的诀窍。

四、积善——积善成德，善待身边的人

（一）积善的核心理念

积善最初出自《周易》："积善之家，必有余庆；积不善之家，必有余殃。"这句话的意思是：常做善事的人家一定会有很多值得庆贺的事，经常作恶的人家会有许多灾祸发生。从这句话中可以得出，积善家风的重要性。通过分析以"善"为家风的成功案例，并归纳具体方法，可以有效提振家风，为新时代家风建设提供另一种路径选择。

（二）积善的案例分析

"积善之家"不仅是中国传统道德对家庭的要求，更是世界范围的美德标准之一。[1] 因此，积善的案例分析本文选择英国的知名案例。100 余年前，有一英国农民在田野劳作时，忽闻一少年落水求救，农民将其救起后得知该少年是一名贵族之子。此后，该少年的父亲携厚礼登门致谢，但农民认为救人只是自己的良心使然，并不是贪图对方的谢礼，更不是因为对方的贵族身份。贵族少年的父亲很佩服农民的高尚品格，于是决定资助农民的儿子到伦敦接受高等教育。农民的儿子得到了改变命运的机会，多年后他从伦敦圣玛丽医学院毕业，并在 1945 年获得诺贝尔医学奖，后来还被英国皇室授予爵位。这个农民的儿子叫亚历山大·弗莱明，也是青霉素的发现者。虽然该案例中有部分戏剧性巧合，但它展示出了行善者自有相助的朴素道理。虽然，行善不能以图回报为主要目的，但仍可感受帮助他人的快乐。如果一个家庭有"积善"的家风，那么这个家庭的家风一定是和谐而快乐的，成长于这个家

---

① 史丽君. 积善之家必有余庆 [J]. 中国盐业，2022，408（9）：58-59.

庭的孩子也一定是善良、有德行的人。

（三）积善的维度归纳

积善不是一时兴起去做好事，而是要培养一种行善的习惯和高尚的道德观。只有做到"知行合一"才能避免行善流于表面，变成沽名钓誉的伎俩。具体而言，真正的善可分为两个纬度，一是行善，二是心善（见图3）。

图3　善的两个维度

行善即在行动上做善事。如参加公务活动、做义工、参加慈善捐款，用行动去帮助那些需要帮助的人。但行善只是善的外在表现，很多人都只停留在这个层面上，并没有真正理解为什么要做善事。如有人买了鱼虾、乌龟或蛇到野外放生，虽然也是善举，但随意放生不仅不能保证被放生的动物存活，还会对当地生态环境造成负面影响。因此，这种放生行为不是真正的行善，而是一种流于表面的浅薄行为。心善即内心深处的善良。心善的人知道什么是真正的善，以及行善的真正意义所在。他们行善举时会更多考虑长远的影响，而非只考虑眼前利益。如真正的动物保护组织通常不会干涉大自然正常的捕猎行为，因为他们知道弱肉强食是大自然的规律，单纯保护弱势的食草动物会影响食肉动物的生存，进而导致整个生态系统的紊乱。

因此，要成为真正的积善之家，就必须同时做到行善和心善，并用自身品德去影响周围的人。孩子如果成长在一个积善之家，就会不自觉地模仿和学习，让积善的家风继续传承下去。

五、明礼——深到骨子里的教养才是真正的教养

（一）明礼的核心理念

中国是"礼仪之邦"，过去"礼"是一种社会政治制度，现在"礼"是

人与人交往仪式。"礼"的形式有千万种，但它的核心主旨只有一个，即对他人的尊重。是否守礼、知礼能够体现一个人的教养。如果我们想成为一个真正有教养的人，就要明礼、学礼、知礼、守礼，把礼仪与尊重刻进骨子里，让教养体现在一言一行之中。[①]但父母关于"礼"的教育在现实生活中往往较为缺乏，尤其在公共场所和餐饮区域，父母的教育缺失容易导致孩子养成自私蛮横、爱占小便宜的性格。因此，关注家庭的教养和礼貌培养，也是家风教育中的重要一环。

（二）明礼的案例分析

基于传统研究中优良的家风可以培养出有教养、高素质的孩子，我们可以初步判定，教养和家风之间应当具有直接的影响关系。基于社会观察，本文选择一家普通的自助餐厅作为研究地点，通过观察不同家庭的取餐和就餐等行为进行案例分析。在该自助餐厅的就餐过程中，部分家庭在拿取食物过程中出现了过度索取、挤占插队等不文明行为。但也有少部分家庭，只是简单拿取几样食物，并精心摆放整齐。从上述行为对比中不难发现，一个人的行为可以反映他的教养，而教养则取决于家风，具有良好家庭教养的人也应拥有良好的家风氛围。此外，在培训中心的社会观察中发现，来自普通家庭但父母都特别有教养的学生，往往会主动向老师问好和致谢，并自觉把椅子放回原处。上述种种行为都能印证教养和家风之间的影响关系。

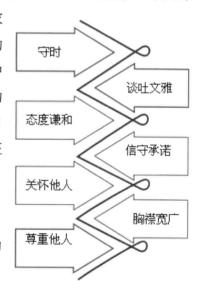

（三）明礼的特征归纳

基于现有研究和案例分析，构建明礼的家风教养特征主要归纳为以下七点（见图4）：

图4 有教养之人的七大特征

守时
谈吐文雅
态度谦和
信守承诺
关怀他人
胸襟宽广
尊重他人

---

① 李俊逸，陈文娥.孔子的"礼仁"思想及其对当代教育的启示[J].汉字文化，2021，290（18）：194-1961.

明礼首重守时。有教养的人必然是守时的，无论是开会还是赴约，他们从不会迟到。因为在他们看来，自己的迟到是对那些准时到场的人的不尊重。有教养的人不仅自己守时，也会要求自己的孩子守时。明礼要求谈吐文雅。如果一个人口吐脏话，动不动就辱骂别人，喜欢高声喧哗或者喜欢说一些很粗鄙的话，那么这个人一定不是有教养的人。有教养的最基本条件就是谈吐文雅，这是对他人的基本尊重。明礼强调态度谦和。有教养的人在与人交往时态度都十分谦和，哪怕对方的地位不如他们，他们也不会看低对方。尊重每一个人，才是真正有教养的人做的事。而且，有教养的人在与他人交往的时候，从来不会表现出优越感和一丝一毫的自傲，无论他们的履历有多辉煌，成就有多耀眼。明礼还应信守承诺。讲诚信是一个人骨子里的教养，哪怕是遇到困难，有教养的人也不会轻易食言，他们会想方设法地完成自己的承诺。他们认为，答应别人的事情，就一定要做到。明礼在于关怀他人。有教养的人对他人是充满关怀的，尤其是对弱者，这是因为他们骨子里的善良和悲悯。因此，有教养的人会主动礼让女士、孩子和老人，遇到弱者，他们总会伸出援助之手，或者给对方行个方便。明礼需要胸襟宽广。有教养的人往往胸襟开阔，不会为了一点小事就与人反目成仇。相反，他们能宽容别人的失误，给别人改正的机会。明礼要求尊重他人。教养的核心是尊重，所以有教养的人一定懂得尊重他人。这种尊重体现在他们的一言一行中，这也是为什么当我们与有教养的人交往时会感到如沐春风。

真正的教养是从骨子里透出来的，而教养是由家风决定的，只有家风熏陶出来的教养，才会深深地刻进孩子的骨子里。

六、崇简——爱惜资源，尊重他人劳动成果

（一）崇简的核心理念

勤俭节约是中国社会的传统美德，但崇尚简朴、厉行节约并不是吝啬的表现，而是反对奢侈、铺张和浪费。现在很多孩子都有攀比和铺张浪费的毛病，

如果任其发展，情况会变得非常可怕。① 然而，比这更可怕的，还是家长们的态度。部分研究指出，不少父母自己省吃俭用，但对孩子的消费需求却是有求必应。久而久之，孩子就养成了奢侈浪费的习惯，甚至出现漠视他人劳动成果，不尊重劳动者的现象。② 家长不应该对孩子的浪费视若无睹，而是要让孩子学会尊重他人的劳动成果。

（二）崇简的案例分析

基于社会观察，本文选择一普通小区作为研究地点，通过观察小区的卫生状况进行分析。该小区里的保洁阿姨，每天早晚都会把楼梯间和电梯打扫得干干净净，但其劳动成果却很少得到应有的珍惜。人流密集区域，如地下车库的电梯门口经常堆满垃圾，且明显没有包装好，垃圾到处散落并伴随异味。此外，儿童游乐区也经常一片狼藉，很多孩子吃了水果和零食以后都会随手丢在沙坑里，阿姨打扫起来难度非常大。以上列举的种种现象都是对他人劳动成果的不尊重。保洁阿姨打扫得干干净净的小区，有的人却能够心安理得地扔垃圾。这虽然不是大事，但却可以反映出一个人的修养和素质、一个家庭的家风及一个孩子的教养和品德。孩子乱扔垃圾，单论行为结果属于不爱护环境，但从行为的内在逻辑看就是因为缺乏家风建设导致不尊重他人劳动成果，浪费公共资源。家长应该对孩子进行教育，在生活中渗透节约、珍惜劳动成果的意识。

（三）崇简的方法归纳

教导孩子形成良好的节俭意识，学会尊重他人劳动成果，父母可以使用以下三种方法（见图5）。

01 理性对待孩子的物质需求

02 从身边的小事做起，养成节约的习惯

03 让孩子正确认识金钱

图5 向孩子渗透节约意识的方法

① 肖遥.家、园、社协同推进幼儿资源节约教育的路径[J].环境教育，2023，261（Z1）：74-77.
② 谢丽威，韩升.家庭理性消费的衡量标准探讨：论我国当前阶段节约型家庭消费模式及其评价体系[J].鲁东大学学报（哲学社会科学版），2011，28（4）：71-74.

第一，理性对待孩子的物质需求。每个人都有物质需求，并且这些需求会随着年龄的增长而发生变化。父母要理性看待孩子的物质需求，凡是适当的、合理的、符合家庭经济条件的物质需求都可以予以适当的满足，但是，父母不要让孩子的生活水平超过同龄、同阶层的孩子太多，以免孩子养成虚荣、爱攀比的习惯。第二，从身边的小事做起，养成节约的习惯。节俭的美德要从身边的小事养成，家长培养孩子节俭的习惯也要从生活中的小事做起。比如，提醒孩子洗完手要随手关好水龙头，睡前要关灯，人走灯熄，不要有剩饭等。家长带孩子购物时，也不要随便答应孩子的不合理要求，应该给孩子讲道理，劝说孩子做出更合理的购物决策。第三，让孩子正确认识金钱。有的孩子浪费是因为他们对金钱没有概念，不知道钱的价值和购买力。所以，家长要让孩子正确认识金钱，告诉孩子钱的价值和购买力，以及爸爸妈妈挣钱的辛苦等。只有正确认识了金钱，才能体会到金钱来之不易。父母还可以培养孩子的储蓄意识，让孩子把平时领到的红包、压岁钱存起来，并给孩子定一个储蓄目标。比如，以后可以用这些钱买自己喜欢的学习用品。

父母要意识到，节俭不等于守财，该花的钱还是要花，要让孩子学会合理地花钱；节俭也不等于吝啬，节俭和大方并不冲突，孩子要节约资源、节约金钱，以减少浪费，但是也要懂得在必要的时候慷慨解囊，比如参与慈善和公益事业。

总而言之，节俭是孩子的生存必修课，也是一个家庭必备的优良家风。

七、知耻——有涵养良知能明辨是非

（一）知耻的核心理念

羞耻和道德是紧密相连的，羞耻感是道德的底线，如果一个人失去了羞耻感，那么他在做任何坏事的时候都不会感到良心不安，良知对他来说也不复存在了。[1] 孔子说"知耻近乎勇"，只有当一个人有了羞耻心，他的心灵中才会产生良知，进而愿意不断反省自己、完善自己。具体而言，知耻的意

---

[1] 曾振宇，李富强.羞耻的本质及其伦理价值[J].伦理学研究，2019，104（6）：14-20.

思是，一个人因为自己没能达到更高的道德水平而感到羞耻。所以，一个知耻的人是有底线、有原则、有道德理想的人。

（二）知耻的案例分析

根据网络报道，因为外墙施工人员的电钻声音太大，8楼一个正在家里看电视的小男孩一气之下剪断了绑在施工人员身上的安全绳，导致施工人员吊在半空无法动弹，经消防紧急救援，才把施工人员安全救下。面对警察的调查，孩子则给出了打扰其看动画的理由。事后赔偿时，孩子母亲只赔偿了一条安全绳。每个熊孩子背后必然有个熊父母。他们的"熊"行为，都是父母放任的后果。同样基于网络，有人声称在餐厅就餐时，只因儿子稍微调皮，就被邻桌扇了耳光，到现在她还非常气愤。而事情的真相是：这位母亲带孩子去餐厅吃饭，孩子几次骚扰到邻桌用餐，后来竟伸手去抓邻桌桌上的菜，被对方把手甩开后，孩子先动手打邻桌客人，结果被反击。这个母亲愤怒的点就是孩子还小，犯点错误很正常，对方一个成年人不应和小孩一般见识。但这位母亲也忽视了自身本应尽到的约束和教导职责。别让年龄小，成为孩子胡闹的理由。孩子总有长大的一天，今天以"年纪小"为借口原谅他，明天就会做出更荒唐的事情。成人的世界没有儿戏，也没有温室，父母可以原谅孩子，但外面的世界不会轻易原谅他。因此，加强德育教育，让孩子明辨是非，是父母们必做的一项工作。

（三）知耻的方法归纳

如果一个人没有是非观念，那么他肯定不会知耻，也不会追求更高的道德水平，甚至会漠视法律，走上犯罪的道路。因此，明辨善恶是非对孩子来说是非常重要的，父母必须加强教育和培养。人的是非观不是天生的，而是从小开始培养的。培养孩子是非观的具体方法如下（见图6）：

首先，父母应以身作则。父母是孩子的第一任老师，孩子会以父母的言行作为是非对错的标准，他们会以父母的态度来作为判断对错的标准。可以说，父母的道德观会对孩子产生很大的影响。如果孩子的是非观不正确、不健全，父母一定要及时干预。最重要的是，父母要以身作则，为孩子树立好榜样。其次，为孩子树立正确的道德评判标准。孩子就像一张白纸，父母一定要从小给孩子灌输正确的思想观念和道德标准，从小教育孩子，让孩子成为有理想、有道德、有文化的小公民。父母绝对不能因为怕孩子吃亏而教孩子走捷径、钻空子，一旦孩子习惯了走捷径，后期就很难再改过来了。再次，加强对孩子的正面引导。孩子的认知水平有限，父母一定要耐心地进行正面引导，不要因为急躁而经常打骂孩子。父母应该仔细地为孩子分析一件事的是与非，并引导孩子自己判断。家长要经常和孩子讨论相关问题，听听孩子的看法，然后再把正确的是非观告诉孩子。复次，提高孩子的认知水平和辨别是非的能力。想要提升孩子辨别是非的能力，父母要先提高孩子的认知能力，丰富他们的德育知识，让他们了解一些道德高尚的人和事。父母还可以通过寓言或童话故事来教孩子辨别谎言和欺骗，教他们判断是非善恶。父母还要引导孩子在现实生活中进行实践，加深他们对道德和是非的理解。最后，适当惩罚孩子。当孩子不听劝阻，一意孤行时，我们首先要和孩子讲讲道理。如果道理讲不通，就应该给予警告。当警告也不起作用时，我们就应该采取适当的惩罚措施了。比如取消零食，取消玩具时间，取消电视时间等。

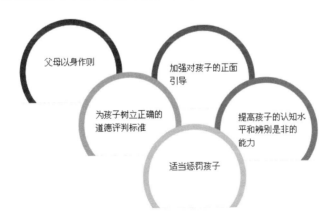

图6 培养孩子是非观的方法

学会明辨是非对孩子来说非常重要，这关系到孩子以后的为人处世、人际交往，为了让孩子以后少走弯路，家长应该教会孩子明辨是非，做一个有道德底线的人。

八、总结

为响应党的二十大报告中加强"家庭家教家风建设"的号召，本文提出了孝亲、齐家、积善、明礼、崇简、知耻等六把构建家风建设的"标尺"。其中，孝亲强调以感恩之心对待父母，建立和谐的亲子关系；齐家强调良好的家庭沟通与和睦共处；积善倡导善行善事，以促进社会和谐；明礼强调教养的内在品质，培养人的修养与素质；崇简提倡爱惜资源，尊重他人的劳动成果；知耻强调涵养良知，培养正确的道德判断能力。通过结合实际案例情况，分别归纳每个标尺的方法、维度、特征和路径，可以为父母构建良好家庭教育环境，营造具有新时代特色家风，创造幸福家庭氛围提供参考，为推进我国文化自信自强，铸就社会主义文化新辉煌事业提供理论依据。同时，也可以为后续的家风建设研究提供经验借鉴，具有较好的理论和实践意义。

‖ 我国幼儿家庭教育支持现状及其完善建议 ‖

华中师范大学、长沙师范学院　黎勇

华中师范大学　蔡迎旗

家庭教育对儿童的学业表现、人格发展、心理健康、自尊水平、行为问题等一系列发展结果有重要影响[1]，良好的家庭教育支持可以有效地提升家庭教育的效果，且对亲子关系及家庭关系有积极影响。[2] 为了向父母提供专业、系统且持续的家庭教育支持，美国、日本以及我国台湾地区等通过不同的手段和措施为不同的家庭提供有针对性的家庭教育支持服务，将家庭教育提升到公共化、专业化和制度化层面。本研究以武汉市 3~6 岁儿童家庭为研究对象，以了解武汉市相关部门的家庭教育支持现状和服务供给水平，并从公共服务的视角提出政策建议。

一、将家庭教育支持纳入公共服务范畴的时代背景

20 世纪下半叶以来，发达国家将"家庭主义"作为制定家庭政策基点的价值观念逐步让渡于"去家庭化"，从强调家庭的责任过渡到强调家庭的权利，我国权利取向的"支持家庭"政策也在逐渐增加。[3] 尽管如此，不管将对家庭教育的支持当作教育政策还是家庭政策，其属性都是一种缺陷模式政

---

①　范洁琼.国际早期儿童家庭亲职教育项目的经验与启示[J].学前教育研究，2016,（12）: 3-16.

②　许璐颖，周念丽.学前儿童家长亲职教育现状与需求[J].学前教育研究，2016（5）: 57-66.

③　徐浙宁.我国关于儿童早期发展的家庭政策（1980—2008）:从"家庭支持"到"支持家庭"[J].青年研究，2009（4）: 47-59，95.

策，普遍地具有补缺性、碎片化、含蓄化等特征。[①] 由于家庭问题的"外溢"性，家庭通过对人们消费行为的影响而影响着经济发展，且一个放弃家庭责任的社会成员所带来的危害不只局限于家庭本身，社区以及整个社会都会为此承担经济和社会成本。[②] 在我国，家庭教育工作一直强调并着重实践对家长的指导，但家庭教育指导视域上的单维性已不能满足家庭教育的多元化需求，建构全方位、多维度的家庭教育支持服务体系具有现实的迫切性。家庭教育支持体系一般包含政府支持、学校支持、社会支持和个人支持四个方面，[③] 在内容上则包含物质帮助、行为帮助、亲密互动、指导、反馈、积极的社会互动，其组成的体系强调参与主体的多元化、社会系统的组合化以及支持维度的多样化。[④] 这一支持体系要求从补缺模式发展为优势先导模式，即从关注特殊群体到关注全体家庭的全面发展，帮助家庭履行对子女的教育责任已经成为家庭公共服务的价值基础和发展趋向。

当前我国家庭教育工作的特点可以概括为"两为主"，即在工作体制上以各级妇联牵头为主，负责组织、协调、指导和监督有关部门做好家庭教育工作；在具体实施上以各级各类家长学校为主，负责为家长提供理念、知识、技能等方面的培训。这种"两为主"的家庭教育工作体系效果并不十分理想，家庭教育支持并未成为家庭政策或社会政策的重要组成部分。全国妇联等九部门于2016年联合发布的《关于指导推进家庭教育的五年规划（2016—2020年）》提出要着力建立健全适应城乡发展、满足家长和儿童需求的家庭教育指导服务体系，家庭教育服务已经从私人领域进入公共政策视野，而从家庭教育指导走向家庭教育支持具有更为全面的现实意义。

---

① 吴小英.家庭政策背后的主义之争[J].妇女研究论丛，2015（2）：17-25.
② 张秀兰，徐月宾.建构中国的发展型家庭政策[J].中国社会科学，2003（6）：84-96.
③ 李松涛.家庭教育的社会支持研究[D].大连：辽宁师范大学，2014：31-38.
④ 李静.福利多元主义视域下流动儿童家庭教育社会支持体系研究[J].理论导刊，2012（11）：24-27.

二、当前我国 3~6 岁儿童家庭教育支持现状

妇联与教育行政部门是我国负责家庭教育的主要职能部门，本研究主要考察了政府部门和家长学校两个主体的家庭教育服务供给状况。

（一）政府及其职能部门的家庭教育服务供给现状

第一，家庭教育支持服务以学校与教育部门提供为主，其他政府职能部门缺位。为家长提供家庭教育支持的主要部门前五项依次为学校、商业培训机构、教育局、工作单位、社区/街道办，还有 32.4% 的家长未接受任何形式的家庭教育指导。这表明，除了与儿童学业直接相关的部门外，政府其他部门对家庭教育的服务指导还未改变家庭教育由家庭负责的格局。

第二，家庭教育培训开展次数整体不足，家庭教育支持工作没有取得实质进展。有 73.5% 的家长表示没有接受过政府及其职能部门提供的家庭教育培训，人均每学期接受政府提供的家庭教育培训为 0.4 次。除教育行政部门、街道社区外，计生、民政、公检法等政府职能部门都未对家庭教育指导有明确的职能划分，组织、人员、经费等都处于缺位状态。

第三，家庭教育支持方式以指导与宣传为主，对家长的精力和经济不足问题回应不足。政府及其职能部门提供的家庭教育支持方式主要有亲子活动、家庭教育讲座，主要还是通过集体活动的形式为家长提供家庭教育支持，侧重家庭教育的宣传，且未能很好地回应家长所面临的精力和经济不足问题。

第四，家庭教育支持制度体系与工作机制有待进一步细化和完善。从形式上看，武汉市家庭教育指导具备了制度框架和组织形式上的完备性，为各类家庭教育指导活动奠定了制度基础。但只有教育行政部门有较为完备的家庭教育工作体系，各级各类学校设置的家长学校是开展家庭教育指导的主要机构。由此可以看出，各期家庭教育工作规划关于家庭教育工作责任主体、制度建设、经费投入、工作机制建设等方面的规定仍停留在规划阶段，要将家庭教育支持纳入政府公共服务体系还存在诸多障碍。

（二）幼儿园家长学校的家庭教育支持现状

第一，幼儿园整体上重视家长学校工作，但存在一定幼儿园本位倾向。调查显示，没有参加过家长学校活动的家长占15.8%，但参加过4次或4次以上的家长比例仅占34.3%，离有关规定还有一定距离。在指导内容上，家长学校提供的指导内容主要是从幼儿园教育出发，注重儿童身心发展和教育知识的传播，对家庭教育的其他方面涉及较少。在指导形式上，除了"亲子活动"这一形式被广泛采用外，家长学校采用的指导方式多为单向传输式，幼儿园本位倾向较为明显，幼儿园总体上处于支配地位。

第二，家长学校人员构成以幼儿园教师为主，缺乏完整的课程体系且无专项经费。幼儿园的家庭教育工作人员主要由班主任、专家、年级长教师、优秀家长、德育副园长组成，没有专门的家庭教育工作人员。家长学校课程主要有新生入园焦虑应对、幼小衔接、亲子阅读、隔代教养等几类，其中又以前三种课程为主，教育部门规定的向家长学校提供的审订教材没有在调查中得到体现。在经费保障方面，武汉市各区县的学校、幼儿园均没有单列的专项家庭教育经费用于支持家长学校工作的开展，而是统一划拨生均经费，由各学校、幼儿园在生均经费当中进行开支，具体使用情况没有明确规定。

三、完善建议

多部门联合制定的政策容易由于缺乏业务主管部门而导致其被忽视或优先级不足，面对需求凸显和供给不足之间的矛盾，家庭教育支持需要纳入政府公共服务范畴，强调政府的家庭教育服务意识和服务职能，重新调整和优化家庭教育支持工作的责任主体与运行机制。

一是调整家庭教育责任主体，建立健全家庭教育制度体系。建立以教育部门牵头，妇联、文化、民政等部门共同参与的家庭教育支持工作机制，充分发挥各级教育行政部门的行政制约力和专业优势，通过各级各类学校与家庭的天然联系，深入开展各项家庭教育工作；强化基层政府的家庭教育服务职能，加大家庭教育工作宣传，拓展家庭教育工作渠道。

二是要加大家庭教育经费投入，落实政府家庭教育服务主体责任。以教育部门为政策实施主体，在教育经费中设立家庭教育专项经费，为家庭教育工作提供基本经费保障；积极拓展经费来源渠道，形成政府主导、社会力量参与的家庭教育经费保障机制；积极培育家庭教育服务市场，推动政府购买家庭教育服务，落实政府家庭教育服务主体责任。

三是加强家庭教育工作监督与评估，提升家庭教育工作质量。要进一步确立家庭教育指导在相关部门职能中的地位，将其纳入工作考核范畴；建立家庭教育工作考核制度，加强对家庭教育的监督和评估，在职责分工、人员安排、制度保障等方面予以统筹安排，提升家庭教育工作的针对性和实效性。

（本文原载《学前教育研究》2018 年第 4 期）

‖ 培育新时代孝亲理念 推进家庭养老支持体系建设 ‖

湖南女子学院 秦阿琳

国家"十四五"规划纲要提出,要"支持家庭承担养老功能,构建居家社区机构相协调、医养康养相结合的养老服务体系"。2020 年底,湖南省人民政府办公厅出台《关于推进养老服务业高质量发展的实施意见》,强调"家庭是养老的第一责任主体"。发挥好家庭在养老中的基础性作用,需要进一步提升观念意识、健全支持体系、加强政策保障。

一、创新性发展家庭孝亲敬老理念

习近平总书记指出:"要发扬中华民族孝亲敬老的传统美德,引导人们自觉承担家庭责任、树立良好家风,强化家庭成员赡养、扶养老年人的责任意识,促进家庭老少和顺。"创新性发展孝道文化,是应对新时代人口老龄化问题的重要课题。

明确家庭养老的法律责任。应建立完善保障老年人权益的地方性法规,明确子女在经济供养、生活照料、精神慰藉等方面的赡养责任和评价指标;推进智慧社区与老年人信息数据库建设,构建家庭赡养的监督、抽访、预警机制;加大对老年人权益保护的执法力度,开展相关普法工作和典型司法案例宣传。

弘扬家庭孝老的时代风尚。在代际平等基础上创新孝文化内涵建设,实施孝亲文化传承与创新工程,树立和表彰当代先进典型;将孝亲美德融入社会主义核心价值观,在中小学课程和社会实践中设置相关内容,以道德讲堂、公益宣传、纪录片等形式展开社会性讨论。

营造社会敬老的友好环境。从环境设施、交通出行、住房建设、社会保障、社会服务、文体休闲、社会尊重等方面持续推进老年友好城市建设，营造敬老氛围。应注重突出老年人的主体性，使其在"老有所为"中提升个人价值与社会地位。

二、健全支持家庭养老的社会服务体系

当前，我省多层次养老服务体系已初步建成，但仍存在居家养老服务供给不足、设施建设不完善、资源整合度不高、地区发展不平衡等问题，建议通过以下举措加以破解。

发展多功能的社区照料服务。打造以社区为平台的跨界协作团队，构建提供全托、日托、助餐、助洁、助浴、助护等服务的多功能体系；提升社区养老服务中心运营质效，在城市重点发挥社工机构的整合作用，在农村重点发挥区域性养老机构的辐射作用；在养老人才匮乏的农村，通过提供津贴补贴、免费培训、创建岗位等方式吸引剩余劳动力向养老行业转移。

推进面向家庭的医养康养设施建设。采取政府补贴与家庭承担相结合的方式，进一步扩大居家适老化改造的覆盖范围；完善失能老人健康评估体系，加强家庭养老服务床位建设；合理制定家庭养老床位的地方建设标准与补贴标准，引导社区周边的专业机构将远程监测、康复治疗、个人护理等服务延伸至家庭。

大力推广专业喘息服务。依托养老机构或社区养老服务中心，提供上门式、日托式、院舍式等专业喘息服务；规范喘息服务的申请与评估机制，逐步扩大喘息服务的覆盖地区与受惠群体。

三、完善支撑家庭养老的政策保障

目前我省出台的养老制度文件中围绕家庭养老的保障性政策仍不系统，有待进一步完善。

建立均等化的基本养老服务体系。健全养老服务均等化政策体系，实现

养老资源在城乡之间、不同群体之间的合理配置;建立以省级基本养老公共服务项目为基准,市、县级特色养老服务项目为附加的清单制度;以政府购买服务方式鼓励社会资本参与,在农村地区适当提高补贴标准、拓展服务项目,对于设施缺乏、需依靠亲友照护的农村老年群体给予现金补贴。

完善有利于子女孝亲的家庭福利政策。鼓励成年子女与老年父母就近居住或共同生活,为易地迁居投靠子女的老年人提供购房补贴、户口安置、医保结算等优惠措施,保障其平等享有当地养老福利政策的权利;细化政策指引,出台子女带薪护理患病老人的政策法规,通过税收减免、政府补贴、低息贷款等方式引导用人单位落实职工照护休假、弹性工作制等。

将家庭照护者支持项目纳入地方财政。为家庭照护者提供生活补助、照护津贴,购买医疗保险,或将其纳入医疗补助范围;探索建立家庭照护者喘息制度与护理培训制度,在省内积极开展试点;加强互助养老的顶层设计,完善志愿者有偿激励机制,在市、县级层面统筹推进以"时间银行"为主要形式的互助养老制度。

(本文原载《湖南日报(理论·智库专版)》,2022年3月23日)

实 践 编

幼 儿 组

编者按

党的二十大报告提出，要"强化学前教育、特殊教育普惠发展""加强家庭家教家风建设"，进一步强调了学前教育和家庭教育之间的重要关系，学前教育事业得到前所未有的重视。落实习近平总书记关于学前教育和家庭教育改革发展重要指示，是凸显学前教育的时代价值和实践意义的根本遵循。本篇"幼儿组"协同育人案例的编选，就是要把家庭教育、学校教育和社会教育在落实立德树人根本任务上统一起来，为适龄儿童接受学前教育、实现健康成长创造支持型的社会环境，为家庭教育、学前教育、学校教育和社会教育之间的强化衔接与合作，提供可供参考的范例。

凸显文化传承的力量。传承中华优秀传统文化是落实"立德树人"根本任务的重要路径，在幼儿的协调教育中，把中华优秀传统文化，尤其是近代以来湖湘大地的红色文化融入其中，促进幼儿的文化启蒙，培养其学习兴趣，使其对自己的文化、国家产生一种强烈的认同感和归属感，是幼儿协同教育的立足之本。

尊重自然成长的规律。对于幼儿来说，家校社协同育人，是要为孩子创设自由、自主、开放的环境，尊重幼儿天性、了解幼儿发展规律，让其在体验、感受和自主发展中，茁壮成长。

呵护情感共融的温度。情感教育在幼儿的全面发展、促进幼儿个性形成、形成完整健康人格的过程中，有着极其重要的作用。在协同育人中，需要用"爱"做纽带，培养幼儿对人和事的情感观念，强化其不同类别和层次的情感体验，并在情感中学会生活、学习、社交、审美，促进幼儿身心健康发展。

‖ 承特立思想　塑"诗教"家风 ‖
——徐老"诗教"思想指引下的长师附一幼家园共育工作案例

长沙师范学院附属第一幼儿园　庄丽　吴冰

　　"诗教"自古有之，无产阶级革命家、人民教育家、长沙师范学院老校长徐特立先生曾说："教育学生不应该用强制手段，更不应该有粗暴的态度。中国古代崇尚温柔敦厚的诗教，今天还是用得着的。"他在严于律己、注重身教的同时，不失时机地对学生施以温和如春风、清醇似甘泉般的"诗教"。这些谆谆诗化的教育方式比起那种声色俱厉的方式来，更能起到"随风潜入夜，润物细无声"的作用。徐老的"诗教"思想，不仅孕育了长师附幼"儿童为本、生活浸润、'诗教'陶冶"的育人文化，也不断引领着幼儿园的家园共育工作，帮助幼儿家庭塑造着"温柔敦厚""亲和悦纳"的"诗教"家风。

一、树"诗教"文化，引领家风风向

　　长沙师范学院附属第一幼儿园（以下简称长师附一幼）传承红色基因，研学"特立精神"，以"诗教"思想为引领，坚持"传承历史，共话共行"，形成了独特的育人文化、团队文化和家园文化，以此厚植家风底蕴，引领家风风向。

（一）"诗教"浸育——引领育人文化

1.儿童为本，身心合一

徐老爱生如子，对待每一个学生都给予爷爷般的温暖和关爱。长师附一幼传承"特立思想",秉承"保证儿童身心平均发育"的办园宗旨,践行"热爱儿童、研究儿童、通达童心、服务儿童"的教育理念,通过宣讲培训、行动体验让"儿童为本,身心和谐"的理念直达家长内心、赢得家长认同,聚家园共识,培养"博爱、聪慧、坚毅、尚美"的儿童。

2. 生活浸润,学做合一

徐老认为"日常生活就是课程"。我园基于"生活即课程""环境即课程""儿童即课程""教师即课程"的理念,多措并举,密切关注儿童生活环境与课程文化。站在历史新起点,展望未来亦不忘来时路。一是构建"湘情润养"园本课程,遴选中华优秀传统文化和长沙本土生活中的适宜内容,整合家庭和社区资源,生成"探访+探究+生活体验"一体的主题活动,在幼儿园一日生活中渗透传统文化教育;二是实施"红色种子计划",传承长师红色基因,探索儿童德育启蒙,为培养有文化自信和家国情怀的中国娃作了有意义的探索,形成了长师附一幼独特的"课程文化"。在此过程中,我园将家园共育作为课程实施关键,旨在支持幼儿获得整体全面的发展。

3. "诗教"陶冶,教研合一

徐老在担任校长期间,实施了温柔敦厚的"诗教",《校中百咏》表达了他对学生的真诚爱护和真切关心。深研徐老思想之后,我们认为,"诗教"就是用温和的态度、轻柔的语言与学生共情共话;"诗教"就是尊重和顺应儿童的身心特点与发展需要;"诗教"就是遵循教学的"韵律与节奏",讲究教育的"艺术与方法",静待花开。因此,我园坚持"师幼共融,知情意行",构建了愉悦共享、沉静体悟、同行成长的团队文化。一是通过活化人本文化、倡导微笑文化、营造书香文化、构建和谐文化、培育教研文化等一系列"情感加制度"的文化管理策略,推行"真诚、真情、真知、真实"的主流价值观等一系列人文养育策略,让幼儿园弥漫相互关爱、赞赏、包容、信任、求真务实的氛围。二是关注教师、家长等成人积极的言行举止、情绪表达,营造宽松、平等的心理氛围,教师与家长之间、成人与幼儿之间相互尊重、包容悦纳,形成儿童友好的教育微环境。通过行之有效的"精神濡染"方式,促进幼儿、教师、家长、园所的共同成长。

（二）"诗教"滋育——引领教师文化

"有高质量的教师，才会有高质量的教育。"徐老倡导的"诗教"，认为教师要亲和敦厚、富有情趣、情感扬抑、遵循教学的韵律与节奏，讲究教育的艺术与方法，这也成为长师附一幼教师文化的一部分。以徐老思想为引领，我园探索出"思政教育＋师德教育＋专业发展'三位一体'"的师资建设新路径。

1. 学徐师徐，强化思政素养

营造学徐师徐的文化环境，让"特立思想"载体随处可见；创设"红色种子书屋"，让党史资料、党建读物、徐老著作、徐研文章触手可及；充分利用长沙红色资源，赴徐特立纪念馆、陈树湘烈士陈列馆、市博物馆等地开展"飘扬的党旗""行走的团徽"等活动，结合四史学习树牢教师"为党为国培幼育人"的初心与使命。

2. 学徐师徐，优化师德涵养

成立"特立读书会"，教师定期共读徐特立书籍、共研特立思想。学习徐老师德师品，追随他的风骨，"一生都当教师，再也不想别的"，扎牢教师的职业理想；遵循他"以身示模范，以为儿童之表率，最为重要"的师训，涵养教师师德。如：教师读徐老《校中百咏》，品"诗教"之意蕴与节奏，学会悦纳自我、悦纳儿童，以爱心孕育爱心，形成了"亲和敦厚、爱生如子"的教师文化。

3. 学徐师徐，助推专业成长

在徐特立学前教育理论中汲取思想智慧和实践依据，作用于工作实际。深化园本教研，探讨徐老"日常生活就是课程""教育的基础和作用是生活"等思想的教育内涵和在幼儿园可行的实践路径，珍视生活的独特价值，倡导儿童"做中学"，优化园本课程的同时，帮助教师树立正确的儿童观、课程观、教育观，促进专业成长。

（三）"诗教"润育——引领家园文化

我园通过"一体两翼"家园共育模式（"一体"指以儿童为本，"两翼"指"家""园"），将家、园视作助力儿童成长的双翼，在儿童的教育中负有平等的责任和义务，在此基础上，以亲和悦纳、共担共商润育淳实的家园文化基底。

1. 将"亲、子、师"视为成长共同体

在家园共育中引领教师和家长看见儿童、倾听儿童、理解儿童、支持儿童，坚持以"儿童为本"的理念，转变家庭教育观念与教师教育行为，促进幼儿、家长、教师三大群体共同成长。

2. 将"幼儿家庭"视为亲密的教育伙伴

将家长视作"教师"，在保教服务、观念引领、育儿指导、文化共建中加强合作，共同创设和实施教育课程；将家长视为"督导"，悦纳和尊重不同家庭、不同家长的意见建议，在教育过程中保有"和而不同"；将家长视为"朋友"，坚持双向沟通，建立家园信任，实现互助共赢。

二、重"诗教"转化，塑造家教风尚

（一）家园多元对话，领悟"诗教"风尚

一是打造家园学习共同体，引领家长学悟"诗教"理念，形成深度共识。例如，我园定期邀请幼教专家面向家长开展"我们要培养什么样的儿童""诗教在家庭"等主题讲座，提供家长教育咨询、专业解答，帮助家长形成儿童为本、儿童优先的科学理念与认知。二是多渠道、多层面开展"诗教"实践的解读与宣传，开设线上家长学校，通过公众号推送700多期与家庭教育有关的内容，包括好书推荐家长版、幼小科学衔接指导要点导读、亲子游戏等家庭教育指导内容，疫情特殊时期推送"云课堂""云上见面会"，缓解家长焦虑情绪，引导家长宅家科学育儿。三是与教育理念和育儿方式存在偏差的个别家长深度开展家园对话，如多轮约谈、上门随访、专家干预等，在平等对话的过程中帮助其改善亲子关系，提升育儿水平。

（二）家园共管共建，践行"诗教"风尚

一是建立"1+1+N"家园合作组织机构。"1+1+N"指1所家长学校、1个家长委员会、N个家长义工，形成共管共建工作机制。如：家长学校通过"家长沙龙""开放日""家园论坛"等专题活动，科学引领全体家长的教育理念和育儿方法，指导创设良好的家庭环境，合力打造家、园、社三方齐抓共管的育人环境。家长委员会汇聚社会各界家长的智慧与力量，定期组织会议，参与幼儿园规划、办园质量过程性评价、园务管理等工作。同时成立"保教""安全""膳食"3个家长督导团，定期进入校园，分类督查幼儿园管理与保教质量，当场交流反馈问题，提出建设性意见，幼儿园定期回复。家长义工参与协助幼儿园日常安全保障、大型活动组织，沉浸式感受幼儿园在"诗教"理念指导下的师幼关系，体验课程实施等。以点带面、以面带全，带动家园教育同频共振，进一步让"诗教"理念深入人心。

二是通过"一册两群"规范家园共育方式。"一册"指我园原创的《家园共育手册》，家长通过手册全方位地了解家园合作的各项具体内容，明确家长在家庭教育的职责和义务，特别是其中的《亲子互动策略120条》，为家长践行"诗教"提供行动纲领和方法路径。"两群"指园级和班级的"家园交流群"，通过网络随时、随地、灵活地处理家长的困惑，剖析教育行为，提供策略支持，分享教育资源，形成以分享为核心、激励为举措、关爱为目的的互学互助团体，塑造乐享、包容、悦纳的"诗教"家风。

三是通过家长深度参与课程实施过程，共育"诗教"家风。如：将家长资源视为课程的一部分，引导家长了解幼儿园课程的目标、内容、指导方式、延伸活动，充分强调家长参与教育的主体性，鼓励家长走进教育过程中，支持孩子的探究与体验，陪伴孩子成长。在主题活动中进行实地探访、在"食育课程"中制作"节气美食"、在"阅读节"开展亲子阅读、在主题晨会中进行亲子展示、在日常生活中开展"家长进课堂"……不仅丰富了课程内涵，也融洽了亲子感情，融合了家园氛围，塑造了亲和、善听、爱学的"诗教"家风。

四是通过教育评价，加强家园融合，共建"诗教"家风。如关注特殊儿童或个别儿童发展需求，开展个性化的家教指导。建立《幼儿成长档案》，

引导家长通过亲子活动记录、评价等项目，与教师一起观察了解幼儿，观察并记录幼儿成长过程，学习了解幼儿年龄特点和相关的评价指标，为孩子成长的过程提供记录与评价。组织亲子体验活动，让家长在结伴活动中进一步了解孩子发展，了解陪伴孩子的方法，反思评价自己的教育行为，实施科学育儿。基于幼儿发展进行多元、科学的教育评价，让"诗教"成为家长教育行为的引路明灯，塑造理解、尊重、信任的"诗教"家风。

（三）家园共学共研，传扬"诗教"风尚

我园积极探索"家、园、社"三方协同的联合教研模式，与家庭、社区联动开展教育教学研究。如：邀请家长参与"徐特立读书会""诗教"专题教研，让家长在案例分析、反思辨析中理解"诗教"内涵；开展家园校联合教研——"幼小衔接背景下幼儿规则教育探讨"，秉持"诗教"理念，研究面对不符合成人预期的幼儿时，如何判断儿童行为是否违规，倾听儿童违规行为背后的原因，探讨开展规则教育的方法策略，在解读、理解、尊重、悦纳、支持儿童的过程中有效促进儿童发展。

三、立"诗教"家风，实现共同成长

（一）滋养了幼儿的成长

在"诗教"理念的润育下，在充满关爱信任的家园共育氛围中，幼儿对周围事物的好奇、关注与兴趣被激发，他们好问、好探索，具有独立思想和探究精神。他们会玩、会学、会生活，有主动获取知识的方法和能力，学会解决问题与自主生活。他们通过亲身体验和在互动探索中感知周围的世界，受到环境的熏陶和感染。他们学会了热爱、友善、诚实、自信，学会了辨别真善美，学会了勇敢、坚持、探究、创造。他们的身心更加健康，更具有科学精神，语言表达、社会交往、艺术审美能力得到了更好的发展。"诗教"就像滋润的甘露丰盈了幼儿鲜活的生命，绘就了丰富的人生底色。

（二）转变了家长的观念行为

在"诗教"理念润育下，家庭形成倾听、理解、悦纳儿童的氛围。家长

意识到自己不再是幼儿教育的旁观者，而是与教师具有同等地位的教育者，是幼儿生活和学习中的引导者、合作者和陪伴者，要积极配合幼儿园的教育，家园同心共育儿童。家长树立起正确的科学育儿观，教育行为也在悄然发生转变，认识到幼儿发展的年龄特点和规律，学会了珍视生活和游戏的价值。在面临幼小衔接时，少了焦虑和功利，从重知识、轻能力转变为更加注重品质和习惯培养。当面对儿童不符合自己预期时，理解这是宝贵的学习成长契机，唯有理解和支持，才能等到儿童成长的"哇时刻"。有位家长曾说："当孩子因为探索水的流向打湿衣袖时，当孩子投入厨师游戏弄得满脸面粉时，当孩子为摘到树上的柚子搭上木梯爬上屋顶时，当孩子将画好的画全部涂黑并说着'天黑了'时，我都对自己说：'莫生气，不着急，这就是孩子宝贵的学习机会。'"的确，当家长满怀悦纳，以儿童的视角思考、支持儿童成长时，"诗教"就在被爱、被肯定的积极情绪中，在幼儿与成人亲密的互动中生发了。

（三）提升了教师的专业素养

在"诗教"理念润育下，教师树立起"儿童为本"、全面发展的教育理念，沟通合作能力和教学专业能力得到提升。更加注重运用课程理念对家庭教育实施引领，注重整合家长资源为幼儿发展服务。教师与家长沟通更加轻松畅达，服务更加细致周到，在每年期末的家长调查问卷中，教师的满意率常年保持在98%以上，赢得了家长的普遍认可和信任。

站在学前教育高质量发展的新时代，我们将继承和发扬"特立精神"，弘扬"诗教"家风，润泽幸福童年，努力追寻教育最美好的模样！

‖ 从"单向宣传"到"合作共融" ‖
——自然教育视域下家园深度共育模式探索

长沙师范学院附属第二幼儿园　肖意凡　肖佳

2021 年 10 月，十三届全国人大常委会第三十一次会议表决通过了《中华人民共和国家庭教育促进法》（以下简称《家庭教育促进法》），该法的出台将家园共育提到了新的高度，也重新定位了家庭与幼儿园在幼儿教育中的关系。幼儿园、家庭共同组成了幼儿成长的微观环境，它们各自蕴含着丰富的教育资源，承担着相互补充且不可替代的教育功能。陈鹤琴先生说过："幼儿教育是一件复杂的事情，不是家庭一方面可以单独胜任的；也不是幼儿园一方面可以胜任的，必定要两方面共同合作方能得到充分的功效。"

目前幼儿园的自然教育研究，更多地偏重幼儿园对幼儿开展自然教育，向家长单向宣传自然教育的价值意义，而忽略了家长在自然教育过程中所发挥的重要作用。家园深度共育是开展自然教育的有效途径，长沙师范学院附属第二幼儿园（以下简称长师附二幼）通过制度保障、课程参与、多维研讨等方式让家园共育在自然教育视域下由"单向宣传"走向"合作共融"，充分发挥幼儿园与家庭的资源优势，协同育人，共同促进幼儿的全面发展。

一、制度保障，让家园共育由"单向"走入"互动"

制度建设是开展家园共育的重要保障，为推动幼儿园自然教育课程实施，长师附二幼建立了一系列的制度保障，如安全管理制度、资源利用制度、家长志愿者制度、自然教育家长培训制度等。

（一）顶层设计，建立组织机制

幼儿园首先进行了顶层设计，成立家长学校，明确组织机制，出台家长学校制度，明确各成员职责与任务分工。随后，我园将每个班级的家长资源进行收集整理，汇总后形成园级家长资源总表，并从中筛选出助力自然教育开展的核心资源，通过教师与家长取得联系，纳入家长学校管理，进行资源对接，获取家长的支持与帮助。在特立公园、松雅湖湿地公园开展活动时，我们获得了灰埠社区和松雅湖管委会的大力支持，与县园林绿化维护中心签署了协议，为自然活动的顺利开展提供了有利条件。

（二）明确流程，建立联动机制

明确的流程能让家园共育工作畅通。基于幼儿园实际与价值需求，幼儿园每学期召开两次"园级家委会"和"班级家长会"，让家长充分了解幼儿在园的生活与学习，在互动与交流中，幼儿园自然教育的理念逐渐获得家长的认同与支持。同时针对家长的问题与困惑，向家长开放育儿咨询、学习培训、主题讲座、家长读书沙龙等，拉近了幼儿园与家庭之间的距离，提升了家长育儿理念与水平。

（三）梳理路径，建立共育机制

为了让家长更深入了解幼儿生活与学习的状态，同时协助教师开展安全管理压力较大的户外自然游戏活动，幼儿园梳理家园共育路径，多方协作建立共育机制。出台家长志愿者制度，面对前期家长志愿者协助中出现的"放任不管"或"过度帮助"等行为，我们通过邀请家长和部分教师代表开展教研活动，围绕"怎样做一名合格的家长志愿者"进行研讨，确定了家长"十不"与"十要"，用以规范和提升家长志愿者的指导方式。

二、课程参与，让家园共育由"互动"走向"合作"

家园深度共育模式是幼儿园和幼儿家庭双方之间为促进幼儿的全面发展，通过深入交互沟通将双方优势结合成有机整体，形成家园协同育人的教育模式。推动家园由"互动"走向"合作"的关键在于鼓励家长和教师共同走进幼儿、了解幼儿，深入挖掘教育契机与教育内容，共同深入探讨课程实施的质量，让家长从内心深处真正认同、内化幼儿园的理念与思想，达到协同育人的目的。

（一）家园共话课程"立场"

自然教育课程不管是计划还是实施，始终以"儿童"为主体和根本，但在自然教育开展初期，家长并没有真正站在儿童的立场上理解和支持幼儿园的理念，反而常常出现"不能让幼儿在滚筒上玩，太危险！""幼儿园种菜干什么，还不如好好学习知识。"如此种种观念和思维，让课程推进出现困难。于是，我们邀请家长以志愿者的身份深度体验幼儿园自然活动，旨在通过走进教育实践的过程共同体会儿童立场下的教育给幼儿带来的有益影响。正如我们一位爷爷做完自然游戏志愿者之后所说的，"风中成长，雨中锻炼"。这一系列的活动不仅在家长和教师的观念中让幼儿处于课程和生活的中心位置，提升了幼儿的坚持性、责任感与冒险精神等，而且还促进了课程与生活更加儿童化和科学化，也使得师幼关系、亲子关系更加和谐、稳定和友好。

（二）家园共生课程"内容"

为了更好地建立教师和家长之间的关系，让家园共育深入幼儿生活的方方面面，一方面，教师在课程生成的主题和内容上会考虑家长的发现和需要，另一方面也会积极鼓励家长参与到课程实施中。家长对幼儿在家庭中感兴趣的话题和遇到的真实问题进行观察和记录，并将对此问题与教师进行商讨，在坚持以儿童为本的基础上，确定主题活动的主题和内容。如一位中班家长在家带领孩子养蚕，发现孩子对蚕宝宝的生长非常感兴趣，从而将蚕宝宝带到幼儿园，由此引发中班生成活动《可爱的蚕宝宝》。

在课程实施的过程中，我们也会充分吸纳家长资源加入，让课程开展更加深入。比如在开展《你最珍"桂"》的主题活动中，孩子们自制桂花唇膏，为了让孩子深入社会实践活动中，考验幼儿与他人交往互动的能力，充分感受创造与劳动带来的价值和意义，该班级教师将家长分为 5 个售卖小分队，引导家长带领孩子思考售卖小分队队名，设计售卖桂花唇膏的海报，商讨售卖策略，讨论售卖的成果利用方式等。家长的参与与支持极大地推动了课程的深入开展。

家长加入幼儿园课程实施的过程中，一方面丰富了课程内容，拓展了课程开展的渠道，另一方面也让家长进一步理解和认同幼儿园的课程理念。有家长反馈道："在没有参与这样的幼儿园课程之前，孩子不太愿意和我们分享在幼儿园发生的事情，但当我走进幼儿园，参与到孩子的学习过程中时，孩子会因为我的加入而感到骄傲，并且越来越愿意和我分享幼儿园的生活。"这让我们从幼儿的角度，进一步感受到家长深入课程的意义和价值。

（三）家园共评课程"实效"

教育部颁布的《幼儿园保育教育质量评估指南》中提到了"要注重过程评估，重点关注保育教育过程质量"的观点。这一观点要求我们改变之前重结果而轻过程的观念，把关注点转移到幼儿的学习过程中，重视课程开展的过程性评价。比如我们为孩子量身定的"幼儿成长档案"，是站在家长、教师、幼儿三个维度对幼儿言行做记录和评价过程性评价手册，幼儿记录自己课程实施中的想法和思考，教师记录幼儿在活动开展中的探索与发现，家长记录幼儿的收获与成长。通过多方观察并记录幼儿成长过程，我们能更充分、科学地了解幼儿年龄特点和相关的评价指标，从而更客观地为孩子成长的过程提供记录与评价。

在自然教育课程实施过程中，教师和家长要形成合力，共同关注幼儿在课程实施中的绘画、建构和语言表征，收集幼儿的作品与表达，对其进行横向分析和纵向分析，旨在通过不同维度、不同角度分析幼儿、评价幼儿。我们鼓励家长参与到课程的评价中，充分发挥家长在评价中的主动性和主体性，这种评价方式贯穿了整个课程的始终，在课程中形成评价，以评价推动课程的发展。

三、多维研讨，让家园共育由"合作"走入"共融"

（一）安全研讨，转变家长意识

在开启自然教育时，有不少家长担忧孩子们进入户外做一些比较冒险的自然挑战类游戏会受到伤害。针对家长的疑虑，我们组织家长代表召开"自然游戏中的冒险与安全"研讨会议，让家长深入了解各类不同的自然游戏对幼儿学习与发展支持的同时，围绕自然游戏中的"安全"保障进行充分讨论，最终家园双方协同一致形成了户外自然游戏的"安全管理细则"。

（二）案例研讨，启发家长反思

在幼儿园课程实施过程中，教师并不是一味地听从家长的想法，而是基于对幼儿的观察与了解，对课程价值的思考，同家长进行深入沟通和对话，这是一个思想与意义在家园之间进行互通、流动，达成理解与共识的过程，这种对话与交流，扩展了家长与教师双方的认知边界。当然，这同时也是对家长，尤其是教师的一项充满考验的挑战。幼儿园同步开展"班级话题讨论""读书沙龙""教师约谈"，利用互联网优势进行家园共育，与家长共同进行过程研讨反思。通过幼儿、教师、家长三个层面的解析与交流，形成更加客观、全面的关注活动的过程性。如在家长带领孩子们售卖桂花唇膏的过程中，家长用视频的形式记录幼儿在售卖过程中，从害羞、不敢，到鼓起勇气尝试推销的过程，家长在微信中说："只有做自己喜欢的事情，大脑中关于幸福的感受区域才能被激活；只有感受过玩出境界的美好，孩子才能拥有让自己追逐幸福的动力。在一个不是每个人都能成功的世界，让孩子拥有幸福的能力显得尤为重要。我的孩子不是一个特别擅长表达的人，但是因为唇膏是她自己做的，我知道她一定非常想要卖出去，当我发现她想开口叫卖，却又有点害羞，到最后鼓起勇气卖完那一刻，我感受到她体验到了喜悦与努力过后的幸福。"

在家园深度共融的育人氛围中，幼儿园自然教育课程实现了高效落实，同时家长资源的融入，让课程更有生命力，更能链接幼儿的经验与思考，推动幼儿在自然教育的环境中浸润生长。随着教育发展"十四五"规划的实施和《家庭教育促进法》的颁布，家园深度共育的重要意义进一步凸显，这是教育者的崇高使命。在教育实践中让理念切实落地，才能真正实现家园深度共育的教育愿景。

‖ "一体三维" 筑协同 ‖
——新园背景下的家园社共育之路

长沙师范学院附属经开区幼儿园　罗晓红　陈典

"健全学校家庭社会育人机制"是习近平总书记在党的二十大报告中对教育提出的要求。2023 年 1 月 17，教育部等十三部门发布《关于健全学校家庭社会协同育人机制的意见》，提出"到 2035 年，形成定位清晰、机制健全、联动紧密、科学高效的学校家庭社会协同育人机制"。作为一所初建 2 年的新园，该如何构建这一机制？长沙师范学院附属经开区幼儿园（以下简称经开园）逐步探索基于协同融合、开放共生、联合参与的"一体三维"共育方式，探寻在新园背景下的家园社共育之路。

一、提升高度：以"一体三维"为宗旨融合管理

经开园是长沙师范学院与长沙县合作共建的第一所幼儿园，因坐落在经开区，是经开区、长沙师范、县学前教育资源三者的融合。为了让其三者与家园社互动形成教育合力，幼儿园逐步摸索出了协同共建的"一体三维"共育方式。"一体"是秉承一切以幼儿为"主体"的基本理念，也可指家园社是协同共育的"共同体"，从顶层设计上明确了幼儿的主体地位，明晰了家庭教育与社会教育的职能，从而更精准实现协同育人目的。"三维"是指幼儿园、家庭、社区协同共建，也指教师、家长、专家联合研究，同时也是附幼总园、长沙师范学院、长沙县三方协同共育。多元的三个维度形成教育合力，激活唤醒家庭、社会中潜在的教育力量，让幼儿园从单一的教育走向多方的

协同共育，从一元力量的"小教育"走向家园社共融的"大教育"。

二、挖掘深度：以"家园社"为路径协同推进

（一）深耕幼儿园教育圈，充分发挥教育主导作用

一是幼儿园建章立制为协同育人工作提供保障，开园之初成立了长师经开园家长学校，建立了家长委员会章程、家委会管理机制，明确了园级家委职责，健全了家长会、家长体验日等制度，并成立"家长活动小组"参与幼儿园大型活动组织。二是作为培幼育人的主阵地，积极履行教育教学职责，每学期进行"家长工作主题研训"，加强教师家庭教育指导能力；班级通过"微信群、家园联系栏、日小结、周小报、月小汇、学期报告手册、幼儿成长档案"7种途径开展家园沟通，运用"微信交流、书面交流、电话家访、随机家访、上门家访、家长约谈"等6种家访形式，一对一沟通，为家长提供个别化的指导；并充分运用微信公众平台定期宣教，共推送450余篇报道，积极宣传科学教育理念、教育政策和家庭教育知识；同时开通了"园长信箱"渠道，畅通家园零距离沟通。此外，还为每一位幼儿建立学期专属档案，记录幼儿成长足迹，并制定了特殊需求幼儿档案，针对不同家庭实行"一对一"个性化指导。

（二）赋能家庭教育圈，落实家庭教育主体责任

家庭是人的第一个课堂，家长是幼儿第一任老师，幼儿园应为家庭教育提供必要指导，以此提高家庭教育水平。我园自开园以来，结合家长不同需求，开展家长学校活动共计60余次，其中"幼儿行为习惯养成""幼儿心理健康""亲子阅读指导"等专家讲座10余次，共计452人次参与；"亲子运动指导""创意戏剧教育""家庭急救知识""幼儿营养膳食"家长沙龙20余次，共计340人次参与；"园级家长委员会暨膳食委员会会议""幼儿园代收物品使用情况交流会"等专题家长会议6次，共计120余人次参与；成立"家长志愿者"队伍，凝聚家长骨干力量，共计210余名家长担任了园内大型活动、制度化活动、班级活动、戏剧展演活动家长志愿者；开展"爸爸

妈妈进课堂""亲子科学试验站""超能爸爸运动时刻""妈妈故事团"等家长体验活动20余次,180余名家长走进幼儿园,了解幼儿在园活动、理解幼儿学习方式、体验活动价值;组织"家长读书沙龙"共计5次,共享优秀家庭教育经验,提升育儿理念;开发"亲子阅读课程""创意戏剧课程",为小、中、大班家长提供针对性家庭教育指导,形成科学的儿童观、教育观;建立"优秀园级家委""优秀班级家委"评价机制推进家园工作持续、高效开展。

(三)拓展社会教育圈,促进社会教育全面育人

幼儿园积极挖掘社区资源,拓展教育外延。一是建立社区资源信息库,结合课程需要,邀请社区资源走进幼儿园参与活动共计26余次,如邀请预备役步兵师解放军来园进行升旗仪式、列队、格斗术表演;邀请社区消防队为幼儿开展消防安全活动;邀请新安派出所民警来园分享交通安全与自我安全保护知识;邀请八医院医生进行五官保护讲解与义诊等;邀请120急救中心医生带领幼儿进行急救演练。二是借助社区资源,尝试带领幼儿走出去,开展社会实践活动,如大班幼儿参观小学,走进消防局、图书馆、博物馆、纪念馆、科技馆等实践活动。

三、拓展广度:以"三个维度"为纽带合作共建

(一)家园社维度:共建协同教育"共同体"

组建了以幼儿园、家庭、社区协同的教育网络,三方发挥资源优势,协同合作、相互支持,形成教育合力,共促幼儿健康成长。一是成立了"家长督导团",通过对幼儿园"卫生保健""教育教学""安全工作"等重点工作督导,共商共建,有效发挥家长督导、监管建设、管理发展的职责,进一步促进了办园品质提升。二是将幼儿园活动与家庭教育指导相融合,如"亲子运动会""亲子游园会""亲子跳蚤市场""亲子种植""亲子戏剧""亲子电台"等亲子活动,深化家庭教育工作,营造了良好的家园合作氛围。三是成立"家长护卫队",联合长沙县交警大队新安中队交警,在幼儿入离园

时段进行安全巡查；联合长沙师范学院徐特立纪念馆，开展面向孩子和家长的丰富多彩的红色教育活动；联合长沙县妇幼保健院儿保科，围绕"疾病预防""儿童营养""生长发育"等重点，通过家长课堂提高家长健康育儿观念。

（二）家教专维度：共话实践育人"真问题"

坚持问题导向，强化专业指导，不断增强协同育人的科学性、针对性、实效性。一是以罗晓红总园长为依托成立了专家资源库，借助总园教研团队、长沙县教研力量构建幼儿园家教专家库，专家们作为资深顾问，聚焦家庭教育、心理健康、幼小衔接等热点问题，指导幼儿园、教师、家庭开展育人工作。二是针对家长存在的育儿共性困惑，通过问卷调研深入分析，了解家长工作真问题，梳理家教指导内容与形式，分年龄阶段建立体系。开展了以小托班组"入园适应"、中班组"习惯培养"、大班组"幼小衔接"为主题，结合家长沙龙、实践操作、经验分享等多种形式，多维度解决家长育儿困惑。在专家引领下，"以幼儿为主体""以游戏为基本活动"等理念已成为共识。

（三）园校县维度：共创深度融合"新格局"

作为长师与长沙县合作共建的第一所幼儿园，我园充分发挥了各级教育行政的领导作用，构建了园校县协同育人工作新格局。一是共享长师附幼总园优质资源。在罗晓红总园长的总体引领下，附幼总园团队入园诊断、实地观摩、共研共训共计 32 余次，其中就园所文化、整体环境、课程建构、安全管理等开展情况，入园诊断共计 5 次；开展"家长工作""主题活动设计与实施""区域材料投放与指导""体育活动"等主题研训共计 21 余次；前往长沙师范学院附属第一幼儿园、附属第二幼儿园实地观摩环境创设、班级常规工作、家长工作等交流学习共计 6 次，实现了总园优质资源共享、管理问题同治、学习研训一体、优势项目齐建，充分发挥长沙师范学院附属幼儿园总园品牌的辐射示范作用。二是充分发挥长沙师范学院高校学术资源。与长沙师范学院学前教育学院建立校园合作工作坊项目，创新开展校园地三位一体融合的语言工作坊，音乐戏剧教研共计 30 余次、与长沙师范学前教育学院开展儿童引导课程共计 20 余次，期间，南京师范大学徐卓娅教授、长沙师范学院教师等多次来园开展教育研讨，协同创新教学研究模式，推动了校园深度融合。三是与长沙县各级部门合作，助力幼儿成长。多次邀请长沙县教育局、长沙县经开区社会事业管理局及长沙师范继续教育学院领导来园指导工作，科学诊断办园情况，推动幼儿园与区、县学前教育的协同发展。此外，特聘新安派出所副所长为我园法制副校长，泉塘街道主任为我园安全副校长；联合泉塘社区与新安派出所民警多次对我园周边环境、消防、反恐等工作进行督查指导，保障园所安全维稳工作开展；联合卫健委、街道、社区对我园托育机构进行督导，推进规范化建设。

凝心聚力，资源共享，优势互补，合作共赢。目前，长沙师范学院附属经开区幼儿园的工作得到了社会各界的高度认可，幼儿园获评教育部全国足球特色幼儿园、长沙县平安校园，被遴选为徐特立教育思想实践基地、湖南省幼师教育培训中心培训基地、湖南省教育技术协会基地园、长沙师范学院学前教育类专业人才培训基地，长沙市早教托育示范基地，2022 年荣获长沙县幼儿园办园行为督导评估优秀第一名、五四红旗团支部。对外经验交流 11 次，媒体报道幼儿园活动及教师先进事迹 17 次，办园质量深受社会及家长的赞许，家长问卷满意度高达 99.2%。2 年保持着家长工作"零"投诉的纪录。

我们立足幼儿发展，在"一体三维"的家园社协同共育路上探索与实践，家园社三方焕发了内生动力，实现了资源共享，有力推动了协同育人深入、有效、可持续开展，合力促进幼儿的健康成长。未来，经开园将以成为师幼温润生活的"幸福高地"，课程向内生长的"文化高地"，校园合作研究的"教育高地"为目标，继续探寻更有效的协同育人之路，携手擘画学前教育美好蓝图。

‖ "研究孙"工作坊：隔代教育的创新与实践 ‖

长沙市天心区教育局中建幼儿园　何佳丽

从《中华人民共和国家庭教育法（草案）》到《中华人民共和国家庭教育促进法》的正式颁布，我国对幼儿园家庭教育指导工作的开展有了新标准、新要求。长沙市天心区教育局中建幼儿园针对隔代教育现状调查研究发现，祖辈家长因为观念和文化水平落后等原因对儿童的身心健康发展有着一定的影响。因此，幼儿园创新提升隔代家长家庭教育能力的途径，成立"研究孙"工作坊，以帮助隔代家长树立正确的教育观，提高家园教育质量，进而促进幼儿健康、和谐发展。

一、问卷调查晰现状

园所针对祖辈家长进行问卷调查，发现幼儿园有超 63.46% 的家庭非核心家庭（父母与孩子同住），其中隔代家长参与家庭教育的比重高达 59.13%。于是向家长发起主题为"中建幼儿园祖辈家长家庭教育指导服务需求调查问卷"的问卷调查，此次回收有效问卷 515 份，数据显示 86.12% 的祖辈家长参与家庭教育，并表明有生活、教育、沟通等层面的指导需求。

二、双线交流促成长

园所将祖辈家长家庭教育能力提升作为园所工作的重要内容，极其重视祖辈家长参与家庭教育的能力，基于祖辈家长与教师沟通渠道单一、主动性较差的现状，在天心区教育局关工委的专业引领下，成立了隔代教育特色项目"研究孙"工作坊，线上"3+1"交流与线下社团相结合，极大地提升了祖辈家长的家庭教育能力。

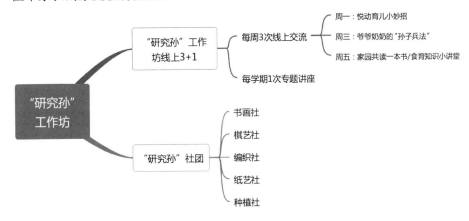

图1 "研究孙"工作坊组织结构图

（一）线上"3+1"，为祖辈家长赋能充电

"研究孙"工作坊线上"3+1"的内容根据祖辈家长的现实需求制定，结合老年人长时间看手机对视力的影响以及部分祖辈家长文化水平较低的现实需求，家长学校的兼职讲师们将相应的内容录制成音频推送，每周一、三、五在线上交流平台供祖辈家长学习，此为"3"（具体内容见表）；"1"则指代的是每学期根据祖辈家长的学习需求邀请家庭教育指导专家来园举行专题讲座，如邀请长沙市关工委主任、家庭教育指导师张晓阳老师讲授"隔代家庭教育的基本智慧与策略"，邀请长沙市教育局第二幼儿园园长周粮平做"家园携手，幸福同行"的专题讲座。

表1 "研究孙"工作坊"3+1"中"3"的内容安排表

周一：悦动育儿小妙招	周三：爷爷奶奶的"孙子兵法"	周五：家园共读一本书
护眼小贴士	了解孩子的想法	3~6岁儿童学习与发展指南《家长读本》
春季幼儿长个小知识	教育孩子思想要统一	
晒太阳好处多	给孩子温暖独特的赏识	
冬季坚持户外活动的好处	分给孩子家务事	
悦动美食栏目	不做宠坏孩子的"罪魁祸首"	
	看电视也要"君子协定"	幼儿问题行为的识别与应对
	多向朋友取取经	
	降低姿态，听听孩子的心里话	
	给孩子有学习氛围的家庭	
	爷爷奶奶也要减减负	

（二）线下社团，让祖孙关系其乐融融

"研究孙"社团则致力于挖掘祖辈家长的兴趣与特长，激发祖辈家长参与家教指导的积极性。通过前期调研，幼儿园得知祖辈家长在书法书画、美食制作、种植、传统手工及棋类活动中有特长，结合园所现实情况开设了书画、种植、编织、纸艺、棋艺五大社团，祖辈家长任社长、幼儿园兼职讲师任秘书长，每周定期在幼儿园家园驿站开展活动，每学期初制订每周活动重点与学期活动计划，每学期末进行社团成果展示、评定优秀"研究孙"成员。

图2 "研究孙"社团活动剪影

表 2　祖辈家长兴趣特长调查一览表（部分）

书法书画类（27人）	美食制作类（77人）	种植类（51人）	传统手工：窗花、编织等（23人）	棋类：象棋、五子棋、围棋等（22人）
大一班　易*	中一班　邓**	中建幼儿园　胡**	中一班　何**	中一班　蔡**
中一班　雷**	中一班　王**	中一班　蔡**	中一班　朱**	中一班　何**
中一班　袁**	中一班　雷**	中一班　左**	中一班　肖**	中一班　朱**
中一班　何**	中一班　袁**	中一班　刘**	小一班　黄**	小一班　彭**
中一班　周**	中一班　左**	中一班　刘*	小一班　邹**	小一班　段**
中一班　唐**	中一班　何**	中一班　梁*	小一班　潘**	小一班　刘**
小一班　唐**	中一班　刘**	中一班　刘**	大四班　胡**	大四班　高**
小一班　王*	中一班　侯**	中一班　朱**	中四班　冯**	中一班　曾**
小一班　钟**	中一班　梁**	中一班　肖**	中一班　谭**	小四班　冯**
小一班　赵**	中一班　朱**	中一班　蔡**	中二班　欧阳**	小四班　周**
小一班　刘**	中一班　蔡**	小一班　卢**	中四班　张**	中四班　刘**
大四班　高**	小一班　黄**	小一班　黄**	中四班　唐**	中四班　杨**
大四班　胡**	小一班　钟**	小一班　钟**	中二班　文*	中四班　刘**
小二班　张**	小一班　邹**	小一班　杨**	中四班　杨**	中四班　李**
中四班　郭**	小一班　杨**	小一班　陈**	中四班　谭**	中四班　周**
中四班　谭**	小一班　张*	小一班　龙**	中四班　李**	中建幼儿园　唐**
中四班　谭**	小一班　段**	大四班　刘**	小三班　田**	小四班　向**
中四班　周**	小一班　龙**	大四班　胡**	中二班　宋**	中一班　王**
小三班　田**	小一班　刘*	小四班　冯**	小三班　曹**	小四班　李**
区中建幼　唐**	小一班　刘**	小四班　罗**	中一班　王**	大三班　陆**
中一班　王**	小一班　张**	小四班　曾**	大二班　刘**	
中一班　王**	小一班　易**	小四班　陈**	中二班　邓**	
小四班　李**	小一班　周**	小二班　刘**		
大三班　徐**	大四班　刘**	中四班　曾*		
大三班　陆**	大四班　高**	中四班　姬**		
		小一班　陈**		

三、创新实践显成效

随着"研究孙"工作坊的深入开展，园所祖辈家长的家庭教育能力得到了提升，祖辈家长的家园配合度高了。有越来越多的爷爷奶奶参与到幼儿园大大小小的活动中来，如2021年元旦前，十余位爷爷奶奶来园写福字、写春联、剪窗花，为幼儿园、老师和孩子们送来最真切的祝福；2021年冬季运动会七位奶奶来园表演太极，为运动会开幕式添彩；2022年草坪音乐会，十二位奶奶来园跳起了广场舞，为孩子们的六一儿童节增添一番风味（见图3）。

在2021年天心区教育局关工委的隔代教育征文活动中，有二十六位祖辈家长提交家庭教育心得，其中有两位获得一等奖、八位获得二等奖、九位获得三等奖。

在幼儿园优化隔代教育的过程中，祖辈家长的教育观念有了一定的改进，尤其对培养孩子良好行为习惯的教养观念有了明显的转变，他们由单纯关心孩子学什么和吃什么转向重视培养孩子自理和学会做人，还掌握了一些教育方式方法，提高了家园教育质量。接受隔代教育为主的孩子们也逐步建立起良好的行为习惯，自理能力有较大提高，在社会交往能力方面也得到了提升。祖辈在参与幼儿园教育的过程中真正做到了老有所为，发挥余热，从最大限度上减少"隔代教育"所带来的问题。

2021年元旦前，爷爷奶奶来园写福字、剪窗花，添年味

2021年冬季运动会开幕式上表演太极的奶奶们

2022年夏季草坪音乐会上表演舞蹈的奶奶们

图3 "研究孙"工作坊幼儿园活动

‖ 打造家园共同体　构建共育新生态 ‖
—— 全民健身背景下幼儿园啦啦操家园共育之路

长沙县湘龙街道荣盛花语城幼儿园　田丽莉　郭晓婷

2022 年 6 月，《中华人民共和国体育法》（以下简称《体育法》）修订后颁发，于 2023 年 1 月 1 日执行。相比于 1995 年的《中华人民共和国体育法》，此次《体育法》将原"社会体育"章修改为"全民健身"章，加之以往相关文件，全民健身已上升为国家战略。然而，幼儿群体的体育行为却常被忽视。为有效进行家园携手育人路径的探索，推动家园之间从"分离"迈向"共育"，促进幼儿全面、终身发展，长沙县荣盛花语城幼儿园逐步探索着全民健身的战略背景下家园共同体的构建，探究在体育项目啦啦操活动之下的家园共育之路。

一、打造"高校 + 幼儿园"阶梯化的队伍

园所着力打造"进阶型"亲子啦啦操专业队伍。亲子啦啦操课程是一个系统、专业化的课程体系，我园依托湖南师范大学、长沙师范学院高校专业理论知识，输送教师进修理论知识与专业技能，高校教授入园进行专业指导，打造"进阶型、专业化"的教师队伍，共同组建起由专家、教师、家长代表等人员组成的来源广泛、专兼结合、素质较高、相对稳定的专家指导队伍和家园共育志愿者队伍，一年一周期，持续培养，强化家园共同体的沟通、共享、联动等方面的理论研究与实践探索。

二、开设"线上 + 线下"多样化的课程

推进"2 个"线下亲子啦啦操社团和"4 类"课程的实施。园所通过家

长自愿报名的形式，每周开展 2 节线下亲子啦啦操社团活动，每周 1 个线上亲子啦啦操教学视频面向全园家长推送。依托啦啦操七彩星级（二星）俱乐部与家长学校，积极推进家园沟通，开展课题研究，探索提升"家园共育"针对性、系统性、有效性的途径，发挥亲子啦啦操在家园共育中的促进作用。初步构建家庭教育课程体系，开设标准课程、公益课程、特色课程、线上课程等"4 类"课程，课程教学做到有计划、有教研、有评价、有设计、有互动。例如：小班以游戏化的形式进行趣味性较强的自由啦啦操内容，激发幼儿对于啦啦操运动的乐趣，以亲子视频形式让家长与孩子共同进行啦啦操练习，让家长了解啦啦操这一项体育运动，从而促进家园之间的沟通，打破初入幼儿园幼儿的家长与老师之间的心理壁垒。中班成立"课程共同设计者"家长志愿者团队，让家长参与到课程设计中来，在课程研讨的过程中感受幼儿教育的魅力与作用，建立多元沟通渠道。通过"线上 + 线下"多种形式，加强家园合作，共同开发"园本课程"，让家长参与到园所教育中来，促进家园沟通的实效，从而让更高质量的家园共育帮助幼儿全面发展。

教师啦啦操幼儿个案观察

观察老师：梁梁老师

观察班级：大二班

观察对象：张凌萱

性别：女

观察时间：2021 年 11 月 22 日

观察背景：

萱萱小朋友各方面非常优秀，聪明、活泼、懂礼貌，但是因为家里对其比较宠爱，因此内心比较脆弱，在上啦啦操软度课时因为痛容易哭鼻子。

观察实录：

今天上热身活动，活动开始，我先让孩子热身，激起孩子兴趣后，便带着每个小朋友热身，我一排一排地帮助小朋友压软度，到了萱萱的时候她很怕痛就哭了，但是是默默地哭，我发现了并没有去安慰她，但她能立马收拾好情绪继续跟着大家的节奏，萱萱的毅力与热爱值得称赞。

再过几天要比赛了，可萱萱意外下巴受伤了，当时立即前往了医院，我很担心她不能参加比赛，结果下午她就过来和大家一起上课了。萱萱妈妈说："她虽然受伤了，但一直都很担心自己不能参加啦啦操比赛了，于是自己要求下午就要来和大家一起练习。"

观察后记：

在亲子啦啦操学习过程中，家长会在老师的指导下对孩子进行引导，从而帮助孩子的个性逐渐完善，从内心脆弱到逐渐坚强起来，孩子也在慢慢地成长。

三、提供"定人 + 温馨"多元化的服务

推行"3 个 1"服务机制。为园所每一位幼儿建立成长档案，由班级老师与家长共同记录幼儿的生活与体育健康情况。建立特殊群体幼儿"一幼一册"关爱制度，完善特殊群体幼儿档案，摸清底数，由园所行政与班级老师针对幼儿的具体情况实行一对一帮扶指导。重点做好单亲家庭、留守儿童、特殊儿童的关爱工作。园所每月收集 1 次问题台账，针对问题进行集中讨论，寻找切实可行的措施，帮助幼儿与家长解决问题。定期在家长群发布幼儿在园所活动情况，做到有亮点及时表扬、有问题及时反馈，努力营造良好家园关系和共同育人氛围。面向全体家长定期进行家园共育情况的问卷调查，通过多方面、多维度、多层次的问卷调查，聆听家长心声，发现教育共育的有效措施与问题，明确后期家园共育的方向。根据以往家园共育的情况分析，在亲子啦啦操活动开展之后，家长的满意度上涨了 30%、家园沟通的频率增加了 25%、亲子间互动亲密度提高了 18%。

四、开发"舞台 + 机会"立体化的平台

构筑多形式的"线上 + 线下"的家校社共育平台。在园所公众号建立"亲子育儿频道"，开设"亲子啦啦操社团""家长沙龙""家长半日开放日""家访电访月"4 种类型特色活动，创造更多家园沟通的机会，尽量消除家园沟通的壁垒，让更多家长参与到家园共育之中，全面打开家园共育通道。多渠道打开亲子啦啦操比赛舞台，借由湖南省阳光体操节、湖南省啦啦操电视赛、

全国啦啦操锦标赛等多种机会，让啦啦操课程有舞台、有机会，让家长与孩子将日常课程中练习的啦啦操在大舞台上展示出来，激发家长与孩子的成就感与认同感。目前，园所共获得国家级、省级奖项36个，其中亲子啦啦操奖项12个。在立体化的平台之下家长参与家园共育的积极性全面提高，在高质量的家园共育之下，幼儿的身心全面发展得到了有力保证。

五、创建"项目 + 课题"示范化的品牌

开展"2项"省级课题、建立"1个"项目组，打造特色鲜明的啦啦操教育品牌。园所现已开展湖南省体育局课题"幼儿啦啦操对3~6岁幼儿体制促进的实证研究"与湖南省"十四五"家庭教育规划课题"基于家园共育的亲子啦啦操课程研究"，借由课题整理教学经验与实践，培养教师专业能力，从而提升园所亲子啦啦操的专业度，促进家园共育的质量。成立一个啦啦操项目组，项目化推进啦啦操课程的开展，在项目之下，开展啦啦操校队、啦啦操大课间、亲子啦啦操社团、亲子啦啦操线上视频等多种活动，借由活动全面拓宽家园共育的通道。截至今年8月，共开展亲子交流活动30余次，家长走入园所，走进课程，参与到课题研究之中，家长的教育理念与认可度有了较大提高，家园共育的有效性也提高了。在"项目 + 课题"的双渠道加持之下，园所成为湖南省啦啦操运动协会理事单位，荣获2021年湖南省阳光体操节阳光体育推广奖、2022年湖南省啦啦操锦标赛优秀组织奖。

苏霍姆林斯基说过："儿童是在这样的条件下才能实现和谐的全面的发展，就是两个教育者——学校和家庭，不仅要一致行动，要提出同样的要求，而且要志同道合，抱着一致的信念，始终从同样的原则出发，无论在教学的目的上，过程还是手段上，都不要发生分歧。"因而，家庭与学校的合作，家长有效配合学校对子女进行教育，关系到学校育人环境的全面改善，也直接决定着学校教育的效果，只有家校的合力才会助力孩子的健康成长与全面发展。在两年的亲子啦啦操家园协同育人的过程中，园所、家长、老师建立了三位一体的教育机制，从课程设计再到活动实施，家长全程参与，在后续的活动中，家长与老师将会再度携手，共同寻找更有效的协同育人之路。

‖ 家校社协同育人，为国培养栋梁材 ‖

益阳市桃江县桃花江镇第二中心幼儿园　肖十辉

　　孩子是家庭的希望，是祖国的未来，要想让孩子形成正确的人生观、道德观，帮助孩子走向成功，教育是至关重要的。著名教育家苏霍姆林斯基说过："只有学校教育而没有家庭教育，或者只有家庭教育而无学校教育，都不能完成培养人这一极其艰巨而复杂的任务。"学校教育不是唯一的教育，随着时代的发展，我们越来越清晰地看到，家庭教育、社会教育也是幼儿教育的有利要素，是由幼儿园、家庭和社会三方面共同组成，三者之间要互相渗透、互相联系、互相制约才能达到教育的目的。《3~6岁儿童发展指南》中明确指出，幼儿期不仅是智力开发的重要时期，同时也是塑造良好品德的最佳时期，培养儿童正确的道德判断和良好的道德行为对儿童以后的个性品德的形成具有重大意义。

　　著名幼教专家陈鹤琴说："幼儿教育是一种很复杂的事情，不是家庭一方面可以单独胜任的，也不是幼儿园一方面可以单独胜任的，必定要两个方面共同合作才能得到充分的功效。"说明了幼儿园和家庭二者必须同向、同步形成教育合力，才能有效地促进幼儿的发展。

　　家庭教育、社会教育与学校教育也是密不可分的，应该家园携手，家校社协同育人，才能为祖国培养合格的人才。家庭是幼儿园重要的合作伙伴，应本着尊重、平等、合作的原则，争取家长的理解、支持和主动参与，并积极支持、帮助家长提高教育能力。那么如何家校社协同育人，为国培养栋梁材呢？

一、家校合作密切，增强亲子感情

家园共育不是把学校教育搬到家里，而是要改变家长的教育理念，提升家长的人文素养。家庭是孩子的第一学习环境，家长是孩子的第一任老师，父母的一言一行、一举一动都潜在地影响着孩子成长，教师则起着教育孩子与改变家长教育理念的桥梁作用。良好的教育，可以引导孩子形成正确的人生观、道德观，帮助孩子走向成功。好父母都是学出来的，好孩子都是教出来的，好习惯都是培养出来的。我们必须实现社会、家长、学校三位一体现代学校管理新模式，让家长参与到教育教学中来，提升家庭教育水平。如：我园会通过亲子运动会、春游秋游活动、六一庆祝活动、毕业典礼活动、家长进课堂、孝道文化、启智开学典礼、品格双师家长课堂等一系列的活动，让家长走进幼儿园参与、体验、了解老师的工作，感受孩子的学习环境，家长高质量的陪伴是给孩子最好的教育。生活中的教育素材也是促进孩子积极成长和变化的，父母成为陪伴者和参与者，与孩子做有价值的事情，不仅能让孩子学到很多的知识，也能促进亲子感情。品格教育是我园的特色教育，历时三年的探索与实践取得了可喜的成就，每月我们根据大、中、小班的年龄特点，都会有一个品格主题的专家讲座与家长学习和探讨，如勇敢、自信、适应、诚实等，家长每次都能积极参与学习和讨论，认真做好笔记、写好心得，争做学习型的家长，从中也获益匪浅。有的家长和我们老师交流时会自信地说："为了教育好孩子，我们也在认真学习，听了专家的讲座发现自己好多的地方以后得好好地改改。"家庭教育是贯穿孩子一生的教育，是一个长期的过程，要不断了解孩子的成长规律，转变自己的教育理念，才能与时俱进，教育好孩子。

二、坚守育人初心，耐心倾听孩子心声

学会倾听是教师和家长的一种责任，学会倾听可以促进师生、亲子之间的情感交流。随着幼儿年龄的增长，孩子的生活经历逐渐丰富，想表达的内容也越来越多，但是由于年龄特点，孩子的表达往往不够完整或者不够丰富，这时就需要教师或家长的耐心倾听与引导，

比如，当孩子给你讲一个有点幼稚的故事，哪怕他已经讲了几遍，我们仍然要认真耐心地听孩子说，多鼓励多表扬，这样就可以让孩子感受到语言的魅力，从而发展语言表达能力。又如：当孩子出现问题时家长应先冷静下来，多一分耐心，问问孩子这么做的原因是什么。当家长能认真倾听孩子的心声，并想办法帮孩子解决问题时，也许就会发现孩子的行为其实是情有可原的，并且也已经帮助孩子释放掉了很多负面的情绪。在我班级就遇到过不善言辞、胆小、不主动与人交流的孩子，刚入园时你问他什么都是摇摇头、点点头，基本上是不会主动和你说话的，甚至眼神也是躲闪的，遇到什么事情都是哭，问他为什么哭，他也不会回答你。吃饭的时候更加头疼，如果老师不喂他，他是一口也不会吃的，无论你怎么哄怎么鼓励，他就是不理你，与家长交流后才知道他在家里基本上是家长喂，从来不会自己动手吃，和家长也不会主动交流，动不动就是发脾气等。可见家庭环境对孩子的影响有多大，所以就需要我们老师去引导发现，寻找沟通的方法。经过一个多月的关注、鼓励与指导，孩子学会了与人主动交流，寻求帮助，动手能力也越来越强了，性格也变得开朗了许多。

三、加强沟通协调，共享教育资源

当前家庭教育和学校教育、社会教育的合作交流经常发生错位、越位甚至缺位的现象，比如，家庭教育沦为学校教育的附庸，家庭教育中最为重要的"品德教育"以及不容或缺的"劳动教育""美育""体育"等都被家长忽视，导致教育不能协同一致，为此引发一些未成年人犯罪、伤亡等令人痛心的现象。父母是孩子的第一任老师。父母生活的态度、思想观念和文化素质时刻影响着孩子，父母是原件，孩子是复印件，孩子的言行举止真实地反映了父母教养子女的态度，因此，为人父母，如果希望自己的孩子品德高尚，自己就不要做违背道德准则的事；如果希望孩子尊重师长，自己首先必须尊重他人、孝敬老人。优秀的父母都是以自身开朗豁达的个性、民主平等的作风去影响孩子的，在言行上做孩子的好榜样，从生活中培养孩子的好习惯，从启发中引导孩子学会宽容他人、学会感恩、珍惜幸福。处在成长时期的孩子，他们分辨是非的能力不强，如果孩子犯了错误，不及时指出来，让他一而再再而三地犯错，哪怕是最不起眼的小问题，到最后也会养成坏习惯。只有及时将孩子的错误指出来，并让孩子知道错误的后果，及时帮助其改掉，才能培养好的品格。

哲学家雅斯贝尔斯曾说："教育是一棵树摇动另一棵树，一朵云推动另一朵云，一个灵魂唤醒另一个灵魂。"在教育中，只有家庭、学校、社会三者密切合作，互相配合，优化教育环境，才能保证良好的教育效果。教师既是知识种子的传播者，又是文明之树的培育者；既是人类灵魂的塑造者，又是人类社会发展与进步的开拓者，是孩子健康成长的引路人和典范。所以家庭、社会、学校应当紧密结合，协调一致，全方面地关心幼儿，为儿童提供良好的学习环境和家庭环境，综合利用各种教育资源，共同为幼儿的发展创造良好的条件，促进孩子健康快乐成长。

基于家园合作背景下的幼儿园幼小衔接教育研究

永州市宁远县直属机关幼儿园　周晶

在家园合作背景下开展幼小衔接教育工作，我们的任务并不是让幼儿掌握多少知识，而是要为他们在不久的将来步入小学奠定良好的基础。所以，这就需要我们在幼小衔接工作中注意发展幼儿思维，并引导幼儿学会从不同的角度思考问题，从而使幼儿能够学会分析和解决问题的方式方法，以此将幼儿的学习能力不断提升上去。除此之外，我们还要积极加强与幼儿家长的联系，并建立良好的合作关系，借助家校共育的力量促进幼儿发展，从而为幼儿进入小学系统性学习奠定良好的基础。尤其是在"双减"政策提出之后，我们在幼儿园教育工作中更要注重提升教学质量与效率，从而将幼儿学习的注意力快速地集中到课堂中，这样才能够激发幼儿学习的兴趣，从而使幼小衔接教育落在实处，以此促进幼儿发展。

一、我国家园合作背景下幼小衔接教育现状

（一）家园合作背景下幼小衔接的认知现状

幼小衔接工作可以说是幼儿园向小学过渡的教育，幼小衔接工作能够使幼儿更好地适应小学教育环境和课程安排等，以此缓解幼儿步入小学之后的紧张感和陌生感，并减少幼儿进入小学后所遇到的各种问题。但要想达到这样的教育效果，那我们就需要积极联系家长，并在家园有效合作中承担起幼小衔接工作。所以，这就需要我们幼儿园从教者积极与家长沟通交流，从而使彼此能够详细了解幼儿在幼儿园和家里的具体表现以及学习情况。当对幼

儿身心健康发展和学习成长有了充分了解之后，我们才能够展开针对性的教育，这样也能够体现出家园合作的重要性。但就目前实际情况来说，有些家长在潜意识里认为既然将孩子交到幼儿园，那孩子的教育问题就是幼儿园的事情了，自己只要每天负责接送就好。这样的家长观念对幼小衔接的重要性以及家园合作的方式缺乏清晰的认知。

（二）家园合作背景下幼小衔接的行动现状

有些家长受我国传统应试教育影响，总是对幼儿要求过高，从而导致幼小衔接出现了小学化现象。很多家长在交谈中总是相互比较自己的孩子掌握了多少知识、学到了哪些知识，正是这种严重的攀比现象才导致很多家长会过早让幼儿参加各种课外兴趣班，如钢琴、绘画以及书法等，总是认为这样就能够使自己的孩子更加突出。家长的目光只停留于孩子的学习方面，却忽略了孩子的行为习惯和身心健康，在一定程度上影响了幼小衔接工作效率，并在一定程度上加大了幼儿的学习压力与负担，不利于幼儿身心健康发展。

二、基于家园合作背景下的幼儿园幼小衔接教育策略

（一）建立幼小衔接家园共育机制

在家园合作下建立幼小衔接工作需要我们教师和家长的共同重视，并且要统一思想，这样才能够在双方共同努力下做好幼小衔接工作，所以，这就需要我们从教者做好对家长的宣传工作，并帮助家长积极反思，将更多的时间与精力放在幼儿的教育问题上，从而在家园共同努力下完成幼小衔接教育工作。这样的过程无形中加重了我们从教者的工作，所以这就需要我们做出更多的探索与努力。比如，我们可以定期与家长沟通交流，并通过微信和家长建立联系，同时还要组织有意义的教育活动，这样才能够使幼儿家长正确认识幼小衔接工作的重要性，才能够确保家园共育计划的有序发展。幼儿在幼儿园学习的这几年中，他们已经非常熟悉幼儿园中的环境，而小学教育和幼儿园教育有很大的区别，当幼儿步入小学之后会出现明显的紧张感和陌生感。所以，在幼小衔接背景下，我们可以在教育中适当引入小学内容——但

切勿出现小学化现象——从而使幼儿在步入小学之前就能够认识到小学与幼儿园的不同之处。如幼儿在刚刚步入小学的时候他们会对小学比较陌生，不敢大声说话甚至找不到厕所，或者是担心小学作业难度大，自己不能按时完成等，这些问题很容易使幼儿步入小学后产生焦虑的情绪。那我们在幼儿进入小学之前可以利用多媒体教学工具为幼儿播放小学的视频或者图片，通过这样的方式让幼儿初步了解小学生活，并与家长共同努力为幼儿做好心理上的疏导。

（二）家园合作共育，帮助幼儿养成良好的生活习惯

在幼儿园需要幼儿学习的文化课内容非常少，这个阶段主要是借助各种活动培养幼儿的学习兴趣，从而使他们能够形成良好的学习习惯和主观能动性。因此，在幼小衔接工作中我们教师和家长的主要作用就是观察、引导和支持，从而使幼儿在轻松愉悦的氛围中快乐成长，并借助幼儿的兴趣对其进行正确的引导。而幼儿步入小学阶段之后，他们开始接受正规的教育，这个时候他们所接触的文化课知识越来越多，难度越来越大，这也是小学与我们幼儿园的最大不同，这也意味着幼儿的成长。因此，这就需要我们与幼儿家长建立联系，并在双方共同努力下帮助他们形成良好的生活习惯，从而确保幼儿步入小学之后能够快速适应新的学习和生活环境。比如，早睡早起，还有穿衣吃饭等，从而使幼儿形成良好的自理能力，尤其是参考我们推荐的作息时间表帮助幼儿形成良好的作息习惯。在幼儿园中，我们还要鼓励幼儿将自己实践活动中所制作的作品积极与父母分享，以此为幼儿带来成功的喜悦感，同时还能够激发幼儿的积极性。除此之外，我们还要引导幼儿在课堂上认真听讲，不能搞小动作和交头接耳，从而培养幼儿认真倾听的习惯。幼小衔接工作所涉及的工作非常多，所以我们需要在各个方面做好预设与安排，并借助家长的力量才能够确保幼小衔接工作的顺利实施。

（三）营造良好的家园共育幼小衔接环境

就目前来说，很多家长对幼小衔接并没有正确的认知，所以，在家庭教育中存在诸多问题，比如，传统老旧的教育理念、固化的教学方式，还有不

知道如何正确引导幼儿等,这就需要我们从教者与家长加强联系,并为家长提供专业的指导,以此为幼儿家长树立起幼小衔接意识和科学的教育理念,确保家庭教育的质量,这样才能够将家园共育的质量不断提升上去,为幼儿打造良好的幼小衔接环节,从而为幼儿以后更好地适应小学学习生活奠定良好的基础。在幼儿园中我们可以为幼儿营造小学学习环境。比如,模拟小学课堂活动,从而使幼儿能够感知小学课堂是什么样的,同时也可以设计音乐、体育以及美术等课程,让幼儿了解小学与幼儿园课程的不同,并将每节课的中间设定十分钟的休息时间,以此强化幼儿对小学生活的认知。

三、结束语

总之,作为一名新时期下的幼儿园从教者,我们必须认识到幼小衔接工作的重要性,并加强与幼儿家长的联系,借助家园合作的力量提升幼小衔接工作的有效性,从而为幼儿在不久的将来步入小学奠定良好的基础。

小 学 组

编者按

　　小学生与幼儿园及青春期的孩子相比，身心发展、个性特点、学习规律等各个方面，都有着明显差异，这也就规定了小学教育的独特性。小学是个体生命成长的重要阶段，在家校社协同育人中，需要关注生命价值，在家庭、学校和社会中，承担养育孩子的使命，培养孩子自我养育和成长的意识与能力。同时，小学生还是社会文化的现实和未来承载体，是社会活动的行为主体，在协同育人中，应关注小学生的注意记忆以及思维等认知方面的领域，为其健康成长、良好学习保驾护航，本组的选编案例对此提供了较好的示范。

　　探索协调育人的制度体系。在具体协同育人的工作中，各个学校不断完善工作机制，探寻增强育人合力的具体路径，在指导服务、共担责任、综合评估等方面，不断协调目标、资源共享、反馈调整，使小学生的协同教育有了制度化保障，为构建制度化、体系化的协调育人进行了充分探索与实践。

　　寻求平台搭建的路径方法。在小学生的协同育人中，依托学校特色，围绕学生成长，通过开设家长学校、社区协同育人家园，联合少年宫开展协同教育，搭建各类现代技术平台等，充分整合社区、家庭、学校的资源，把家庭教育指导和协同育人工作列入了各自的日常工作之中，形成相应的协同能力。

体验文化浸润的内容要旨。把重视家庭教育、重视家风的优良传统，以文化体验的方式，融入小学的教育实践中，是为协同育人赋能的重要源泉。选编案例，或从"雅竹"，或从荷花，或从地名，或从人物入手，深挖其文化内涵，推进了协同育人的纵深发展和质量提升。

践行生命健康的教育价值。小学生的自我认知以及社会认知能力较差，家校社协同育人，关注小学生身心发展，需要生命教育的引领。本组所选案例，或从安全教育出发，或关注心理健康，或为孩子的身体成长保驾护航，各个领域相互弥补，全方位给孩子们送上了一片阳光。

‖ 走进《示儿》，读懂浸润着爱国情怀的家风家训 ‖

长沙师范学院附属小学总校　张华

2021 年 11 月，我受邀在湖南省语委、湖南省教育厅、湖南教育电视台推出的系列节目《诗说中国》中讲述陆游爱国诗中的名篇《示儿》。

示儿

死去元知万事空，

但悲不见九州同。

王师北定中原日，

家祭无忘告乃翁。

"说"什么？如何"说"？反复研读，深入思考，我想，中华文化是家国一体的文化，早在《易经》中就提出"蒙以养正""正家而天下定"的主张，此后将身修、家齐视为治国、平天下的前提和根本观点，在中华民族和中华文明发展中发挥着重要作用。这首《示儿》是陆游的"绝世遗言"，它成为中华民族的最强旋律而世代相传。而在历史的长河中还涌现过许许多多不同时代、不同背景、不同形式的"示儿"，影响、激励着人们。我要带着孩子们走进这些"示儿"，这些浸润着爱国情怀的家风家训，去了解、传承中华民族虽历经无数磨难，却始终屹立于世界的不屈的民族精神！

故事一：父亲的"示儿"

2019 年清明，偶然发现了 1983 年我们家被评为长沙市"五好家庭"时父亲撰写的发言草稿《做好家庭工作，献身四化建设》，字字珠玑，饱含真情。父亲从"克勤克俭，建立平等和睦的家庭关系""把教育子女作为一项社会责任来承担"等方面讲述了自己在家庭教育中的思考与实践，用质朴的语言阐释着自己对"修身齐家方能治国平天下"的理解。父亲离开二十多年后，读着父亲的手稿，仿佛又听见了父亲关于教我"如何为人""如何为学"的句句叮咛，不禁潸然泪下。

故事二：徐特立的"示儿"

长沙师范学院及附属小学是无产阶级革命家、教育家，新中国教育事业的奠基人，毛泽东主席的老师徐特立先生于 1912 年创办的，徐老兼首届校长。徐老曾题联"有关家国书常读，无益身心事莫为"，在晚年时他又对子孙说"要活到老，学到老，为人民服务到老"。他是这样说的，也是这样去做的，并以此为准则身体力行地教育子孙，用一辈子践行着他的教育理念。他指出："作为革命的前辈、作为父母、作为家长，时刻都不应忘记教育子女的责任。因为在我们这个社会里，子女不只是自己家庭的成员，自己的后代，而且也是社会的成员，是整个革命的后代。他们的好坏，不仅关系着自己的家庭，而且关系着社会。"因此，"要想使我们的后代都能成为革命的红色接班人，并且希望他们能够'后来居上'，这就应该从思想、学习、生活等各个方面来关心和帮助他们。生活上关心他们，使他们能吃得饱、穿得暖，精力充沛地去从事学习和劳动，自然是重要的，必需的。但是更重要的是要关心他们的思想状况和政治生活"。

故事三：陆游的"示儿"

南宋爱国诗人陆游在生命最后时刻写下的诗作《示儿》，就饱含了爱国深情，饱含了对子女的殷殷告诫。这种对国家和民族的热爱是中华民族源远流长的基因。几千年来，儒家"舍生取义"的思想始终主宰着中国人的生死观念。"生死有命，仁义高于生命"的理论，在中国历史文化的长河中挥洒得淋漓尽致。

陆游是南宋历史上伟大的文学家、史学家、爱国诗人，他一生创作了无数优秀的诗篇，被保留下来的就有 9000 多首。靖康二年，金兵入侵中原，砸烂了宋王朝的琼楼玉苑，掳走徽、钦二帝，攻陷北都城汴梁，北宋灭亡了。整个淮河以北，中原地区沦陷在了金兵的铁蹄之下，赵宋王朝被迫南逃，偏安江南，只剩下半壁江山。然而，南宋统治者在向金人求得暂时的安定之后，便开始纵情享乐，花天酒地，这更促使了陆游念念不忘，想要收复中原。他一生都在致力于抗金斗争，不管个人的命运多么不幸，他始终为国家前途、人民命运而担忧——

20 岁的时候，陆游立下了这样的志向：上马击狂胡，下马草军书。

48 岁的时候，陆游从军边关，在漫天飞雪和凛冽的寒气中，他这样高唱："飞霜掠面寒压止，一寸丹心唯报国。"

52 岁的时候，因为主战而被罢官备受迫害，大病不起，但他仍然坚定地说："位卑未敢忘忧国，事定犹须待阖棺。"

68 岁的时候，这位年近古稀的老人终日缠绵病榻。可是他魂牵梦绕的依然是："僵卧孤村不自哀，尚思为国戍轮台。"

1210 年的寒冬，这位 85 岁的老人生命即将走到尽头，窗外是北风凄厉的呼号，屋内昏暗的烛火下，面对着床前哀泣的儿孙，这位老人留下了这首千古绝唱《示儿》。

题目中的"示"是把事情摆出来，让别人知道。"示儿"意思是对子孙有所交代，大概相当于咱们今天的遗嘱。

诗中，诗人为看不到祖国统一而悲，诗人悲中有伤，伤国土沦丧；悲中有哀，哀百姓艰难；悲中也有恨，恨统治者昏庸享乐。

明明知道死后万事成空，人间的一切都应该放下了，但面对生死如此豁达的陆游，却依然难以斩断最后一根情丝。他一再叮嘱：大宋军队一定能够收复中原失地，那一天到来的时候，你们举行家祭，千万别忘了把这好消息告诉你们的父亲。看来这悲中还有希望，还有信心！这就是《示儿》，就是诗人临终要告诉儿子的话。"死去元知万事空"，此时他放下了生死，放下了亲人，却唯独放不下国家，这是诗人一生的情怀。

故事四：赵一曼的"示儿"

在中华民族滚滚的历史洪流中，尤其是在艰苦卓绝的革命征途上，无数革命先烈为了人民幸福，为了民族复兴，流血牺牲，以身许国，留下震撼人心的"绝命书""请战书""就义书""示儿书"等，彰显着信念与忠诚！

1935 年 11 月，纵横驰骋于东北大地的抗日民族英雄赵一曼为掩护部队突围，身负重伤被俘。1936 年 8 月 2 日，赵一曼被敌人杀害，年仅 31 岁。牺牲前，赵一曼无比思念多年未见的儿子宁儿，写给儿子两封短信，感天动地。这是赵一曼给儿子留下的最宝贵的精神财富，传递了共产党人的家国情怀和革命信仰。她用实际行动教育的不仅仅是宁儿一个人，更是教育了千千万万中国人保持心有大爱的真挚情怀，挑起"铁一般的担当"。

宁儿：

母亲对于你没有能尽到教育的责任，实在是遗憾的事情。母亲因为坚决地做了反满抗日的斗争，今天已经到了牺牲的前夕了。母亲和你在生前是永久没有再见的机会了。希望你，宁儿啊！赶快成人，来安慰你地下的母亲！我最亲爱的孩子啊！母亲不用千言万语来教育你，就用实际行动来教育你。

在你长大成人之后，希望你不要忘记你的母亲是为国而牺牲的！

一九三六年八月二日 你的母亲赵一曼于车中

宁儿：

母亲到东北来找职业，今天这样不幸的最后，谁又能知道呢？

母亲的死不足惜，可怜的是我的孩子，没有能给我担任教育的人。母亲死后，我的孩子要代替母亲继续斗争，自己壮大成长，来安慰九泉之下的母亲！你的父亲到东北来死在东北，母亲也步着他的后尘。我的孩子，亲爱的可怜的我的孩子啊！

母亲也没有可说的话了，我的孩子要好好学习，就是母亲最后的一线希望。

一九三六年八月二日 在临死前的你的母亲

故事五：陈毅的"示儿"

我国是诗歌的国度，重视诗歌的教化作用，以诗教子，是源远流长的优秀传统，留下了许多动人的诗作和故事。革命前辈们在解放战争结束、取得了全国胜利以后，深深地担心下一代不能继承革命传统，骄奢淫逸，成为"八旗子弟"，因而非常重视对子女的教育，大都要求十分严格。朱德、董必武、吴玉章、谢觉哉、陶铸等革命家都写过教子的诗词或箴言，严格教育子女成为一种良好的社会风气。

1961年夏天，陈毅元帅的二儿子陈丹淮高中毕业，不久后考入哈尔滨军事工程学院。这时正在国外开会的陈毅，想到孩子是首次只身出远门，理应尽父辈教诲之责，于是提笔写就《示丹淮，并告昊苏、小鲁、小珊》赠送给孩子们，并将它寄到了已去大学报到的陈丹淮手里，字里行间透露出陈毅的殷殷期盼之情，耐人寻味。孩子们在不知不觉中长大，看着他们一个个远离父母，独立生活，陈毅用诗词表达了一个父亲对刚踏上人生之路的孩子们的千般叮咛与万般嘱托。不放纵、不溺爱的拳拳之心，溢于言表。这就是陈毅宝贵的教子经。陈毅为儿女的教育问题花了许多心血，子女们终身受益匪浅。

示儿诗
——示丹淮，并告昊苏、小鲁、小珊

一九六一年七月，小丹远行就学，余适因公南行，匆匆言别，不及细谈。写诗送行，情见于辞，不尽依依。望牢牢紧记，并告诸儿女。

小丹赴东北，升学入军工。写诗送汝行，永远记心中。汝是党之子，革命是吾风。

汝是无产者，勤俭是吾宗。汝要学马列，政治多用功。汝要学技术，专业应精通。

勿学纨绔儿，变成百痴聋。少年当切戒，阿飞客里空。身体要健壮，品德重谦恭。

工作与学习，善始而善终。人民培养汝，报答立事功。祖国如有难，汝应作先锋。

试看大风雪，独立有青松。又看耐严寒，篱边长忍冬。千锤百炼后，

方见思想红。

故事六：于右任的"示儿"

国民党元老于右任先生的著名爱国诗作《望大陆》（又名《国殇》）发表于 1964 年 11 月 10 日先生在台北谢世后。晚年在台湾的于右任先生非常渴望叶落归根，但终未能如愿。1962 年 1 月 12 日，他在日记中写道："我百年之后，愿葬玉山或阿里山树木多的高处，山要高者，树要大者，可以时时望大陆。我之故乡是中国大陆。"1962 年 1 月 24 日于右任先生就写下了感情真挚沉郁的诗作《望大陆》。这是他眷恋大陆家乡所写的哀歌，其中怀乡思国之情溢于言表，是一首触动炎黄子孙灵魂深处隐痛的绝唱。

望大陆

葬我于高山之上兮，望我故乡；

故乡不可见兮，永不能忘。

葬我于高山之上兮，望我大陆；

大陆不可见兮，只有痛哭。

天苍苍，野茫茫；

山之上，国有殇。

不同时代、不同背景、不同形式的"示儿"表达着同一种精神——优良的家风家训，伟大的爱国情怀。"位卑未敢忘忧国""天下兴亡，匹夫有责"，无数热爱生活、珍惜生命，懂得生命的可贵的仁人志士，在国破家亡的危难之际毅然决然地抛开一切，敢于用自己的鲜血和宝贵生命捍卫自己的国家和民族，他们用自己的命换来了国家的命，挺起了中华民族不屈的脊梁。

"家庭是人生的第一个课堂。"习近平总书记指出"我们都要重视家庭建设、注重家庭、注重家教、注重家风""帮助孩子扣好人生的第一粒扣子，迈好人生的第一个台阶"，承担起帮助孩子"在为家庭谋幸福、为他人送温暖、为社会作贡献的过程中提高精神境界、培育文明风尚"的重任，这样家庭培养出来的孩子才能够在"自觉承担家庭责任、树立良好家风"以及为社会作出有益贡献等方面打下良好的思想基础、品德基础和人格基础。

‖ 家长教育分区办学模式的实践探究 ‖

长沙市芙蓉区东郡第二小学　文越

好的家庭教育离不开高素质的家长，如何培养高素质家长，则是家长教育的中心议题。长沙市芙蓉区东风小学、东郡第二小学近几年来积极探索，在办好家长学校的基础上走出学校，与社区协作，拓宽家长教育途径，走出了一条"家长教育分区办学"的新路。

进一步探讨前，有必要先简单了解一下"家长教育"这个新名词。它与我们常说的家庭教育不同：家长教育，家长是受教育者；家庭教育，家长是施教者。家长教育旨在提高教育子女质量和家庭生活质量，属成人教育，是终身教育的一部分，是基于学习型社会理念而出现的一个专有名词。家长教育的内容，包括科学育儿、道德修养、家庭关系以及职业技能等方面。

一、家长教育分区办学模式产生的背景

芙蓉区东风小学、东郡第二小学都地处城郊接合部，生源绝大多数来自进城务工家庭子弟和原郊区村民子弟。进城务工家长，因忙于生计很少顾及孩子学习、生活及心理健康；而本地村民包括学生家长，因在城市扩建中成了"拆迁户"，大多靠"吃房租"就可以过上丰衣足食的生活，一些家长存在打牌赌博、醉酒闹事、无所事事的情况。如何倡导社区居民形成一个有利于未成年人成长的勤俭持家、孝亲敬长、团结邻里、诚信守法、好学上进的积极家风，创建一个文明、守法、和谐的社区环境，就成了学校和社区的当务之急。

2015年,学校与社区共商教育,达成共识:教育,家庭是根基,家长是关键。教育改革,应该从家长教育开始。家长教育分区管理模式(见图1)应运而生。

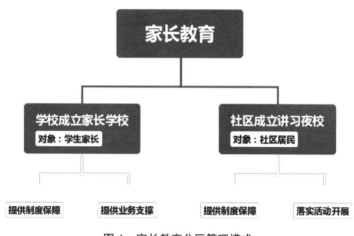

图1　家长教育分区管理模式

二、学校对家长学校的管理

学校在行政和家庭教育工作室层面分别开展工作。

(一)行政层面

建立队伍。成立家长学校领导小组。校长、书记牵头,教导处落实执行,制订学年工作计划,早准备,保落实。成立家长理事会。家长理事会成员,是家长队伍中的优秀者。学校向理事会成员颁发证书,明确职责,共同承担教育的责任与使命。

开展亲子阅读。教育家朱永新说:"一个人的精神发育史就是他的阅读史;一个民族的精神境界取决于这个民族的阅读水平;一个没有阅读的学校永远不可能有真正的教育。"学校充分重视阅读在家长教育中的重要性,每学期都要举行"亲子阅读分享会"。

开门办学迎家长。家长可以在开放周走进学校、走进课堂,感受孩子的校园生活。

（二）家庭教育工作室方面

培养家庭教育师资，定制教育方案。工作室凝聚了一支热心家庭教育的骨干队伍，他们中既有学校老师，也有学生家长。大家聚在一起共同研讨家庭教育和家长教育实践中的问题，为特殊学生量身定做教育方案，每月举行一次家庭教育案例分享或论文评优。

开发家长学校课程，承担培训任务。东郡二小的"爸爸妈妈也上学"活动受到家长的热捧。家校工作室根据孩子的身心发育规律为家长设置了不同的培训课程。目前比较成熟的课程有：帮孩子迈好入学第一步、儿童成长的敏感期与教育原则、开启家庭教育的智慧之旅、用"心"和孩子沟通、转变从家长开始、共阅读同成长、别再把我当孩子、家庭教育中常用的心理效应、好家风是财富等。

设立家长接待日，和谐家校关系。工作室老师们帮家长解决孩子在学习、生活中出现的棘手疑难问题，如专注力不集中、多动、早恋、自闭、狂躁、抑郁、厌学……工作室老师和家长一起诊断、分析，有针对性地解决问题。

三、社区对讲习夜校的管理

讲习夜校是由社区成立和管理的成人教育培训机构。由社区党支部和社区居民委员会直接领导，文教卫专干负责培训课程的设置与活动的开展。讲习夜校的宗旨是提升社区居民素质，协同学校办教育，为未成年人成长创造良好家庭环境和社区环境，践行学校、家庭、社会三位一体办学理念。

（一）讲习夜校的教学安排

讲习夜校的培训对象是社区常住居民和暂住的进城务工人员。为保障学习参与率，学习时间一般设在晚上7点到9点，每月一次。班级分党员干部班、居民班。班级建有考勤制度和学习制度。学员表现与党员干部评优、评先和社区"五好家庭"评比及其他社区福利挂钩。

（二）讲习夜校的师资

推行"社区党群干部＋学校党员进社区＋志愿者"的"三携手"模式。

社区的党群干部在讲习夜校中，充分发挥个人特长和先锋模范作用，有的在夜校上课，有的在活动中积极引领，既在工作中树立了领导干部的良好形象，又增强了社区的干群凝聚力。

学校党员都是教师，各有专长。学校党员进社区，可以为讲习夜校的开展拓宽思路、提供资源。

志愿者有两个来源：一是社区居民中热心公益的人士，他们在上、放学的高峰期会在社区的组织下，轮流参与"护学岗"的执勤，会在学校或社区重大活动期间自觉地参与治安的维护工作。他们中也不乏"民间艺人"，有剪纸高手、盆栽达人、编织巧匠、歌舞老师等，他们既是讲习夜校的学员，也是师资。二是社区家庭中培养出来的大学生。社区有一个传统，只要是社区居民培养了大学生，居委会都会按大学的级别给予奖励。为国育才的奖励机制激发了居民回馈社区的热情，很多的年轻人利用寒暑假或业余时间参与社区的建设。社区便抓住机会为这批人才设专兼职岗位、建立机制、搭建平台，将人才零散化的无序状态转化为有序状态，培养一批"本土"志愿者，促进社区和个人的双向发展。如在讲习夜校中设立大学生社会实践基地就是很成功的案例。广大志愿者在诸多的活动中，影响和带动着一批批的群众积极参与到志愿服务的队伍中来，从而壮大了社区志愿者队伍，激发了社区内生动力，提高了社区的自我管理和自我服务能力，传递着"温暖别人、温暖自己、温暖社会"的正能量。

（三）讲习夜校的课程设置

讲习夜校的课程分为六个板块。

文明创建类：围绕文明社区的创建、文明市民的培养，开展"每人进步一小步，社区文明一大步"的宣讲活动、"治理脏乱差，服务你我他"的社区清扫志愿者活动等。

科学育儿类：由学校家校工作室的老师给家长进行家庭教育的知识普及，

让家长在未成年人的教育理念上达成共识，形成合力，科学施爱，培养人才。常态活动有"家长沙龙""家长接待日"等。

家风建设类：社区党群干部、社区"五好家庭"户主、学校优秀党员是这个课程模块的师资主力军。他们用自己的经历、身边的实例引领社区居民注重家庭的建设、良好家风的形成。每年开展的活动有："孝亲敬长感恩节""温馨和睦邻里节"等。

文体活动类：学校教师、社区艺人是这支队伍的领头人。社区有广场舞群、太极队、少儿舞蹈公益班、乐器团、书画组等。每年腊月二十九，社区会组织大型的文艺汇演。

法治宣讲类：社区志愿者中有律师，有在读的法律专业大学生，有从事公检法工作的专业人士，他们大部分会举办法律宣讲或开展咨询项目，社区讲习夜校有"普法宣传营"解决居民的实际问题，提高家长的法治意识。

职业技能类：要让居民离开麻将桌、戒除烟酒赌博瘾，唯有用好的生活习惯和方式加以引导。只有这样，才能给孩子的成长提供良好的家庭环境和社会环境。目前，社区讲习夜校有编织课、剪纸课、盆栽课、美食课等。

可以看出，讲习夜校的课程内容不局限于育儿知识，还包括道德修养、家庭关系、职业技能等，都有利于家长素质和家庭教育水平的提升。家长有正当的事情可做了、言传身教做好了，家庭自然会好、家庭教育质量也自然提升，家风、民风都会有"质"的好转。

（四）讲习夜校倡导"三走进"，落实办学实效

所谓"三走进"：一是立足居民需求，将实用的家庭教育、职业技能培训、文化艺术等课程走进群众生活，改善民生；二是践行精准扶贫，将社区党员干部与社区特殊家庭在物质与精神上结对帮扶，共同富裕，结伴同行；三是联合学校党支部将"特别的爱给特别的你直通车"活动开展到特殊孩子身边，帮助智障、残疾和有心理障碍的未成年人。

总之，我们要力争把社区讲习夜校真正办成居民素质提升的平台、文化传播的课堂、爱心接力的阵地、快乐成长的乐园、志愿服务的舞台。

四、家长教育分区办学模式的成效与困难

通过上述各种途径的培训、学习、锻炼，学校环境、家庭环境、社区环境、家校关系有了明显的改善。

家庭氛围民主了，家长不再逼着学生学这学那，而是尊重孩子的兴趣与选择，科学发展孩子的特长；家长改变了简单生硬的家长作风，能静下心来听孩子的心声，接受孩子的缺点与错误，引导孩子认识错误，改正错误；家长志愿者多了，积极参加学校、社区组织的公益活动；爱学习的家长多了，亲子阅读的氛围更浓了；父辈、祖辈教育理念一致了，溺爱孩子的现象少了；社区风气好转，脏乱差环境变好了……

芙蓉区东风小学、东郡第二小学与社区家长教育分区办学模式取得了初步效果。2018 年，东风小学被评为"长沙市示范化家长学校"；2019 年，两所学校均被授予"家校合作的政府职能与对策研究"科研实验校；东郡第二小学被评为"全国优秀实践校"。

但实践中，我们也遇到了一些困难。

一是师资问题。包括家庭教育师资的配备、师资的编制、师资的培养、工作量的核算。二是经费和教材问题。家长学校常态化、正规化开展，需要经费和教材。固定的经费来源、统一规范的教材，也是目前急需解决的问题。三是社区居民（家长）参与度问题。要使所有家长（包括但不限于在校学生家长）都能自觉自愿接受培训，完全达到预期目标，还存在较大困难。这些问题的解决，既需要我们相关教育工作者在实践中继续大胆探索，也需要政府相关职能部门、各个社区和学校协同，共同建立一个更加长效的机制。

家庭好了，教育才会好；父母好了，孩子才会好。家长教育分区办学模式才刚刚起步，我们期待更多同行加入研究，为培养更多合格学生、为切实提高国民素质贡献力量。

（本文第一稿发表于《中国德育》2019 年第 3 期，作者为文越、彭艳如。2019—2022 年，同样的模式复制到东郡第二小学，实施三年，成效显著。在总结经验，与时俱进的原则上，第一作者文越对 2019 年的原文有所修改）

‖ 构建心理健康教育视角下的家校社协同育人机制 ‖

长沙市天心区怡海小学　章宁香

　　新时期的教育呼唤家校社协同育人，新时期的教育工作者需要具备家校社协同育人的能力。协同育人，"育"参与其中的所有人，不仅仅是指学生，育人追求的是"全民终身学习"。本文从心理健康教育的视角下，以一名专业心育工作者从实际出发实施家校社协同育人，研究与创新、实施与构建"家校社"三位一体的心理健康工作模式，探索心理健康教育工作新途径。

一、家校社协同育人在心理健康教育中的重要性

　　新时期的教育，学校不再是教育的唯一主体，以前不是，未来更不会是。依托于学校单一的教育方式已不能适应新时代的需要，也无法完成全社会促进学生身心健康成长、全面推进素质教育的要求。《中小学心理健康教育指导纲要（2012 年修订）》明确心理健康教育的总目标是：提高全体学生的心理素质，培养他们积极乐观、健康向上的心理品质，充分开发他们的心理潜能，促进学生身心和谐可持续发展，为他们健康成长和幸福生活奠定基础。要完成这一宏大目标，很显然，仅依靠学校单一实施心理健康教育很难。新时期的教育呼唤家校社协同育人，新时期的教育工作者既需要心理健康教育的能力，更需要具备家校社协同育人的能力。

　　2021 年，联合国教科文组织发文《一起重新构想我们的未来：为教育打造新的社会契约》，严肃地提出"呼吁研究和创新"，认为"一项新的社会契约需要在世界范围内开展聚焦终身受教育权的协作研究计划"。心理健

康教育工作的创新不仅在于技术的创新、形式的突破，也在于多主体为着一个共同目标的动力机制建设。这符合"和而不同，美美与共"的人文思想。而心理健康教育为的是让每一个学生逐步完成从自然人向社会人过渡与转变的过程。因此，家庭、学校、社会的协同整合就显得极为重要，这三者联盟更具有现实意义。

二、家校社协同育人的理论支撑和政策保障

学校生活是青少年生活的一部分，家庭才是孩子成长的主阵地，教育依托家庭来进行有着得天独厚的优势与契机，能够达到学校教学无法达到的功能。从 2016 年全国妇联等九部门共同印发的《关于指导推进家庭教育的五年规划（2016—2020 年）》要求加强家庭教育工作，到 2021 年第十三届全国人民代表大会通过的《中华人民共和国家庭教育促进法》，都在倡导要积极发挥家庭教育在儿童青少年成长过程中的重要作用。2018 年，习近平总书记在全国教育大会上指出家庭是人生的第一所学校，家长是孩子的第一任老师，要给孩子讲好人生第一课，帮助扣好人生第一粒扣子，强调的就是家庭教育需要实现德育功能，要培养身心健康的新时代接班人。除了学校与家庭，社会是孩子成长的大环境，我们一起来看看影响青少年成长与发展的布朗芬布伦纳社会生态系统图（见图 1）。

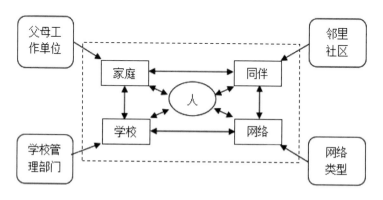

图 1 布朗芬布伦纳社会生态系统图

图 1 所示社会生态系统理论是基于对儿童成长过程的分析而提出，它从

社会学的角度告诉我们孩子成长不只局限于学校，家庭与社会的中系统与外系统，乃至宏系统，都对青少年有影响。心理健康教育工作校内、校外协作，采用多途径、多形式的方式进行开展，不仅是学生身心健康成长的需要，也是全面推进素质教育的较优途径。

三、家校社协同育人实施心理健康教育存在的困惑

目标高大，道阻且难，家校社协同育人首先面临的是"怎么实施""谁来做"的问题。我国家庭教育的现状不容乐观。一方面家长对家庭教育倍感迷茫，他们迫切地希望教育好子女，但却常常感到心有余而力不足。另一方面是《中华人民共和国家庭教育促进法》明确提出了"相互促进，父母与子女共同成长"的思想，但家长没有意识也没有能力，更缺少学习的空间，以及学习的途径。

这种现象背后折射出家庭教育虽是大众化的行为，但绝非大众化的认知所能驾驭的，它是一门专业，是一门科学，自有其内在逻辑和科学规律，需要专业的心理教育工作者给予支持。而学校教师目前的工作对象是学生，工作环境是学校，除了传统的"家访""家长会"等形式，能提供家庭教育的机会有限，形式上也受限。

社区工作在这一方面做了很多的尝试，我从2000年开始响应长沙市文明办的号召，在长沙市教科院的组织下，到长沙市各个社区送课，走访之余，发现很多社区建有谈心室、继续教育学习室、图书室、心理咨询室、儿童游戏室等功能教室。但是怎么样把这些功能区的活动有效开展起来，对于社区而言是有很多现实困难的，首先就是专业师资的困难。有研究发现，在社区工作者眼中，学校教师显得"高冷"；而在教师看来，社区所组织的教育活动"不专业"。如何把家校社协同起来？资源共享、师资共享，是一个摆在眼前的巨大难题。

四、家校社协同育人实施心理健康教育途径与方法

（一）心理健康教育在社区

以天心区"双百工程"项目为例，率先成立社区学院实施社区教育，整合基础教育师资实施"双百工程"，从2015年启动百位名师打造百堂优课——社区教育"双百"工程送课近800堂，其中家庭教育在这些年已经成为主力课程，一方面因为心理教师队伍专业与敬业，另一方面更因为社区需求度高。"双百工程"实施的授课地点就在社区，活动组织也是社区，提供授课的"双百工程"专家团队全部是像我一样的一线心理教育工作者，扎根基础教育多年，对学生心理和家庭的需求熟悉，设计的主题课程丰富。例如，家长在社区学习家庭教育的相关知识，包括但不限于《关注心理健康，和孩子一起成长》《如何做儿童阅读》《多动的孩子怎么办》《如何说孩子才会听》等心理主题课程，涵盖情绪管理、学习兴趣培养、亲子沟通、育儿指导等主题，协助家长解决在育儿和亲子关系方面等方面的困扰。社区同时也组织学生上心理课堂，主题涵盖人际交往、学习效能、行为素养、情绪管理等，比如《我们都是好朋友》《奇妙的注意力》《青少年礼仪》《情绪的主人》，都有效地丰富了学生在学校以外的心理健康教育途径，深受学生的好评。

以上是这三年家校社协同育人实施心理健康工作的部分内容，实际上课情况篇幅有限无法一一呈现。通过协同育人，社区心理健康课堂开展家长心理教育课程、儿童心理健康课程让家庭教育回归教育本源与高度，与社区的联盟很好地解决了社会活动组织与专业课程之间有效嫁接，开拓了除学校教育以外的成长第二课堂，受到了孩子和家长的高度欢迎。家校社协同育人直接面对家庭缓解家长育儿焦虑，推进"双减""减负"政策的实施，工作成效显著。

（二）心理健康教育在家庭

教育的核心是为了立德树人，家庭教育是习惯培养、品行养成的首要环境；学校教育是智力发展、品德修养的主要阵地。在孩子的成长具有发展性、动态生成和不确定性各种因素中，家庭、学校乃至整个社会协同育人，"育"

参与其中的所有人，不仅仅是指学生，育人追求的是"全民终身学习"。"育人"观的更新是新时代教育的创新。由于育人的对象不完全是青少年，家长也是其中对象，开展家长教育是必然的，是需要的。

习近平总书记明确指出："要加快建成伴随每个人一生的教育，让学习成为每个人的生活习惯和生活方式，实现人人皆学、处处能学、时时可学。"结合家长需要工作的实际情况，家长学习群体有其独特性和局限性，时间需要更灵动与自由，上课形式需要更便捷且安全。以天心区心育68课堂为例，在每一个周六的晚上8点针对全区家长开展公益线上课堂，通过小鹅通平台授课，家长直接手机终端听课。上课主题涵盖《父母情绪心智化》《陪伴是最好的教育》《如何帮助孩子做职业启蒙》《慧沟通、共成长——智慧父母如何陪伴初中孩子学习》等课程。

父母情绪心智化的能力直接影响家庭教育，心智化包括对自己和孩子的观察和对教育的反思等。通过线上课堂我们重点阐述对情绪进行心智化的三个领域：识别情绪、调控情绪和表达情绪。陪伴孩子学习包括如何与孩子沟通、如何做时间管理，这些课程家长在家里就能够直接得到有效方法的指导，既提升了家长的家庭教育能力，也有效落实了协同育人的核心思想。

（三）心理健康教育在社会

承蒙各级单位与领导信任，我同时担任了长沙市总工会"芙蓉讲堂"和长沙市妇联"家庭教育"骨干讲师。这两个平台，极大地丰富了心理健康科普宣讲的途径，从社会层面来实施心理健康教育，帮助职工提升心理健康意识，呼吁公民做自己的心理健康责任第一人。先来看一组2023年上半年部分授课数据（见表1）。

表1　2023年上半年部分授课数据

课程主题	对象	组织方	单位名称
如何平衡工作与生活	职工	长沙市工会	水业集团
职场情绪管理与疏导	职工	长沙市工会	长沙威沃
缓解职业倦怠 绽放阳光心态	职工	长沙市工会	比亚迪
如何平衡工作与生活	职工	长沙市工会	五新隧装
引领孩子成长 做智慧父母	职工	长沙市工会	水业集团

续表

课程主题	对象	组织方	单位名称
职场情绪管理与疏导	职工	长沙市工会	顺天集团
职场情绪管理与疏导	职工	雨花区工会	神农大酒店

以上这些主题既普及了职场人士需要了解的心理健康相关知识，同时也协助他们学以致用，帮助职工高效工作，部分主题甚至指向家庭教育，让职工在职场工作无忧，倡导幸福工作幸福生活，构建幸福家庭，打造幸福社会，着力塑造理性平和的社会心态最终的目标都会使青少年受益。通过总工会和妇联实施心理健康教育，企业单位的心理课堂为家社协同育人实施途径提供了有效的参考。在实践中践行协同育人，"育"参与其中的所有人，不仅仅是指学生，育人追求的是"全民终身学习"这一目标。

除此之外，社会层面联动媒体，如长沙晚报网络平台做面向社会的心理微课宣讲，讲述《情绪管理》《缓解职业倦怠》等心理健康知识，均获得社会较高关注度。

五、家校社教育协同育人的工作反思

（一）注重形式的丰富性

不管是职工，还是家长与学生，心理健康课程如果仅以理论方式呈现，难以满足人民群众的需求，教育目标也难以实现，课程形式需要互动式、体验式结合，现代电子化教学设备结合光影技术都能很好地让课堂形式丰富，让学习变成一件很快乐的事。

（二）看见混龄的多样性

社区上课对象有着与学校不同的特点，同为青少年，但是年龄不一，混龄上课；同为家长，孩子就读年级不一样，有点中学有些小学，他们特点不一样，需求也不一样，导致授课目标具体而又灵动，比如采用案例分析、互动答疑、小组讨论等方式来全面照顾课堂。

（三）关注主题的多元化

心理健康课程主题多元，学生课涵盖人际交往、情绪管理、学习效能、压力管理和社会适应等方面；家长课涵盖家长自身的情绪管理、育儿指导、职场减压等，课程多元化为协同育人提供基础保障。

（四）力求内容的新颖性

心理健康教育是一门专业性很强的学科，课程内容既要站位高又要落地贴近群众的需要，课程内容既有传统理论，也要注重内容的新颖，有时代感，才能让受众喜欢听和听得懂。在课程内容的安排上我会紧扣时事和社会热点，也会带给大家国际视野的心理现象研究案例，比如关于抑郁症的前沿研究，讲解抑郁症预防知识等。

国家"十四五"规划明确提出，健全学校家庭社会协同育人机制。重视家庭教育和社会教育，形成全社会关心、支持和主动参与教育现代化建设的良好氛围。当前，中小学学生在校的状况需要家校社协同育人，我们的家庭教育呈现的现状需要家校社协同育人，我们的社会呼唤家校社协同育人。

我以一线心理教师的个人角色通过三年尝试，铺开心理健康教育在"家庭—学校—社会"的实践网络，这期间也有遇到困难，如何让协同育人和学校工作不冲突，因为教师主要工作时间局限于学校内，如何拿出更多时间去践行协同育人是目前遇到最大困难，也期待着后期能有更大的志愿者团队，凝聚家长、社会各界的力量，通过多主体合作的动力机制建设，共同将心理健康教育通过家校社协同育人有效实施。

最后，我引用一位学者的思考：教育面临的巨大挑战不是缺乏创新，而是认识到创新的价值，开发创新，使其得到一致应用、可持续、可规模化，并能在学校培养所需的能力。下一个三年，期待我自己能够在心理健康教育视角下的家校社协同育人工作中有更成熟的发现。

感谢一路走来给予我帮助的所有人。

‖ 搭建多元平台　助力社区教育 ‖

——砂子塘吉联小学家校社协同育人典型材料

长沙市雨花区砂子塘吉联小学　朱鸿雁　邓景粹

一、案例背景

近年来，砂子塘吉联小学在雨花区教育局关工委的大力支持下，充分发挥"五老"的优势和作用，深入挖掘整合教育资源、家长资源、社区资源和社会资源，积极参与社区教育工作，以家校社联动为基础、以特色主题活动为载体，形成了学校教育与社区教育融合共促、资源共享、优势互补、双向提升的工作局面。

二、主要举措与特色成效

（一）家校社有机联合，共建社区教育共同体

1. 强化组织领导

主动融入社区教育，建立校级家长委员会和班级家长委员会两级组织体系，搭建家校社三方组织联动管理体系，实现学校与社区、家长密切的联系和良好的沟通，推动学校教育与社区教育有机融合，构建家校社三方联动的教育共同体。

2. 加强队伍建设

广泛吸纳社区有威望、有能力、有热情的"五老"人员、专业骨干教师、大学志愿者等，组成社区教育师资库。9年来，近200名教师、70多名家长（每

届每班一名）、15 名农业科技博士生先后加入其中，组建成强大的师资团队，甚至袁隆平院士生前也曾参与。

3. 统筹多方资源

将社区教育内容纳入名校长工作室工作计划，积极整合各类优质教育资源，持续加强与"湖南省教育学会"、湖南中医药大学、湖南省农科院、雨花区教科所战略合作，共建学校、家庭、社区教育一体化模式，为学校的教育教学活动提供各方面的支持。

（二）创新品牌活动，搭建多元社会实践平台

1. 拓展"大自然小农夫"特色育人平台

积极推动"大自然小农夫"亲子劳动实践活动由校内向校外、向社区、向社会辐射，通过与社区旭辉国际广场、农科院开展合作，建立劳动基地建设，打破城区学校固有劳动基地的壁垒和限制，切实从学校、家庭、社会三个维度，创新"以劳立德、以劳促智、以劳健体"多位一体的劳动教育新方式。2019 年 12 月，在学校、社区等多方助力下，吉联"小农夫"扛着插秧、播种并辛勤守护和收获的"吉"牌大米，拜访"杂交水稻之父"、共和国勋章获得者——袁隆平院士，获得袁隆平爷爷的鼓励与称赞。我们的特色经验做法 2020 年在全省"弘扬劳模精神、劳动精神、工匠精神，加强劳动教育"课题调研会上作经验分享。

2. 创新校社合作共育特色实践项目

2021 年，与湖南中医药大学就"识百草，尝百味"中医药文化课程进校园、进社区开展战略合作，在湖南尚属首例。牵手跳马复兴小学共同打造两校一园——"百草园"，拓展辐射带动区域学校。成立《中医药教材》读本创编小组，2022 年出版。积极对接社区开设三点半特色社团，前往沙湾公园运动场地举办青少年足球课堂，邀约区域居民参加比赛。2016 年足球赛场上，奥运冠军熊倪给孩子们开出第一个球，开启一股运动热潮。

3. 丰富多彩公益社区实践活动内容

积极组织学生走进社区参与社会实践活动、参加社区文化活动和志愿服务活动，例如"传承端午习俗，感受文化魅力"活动，联合绿森林志愿服务团队开展的公益实践活动，"践行垃圾分类，倡导美好生活"志愿服务进社区活动等，并通过在华菱地标前的广场上设立学生文明宣讲台，小手牵大手参与城区环境集中整治、城市文明教育、文明交通出行等，全方位培养学生的爱心、社会责任感和社会服务能力。课余时间多次组织学生走进雨花区非遗馆，参加学习木工制作、棕榈编制、糖画、油纸伞、泥书、年画、茶道等传统工艺活动。"踏虎凿花"传承人杨小军和吉联小学的孩子们共同制作完成名为"一品清廉"的蓝花瓷瓶，让师生直呼"被种草了"。

（三）强化课程研究，推动社区教育内涵发展

1. 融合家校社教育特点，研发编写特色教材

根据学生的年龄特点、家长的育子需求和社区的教育特色，《我们的一天》2019 年出版，成为指导学生平稳过渡幼小衔接的专业指导教材；《项目化劳动实践》一书立足充实学生的校外劳动实践学习内容，有效促进学生德智体美劳协同发展。

2. 立足家校社教育需求，丰富家庭教育课程

积极倡导和践行家长和孩子共同学习、相互督促、一起成长的教育理念，邀请北京师范大学钱志亮教授进社区开展"新生入学适应性培养探索研究措施"家长学校培训，为新生家长赠送《家长成长手册》大礼包；邀请伍贤华律师为家长们带来《中华人民共和国家庭教育促进法》讲座，提供家庭教育和亲子关系指导服务，促进学校、家庭、社区三教结合，助力家庭教育。

3. 聚焦家校社教育协同，开展特色主题活动

面对突如其来的疫情和居家学习，邀请心理咨询师张天笑为学生、家长和社区居民开展疫情线上团辅课。立足学校教育、家庭教育和社区教育的融合发展，邀请教育大咖魏书生为社区家长们传递最新的教书育人教育理念；

雨花区区教育局关工委讲师团杨松林书记带来家庭阅读讲座；长沙市家庭教育讲师团杨智均教授带来家风讲座；著名书法家，"人之态"汉字书写创始人钟克佩老师带来"人之态"线上写字教学。

（四）发挥资源优势，实现家社教育双向提升

1. 讲好廉洁文化，以良好学风校风带动家风社风

立足家风、校风、社风的互相融通，联合社区积极打造廉洁文化长廊、拍摄的清廉家风作品《家风长沙》，成为看得见、听得到、摸得着、做得了的清廉文化，并在清廉长沙上做专题推介报道。自创《教师廉洁导行图》《学生廉洁导行图》，将校园、社区、家庭等各种场景的行为规范设计制作成生动形象的"两图一本"，实现了以良好学风家风带社风。

2. 整合人才资源，以专业师资凝聚强大教育合力

为促进青少年德智体美劳全面发展，积极整合家庭、社区各类人才资源，成立由奥运冠军龙清泉、杨霞，世界锦标赛冠军乐茂盛等六位顶级运动员担任学校运动名师团队，湘雅主管黎添梅等八位优秀专家担任营养师团队，湖南省心理危机干预小组张天笑等七位专家担任心理咨询团队的"三师"团队，为青少年健康体魄提供了专业支撑。

3. 推进全民阅读，以书香润泽居民滋养社会

学校深入打造的智能图书馆，上线涵盖5000多册人文、科技等类别的书籍，主动开放对接社区平台，与社区居民共享优质读书资源。在实施书香校园培育工程的同时，不断延展其涵养半径，每个周末学校向学生、家长发起恒雅书苑亲子读书活动，让翰墨书香由校内飘向校外，形成了书香校园、书香社区、书香家庭在书香社会建设上的双向共振。

4. 多方联动发力，以爱心护学创设良好教育环境

为构建平安和谐幸福的校园环境，街道、社区、学校和相关单位共同召开校园周边环境治理联席会议，共商吉联巷良好秩序。在大家共同的协助下，由居民家长代表组织爱心护学志愿者团队，目前为止共有1800多名家长参与

爱心护学活动。2020 年学校发起体育老师、班主任新生大家访活动，走进社区每家每户，定期回访关注特殊学生。

家庭教育、社区教育与学校教育的融合与衔接，对儿童和青少年的发展、对终身教育体系的构建、对国家未来的影响意义深远。砂子塘吉联小学将以创新社区教育为立足点，继续加大探索科技信息化发展模式，把工作的触角尽可能贴近生活、数字便捷化；依托社会团体，整合社会力量，参与社区教育，扩大社区教育的工作途径，扩大老年教育的覆盖面，让更多的居民、社会组织参与进来，共同关注青少年的发展，开放资源与平台，打造儿童友好型、"五老"幸福型社区。

‖ 开创"社区+"家校共育新途径 ‖

长沙市雨花区砂子塘魅力之城小学　丁君囡

一、创新思路

长沙市雨花区砂子塘魅力之城小学2016年建校，秉承"和孩子们一起成长"的办学理念，在培养和教育孩子的过程中，家庭、学校、社会、少先队四者之间相互依托，共生共荣，共同成长。我们不断创新工作方式，探索家校社深度共话的育人新格局，开创"社区+"家校共育新途径，汇聚家校育人合力，形成"四位一体、家校共融"的立体空间，多方教育健康发展，相辅相成，培育适应未来发展的自律自信魅力好少年。

二、组织形式

学校构建家校社教育共同体，开创"社区+"家校共育新途径，共育学生生命成长，让孩子的每个365天，获得更好的个体成长。

一是以阅读浸润家社，对话共融。二是以课程铸造灵魂，立德树人。三是以社区拓展活动，益德增智。四是让校长走进社区，构建温情家校关系。

三、具体内容

（一）以阅读浸润家社，对话共融

学校围绕"心存远志，静以修身"校训，建立家校社阅读共同体，以家长为根基，以社区为平台，以教师为主导，以孩子为核心，用阅读提升家庭教育的力量，浸润儿童生命的底色，丰盈教师的底蕴，夯实学校发展的底气。

（1）积极号召。学校成立家长学校，多次进行家长培训，向家长推荐家庭教育优秀案例及书籍，围绕学校"十二好习惯"编订亲子阅读系列教材，融入教育理念与思想。

（2）搭建平台。学校成立"爸爸妈妈读书会"，定期开展"家长读书漂流"等家庭阅读活动。学校不断给家长展示的平台，鼓励他们走进学校，走上讲台分享交流，树立家长榜样。慢慢地，参与读书漂流的人数越来越多，很多家长还自发地开展读书活动。

（3）养成习惯。学校开展"亲子童诗会""户外亲子阅读""爸爸妈妈宝贝读书会"等系列亲子阅读。随着阅读活动的开展，家长们转变了观念，提高了认识，对学校工作加深了理解，对家庭教育也越来越重视。作为"阅读共同体"的根基，家长已经开始改变，也正用实际行动影响着自己的孩子。

（二）以课程铸造灵魂，立德树人

学校打造以家校共育为核心的家长浸润课程，提高家庭教育意识，改进家庭教育方法，提升教育合力；开展校园亲子节、爸爸专场培训、亲子体验等活动，达成立德树人的育人目标，构建家校沟通的桥梁。

1. 优化家长学校培训课程

依据不同年级家庭教育的实际需求，开设一年级新生家长课程、三年级爸爸专场家长课程、六年级毕业家长课程等，解决家庭教育关键问题。从2018年起，学校每年组织三年级学段开展"我的好爸爸"爸爸专场家长学校培训。此举是学校在家长学校培训方面的一个新的尝试，同时也是针对大多数孩子成长过程中父亲缺席的实际情况做的一些探索和努力。每一次培训后，很多爸爸都会分享收获和感慨，并配合学校积极参与到孩子的成长中来。目前，爸爸经常陪伴孩子参加学校活动的比例已经上升到48%。家长课程上，学校推荐家庭教育共读书目，如《这样爱你刚刚好，我的 × 年级孩子》《奶蜜盐——家庭教育第一定律》《第56号教室的奇迹》等。

2. 开设家长公益课堂

充分发挥优秀家长示范引领作用，形成魅力家长讲师团队，交流教育经验，提升教育意识，解决共性问题。学雷锋活动日里，包一鸣妈妈走进课堂，带来《生活因爱而美丽》，生动地讲述志愿者的含义，讲述雷锋精神，讲述爱的传递。"安全生产月"里，高晨曦爸爸暨湖南磁浮交通公司的员工代表走进校园，给孩子们带来《大手牵小手，文明乘磁浮》安全教育活动课。营养师唐天佑妈妈为孩子们带来别开生面的小讲座《小标签，大学问》，告诫孩子们远离垃圾食品，教同学们看食品包装上的配料表。魅力家长讲师团队拉近了家长与孩子的距离，融洽了学校和家庭的关系，形成了共生共荣的教育合力。

（三）以社区拓展活动，益德增智

1. 建立组织

学校发起并成立了长沙市首个社区少工委——幸福里社区少工委，聘请黎托街道、幸福里社区、砂子塘魅力之城小学主要领导、"五老"人员、志愿者和老师担任少工委主任和委员，共同护航少年儿童健康成长。在学校少工委的指导下，幸福里社区少工委致力于解决时下热议的"三点半"课后托辅问题、暑期托管、假期实践活动等多项工作，整合学校、家庭、政府和社会力量，服务学生成长和成才。

2. 开展活动

在学校少工委和社区少工委的组织下，队员们走进社区，开展了一系列丰富多彩的活动：世界读书日里，魅力"小书虫"玩转社区"飞花令"；"湘吐手拉手·相约中国梦"新疆少年与我校队员融情交流活动在幸福里社区举行，50名来自吐鲁番的维吾尔族少先队员与我校队员互相结对子、赠礼物、分享祝福，气氛祥和融洽；"事事安全记心间，人人幸福家欢乐"，学校与幸福里社区打造湖南省首个"儿童安全谷"项目，强化青少年安全意识，建立儿童安全BUS站，共建青少年五防教育中心，呼吁社会各界关注儿童安全，共筑保护屏障，让孩子们在安全谷里健康成长。共青团中央常委、专门委员会副主任赵青走进幸福里社区少工委调研时称赞："学校少先队工作堪当'魅力'二字。"

3.服务家校

为了让孩子们在有人监护的前提下尽情享受假期，快乐成长，学校积极探索暑期托管服务模式，整合社区资源，与幸福里社区少工委共同组建功能齐全的社区"公益暑托"阵地，构建起了家庭监护、学校教育、社区帮扶、社会志愿的四位一体立体化托管模式。学校积极动员教师、号召志愿者参与暑期管理，打造"魅力青少年梦想计划"。开设书法、阅读、体育锻炼、儿童画等50余项梦想课程，还结合党史学习教育，创造性地开展观看红色电影、分享红色故事、排练儿童剧、普及安全知识、益智手工实操、垃圾分类活动、儿童五防教育、职业体验等特色活动。"公益暑托"阵地充分调动青少年儿童的积极性，让孩子们的暑托班有学习、有体验、有意义、有快乐，更有成长。

（四）让校长走进社区，构建温情家校关系

为拉近家校距离，为社区居民特别是学生家长详细解读国家教育政策和学校教育理念，解答家庭教育共性问题，为孩子成长提供更强劲有力的保障，砂子塘魅力之城小学与幸福里社区联手打造家校共育项目——"校长进社区"。学校丁君园校长每月走进社区，宣讲官方最新政策、措施以及解决家长困惑、疑问，让家长在家庭教育中有理可依、有迹可循，通过"校长进社区"活动呼吁社会各界关注学生成长，携手陪伴幸福童年。

前期活动中，校长就"减负"问题与社区、家长零距离交流；教育部出台"双减"政策后，让许多家长更是感觉迷茫：取消课外文化培训，课后作业无人辅导，孩子的成绩会不会下滑？未来的中高考压力依然很大，如何应对？"双减"之下家校如何联动？"校长进社区"活动带来了权威的解答和方向的指引，丁君园校长一方面解读了"双减"政策，介绍学校"双减"举措，另一方面为家长们答疑解惑，现场交流热烈，气氛非常活跃。

四、实际效果

学校组织的家校培训扎实推进、课程建设成体系、校本书目有特色、亲子活动有吸引力，逐步形成了具有"魅力"特色的家校共育品牌。学校多次承办省、市、区级各项家校活动、比赛和会议；接受团中央、团省委、市委、工会、妇联等上级政府部门的多次调研及大力赞扬。学校活动被全国少工委、学习强国、红网等媒体正面报道180多次。校长多次在市、区级会议上做家校共育工作经验分享与交流。学校现为全国"家校共育"示范学校、长沙市"家长学校"示范校等。

在开创"社区+"家校共育新途径的路上，我们还刚刚开始。未来，我们将在"共建什么""怎样共建""如何打造共建特色"上下功夫，倡导适当的监督管控和理性的补充教育，让孩子更健康、更个性地发展，让家庭更和谐、更美好。

‖ 家校社携手 点燃每一个孩子的七彩童年 ‖
——湘潭市雨湖区曙光学校在家长学校方面的几个探索

湘潭市雨湖区曙光学校 陈佳

一、创新思路

六年来，社区教育与学校教育携手启动家长课程，探索出一套从"家长大讲堂"到"弯弯课堂"，从"家长进课堂"到"亲子课程"，从"亲子课程"到"义工进家庭"三方携手、三位一体的曙光特色家庭教育课程体系，真正让家校社共育从概念变成学校的新常态。

二、参与人员

2017年以来，学校面向家长开展家长大讲堂52讲，辐射家长7500人次，部分场次开放在线观看，受到家长欢迎。

三、背景分析

湘潭市雨湖区曙光学校建校于1902年，至今有120多年了，学校曾经有过辉煌的历史，但在发展过程中，由于学校所处的位置在老城区，随着周围的政府职能部门的搬离，学校生源结构发生变化，优秀生源的流失、教师结构的变化都给曙光学校的发展带来了影响，曙光学校一度成为城区薄弱学校。据不完全统计，学校进城务工学生占学生总人数的41.5%，留守儿童占学生总人数的23.6%。部分家长教育孩子的方式方法存在严重问题，瞎指挥、乱弹琴，家长本身已经错了，还茫然不知；面对孩子成长中出现的学习、心理、思想、道德等方面的问题又总是很被动，不知所措，无能为力，有时候碰到孩子出现了不好的苗头却浑然不觉；不了解孩子，不懂孩子敏感期的表现，不懂得怎么爱孩子，只管吃管穿不管心理健康，只管打管骂不管沟通；不管学习，没时间陪伴孩子，全权交给学校负责……面对各种问题，学校、班主任老师经常手足无措。

四、案例描述

2017 年 8 月 31 日，三年级 147 班部分家长找到校长，说班主任老师做事没有计划，要么换班主任，要么孩子转班。

9 月 3 日，五年级一家长接到班主任的电话说孩子没做作业，家长认为孩子在学校里，没做作业是老师的事；当天，区长热线发来投诉，说学校活动太多。

9 月 4 日，一班主任来哭诉，班上一孩子又没来读书，家长不请假，经常联系不上家长，同日，市教育局信访科来电，接到我校家长投诉，反映老师频繁叫家长到学校。

9 月 6 日，四年级一孩子在班上挑事好斗，班主任多次教育不改，找孩子交流时才得知，他奶奶告诉他，在外面打架，一定要打赢，打赢了放鞭炮，打输了别回家。奶奶会经常帮助孙子到学校骂人，见学生骂学生，见老师骂老师。

五、实施措施

短短一周，各级投诉和纠纷十多起。于是，2017 年起我校与社区合作启动了家长课堂，探索出一套从"家长大讲堂"到"弯弯课堂"，从"家长进课堂"到"亲子课程"，从"亲子课程"到"义工进家庭"三方携手、三位一体的曙光特色家庭教育课程体系，真正让家校社共育从概念变成学校的新常态。

（一）挖掘校内资源研发家长课程

起初，我们给孩子们上心育课，上团辅课，给老师讲教师的个人心理成长，讲与家长沟通的策略，我校人力物力有限，故收效甚微。我们还可以怎么做呢？我们发现许多孩子的心理问题与家庭密不可分。鉴于这种情况，我们开始改变思路，尝试主动出击，与家长正面沟通交流。在一次又一次的交流中，我们发现家长对孩子的爱是盲目的、茫然的，甚至很多时候，孩子行为的问题都是源于家长教养方式的不当。家长的学习成长迫在眉睫。于是，我们挖掘校内教师资源，开启每月一讲的"家长大讲堂"、每周一讲的"弯弯课堂"、每学期两次的家长沙龙，除了我们学校的老师讲，我们还请雨湖区德育名师工作室，同时还通过社区请妇联的专家、请一些社会公益组织的讲师来讲。为了满足不能来参加的家长，建了三个微信群开启在线直播，在线答疑，每日好文推荐……

我们设计了家长大讲堂的系列课程：除了通识课程，还分年龄阶段、分不同系列设计了课程，后续还会根据政策的发展、家长的需要等继续研发。这样我们一直坚持六年了，我们只有一个信念：每一场讲座，哪怕只影响一个人，都是成功。因为这一个人观念的改变、教养模式的改变，影响的就是一个家庭的氛围，影响的就是一个孩子心理状态甚至他未来的人生。

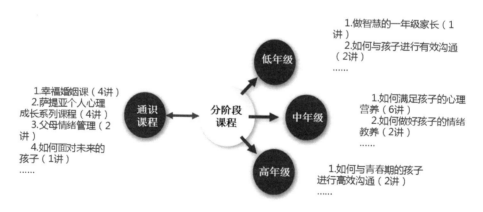

图1 曙光学校"家长大讲堂"系列课程

（二）借助家长资源丰富学校课程

在整套课程的设计中，预留了许多弹性的发展窗口，让家长们发挥其主体性，让家长走进校园，走进课堂，参与到学校生活中来。

家长们有的发挥其职业优势，有的发展其特长，有的还请外援……可谓使尽浑身解数。每周五下午各班的那股热闹劲，真是让老师们感动不已，家长带着孩子们一起进行职业体验、一起阅读、一起游戏、一起制作美食……

家长的这种参与不仅丰富了学校课程，更让学生体验到各种职业的价值感、成就感和幸福感，帮助学生尽早地奠定生涯规划，从而不知不觉中缓解了"千军万马过独木桥"的学业压力给他们带来的焦虑情绪，为他们的心理健康打下了认知基础。这样丰富多样的亲子互动，无形之中还给了孩子莫大的鼓励与支持，让孩子明白父母时刻关注、关爱着他们，为学生们的心理健康打下了良好的情感基础。家长和老师也在这样的活动中增进了理解，更加能相互体谅，筑牢了家校沟通坚固有力的桥梁。

（三）盘活周边资源共建亲子课程

家庭也是教育的主要实施场景，家长们学会了用恰当的方式参与到孩子的成长过程中，建立融洽的亲子关系后，也要在家庭这个主阵地有事可做，特别是在"双减"背景下，将孩子带出课堂、带出校园去实践感悟是一种很好的方式。于是，我们鼓励家长周末带孩子踏青，享受亲子时光；平时我们会开展一些亲子共读的活动，促进亲子关系；我们还经常与我们辖区的泗洲庵社区和洗脚桥社区联动开展一系列亲子活动：如三月学雷锋纪念日时，我们家校社一起去打扫刘道一烈士祠、慰问孤寡老人；清明节时，我们一道祭扫抗日阵亡将士纪念碑；母亲节时，我们的孩子和家长、老师一起走进社区开展"致敬母亲，家校社一起为爱发声"活动；寒暑假，我们的家长带着孩子走进社区开展一系列"小小志愿者"活动……

六、实施效果

五年来，许多家长反馈自己及家庭的改变，让我们很欣喜；看到学校口碑升温，摘掉薄弱学校的帽子，学生人数从 680 升至 1016 人，信访率明显降低，我们感到很幸福。五年里，学校先后获评湖南省家长学校、省家庭创新实践基地、省心理健康示范校，我们的家长团队获评省学习团队。2019 年 12 月，学校还承办了湘潭市家长学校开放日活动，将我们的家长课堂的经验向全市推广，获得一致好评；同年，学校的家长课堂还受到了湖南省教育电视台的跟踪采访报道。

七、实施反思

（一）课程让家长更懂孩子

2019 年 1 月，教育部部长陈宝生提出：家长也要接受教育。2022 年起实施的《中华人民共和国家庭教育促进法》，将"家事"上升到"国事"，家庭教育的重要性可想而知。我们发现，家长不是不爱孩子，而是不懂孩子；不是不想教育，而是不知道怎么教育。学校给家长家庭教育方面的指导，搭建平台让家长互相质疑答疑，帮助他们真正从"宠"到"懂"。

（二）课程让孩子的童年更幸福

家校形成合力都是为了孩子，家长的观念改变了，情绪平和了，家庭氛围融洽了，家校关系也更亲密，孩子脸上的笑容多了。

（三）课程让家校社关系更紧密

通过固定的课程频率，激发家庭作为教育主阵地的自律性，由学校带动学生，学生带动家长，家长赞同学校。大多数家长都是社区的一员，通过学校课程，许多家长参与到社区志愿者服务中，真正实现了协同发展。

‖ 缓解家长焦虑，实现家校共育，静待花开 ‖
——一则朋友圈引出的故事

衡阳市耒阳市西关完全小学　胡梦瑶

一、案例概况

"周末你们都干吗啊？组团打孩子吗？来！打我家的。包一顿饭，点什么都行。"外加孩子一张非常清晰的生活照。

我着实被震惊了，这是我的一个家长发在朋友圈的内容。事情原来是这样的：孩子成绩确实不太好，没有心思学习，注意力不集中，正常的作业完不成……已经连续好多天的作业不做，也彻底把老师给激怒了，老师最后免不了批评教育找家长，家长被叫到了学校之后，就有了上面朋友圈的这一幕。

二、问题分析

尽管家长想尽办法用一种调侃的方式来掩饰自己内心真正的情绪，但愤怒依然显而易见，隐藏在文字间的一份无法控制的焦虑也能感觉出来。其实，老师为了孩子把家长请到学校的事情，可能很多家长都碰到过，焦虑情绪自然会有些，但那都是可以控制的、是适当的，这些适当的焦虑情绪不仅没有害处，反而能够产生一种积极的效果，让家长更多关注孩子的成长，更好地做好家校共育。但是像上面这位家长的做法不是我们每一个老师请家长到学校的初衷。如此过度的焦虑情绪不仅破坏了家校共育的美好初衷，甚至会发生我们最不愿看到的传递效应，严重影响孩子的身心发展。怎么办？解铃还须系铃人，我找到孩子，和他进行了一次深谈。家长的焦虑从何而来，我有了答案。

（一）有一个学业不佳的孩子是源头

小唐同学确实存在很大问题。不爱学习、不做作业、学习基础差、懒散、注意力不集中等种种不良的学习习惯和糟糕的学习态度都是导致他学业不佳的原因。试想一下，自己每天每时满眼看到的、双耳听到的都是孩子的这些缺点，而这个孩子还是自己亲生的宝贝，作为父母，又有哪一个能做到不焦虑，能做到无动于衷呢？

（二）特别在意自己的面子是催化剂

而作为家长呢？又偏偏有着一群会时常谈起自己家庭、老公、孩子的闺蜜朋友，和她们比起来，那更是觉得自己"不幸"了：怎么会有一个这样的孩子呢？为什么那么光鲜亮丽的孩子都是别人家的？想想自己当年，那也是英姿飒爽、技压群雄呀，为什么到了孩子这里就这么不堪一击呢？这位唐同学却正巧生活在这样一个家庭环境里。父母对于自我的过度关注更是成了焦虑情绪来源的催化剂。于是，孩子的缺点就在催化剂的催化下更加扩大化了。

（三）家长对孩子有很高的期待，却缺少具体的落实是关键

唐同学的家长对孩子还是具有挺大的期待值的，这确实比我碰到的更多对孩子不管不顾的家长要好很多。但这份期待却不是建立在客观现状的基础之上，父母对孩子光有期待却没有落到实处。没有一点一滴的实际行动这是不行的，久而久之，当家长发现自己寄予在孩子身上的理想期待与现实有着强大的反差时，一定会受到致命的一击。于是焦虑情绪就无法控制了，哪怕自己是一个各方面都很优秀的成年人，也无法承受与面对。

三、指导方法

家长发了这样一则朋友圈也确实牵动了我的心，为了让孩子更好地成长，为了更良性的家校共育，我必须干预这件事。

还是这个孩子，给了我与他父母沟通的最初灵感。那天我找他深谈的时

候，他对我说了这样一句话："老师，其实把我父母叫到学校来，我不是怕回去被骂一顿、打一顿，我是怕我爸爸妈妈伤心难过，这样我心里会难受的。"这句话给了我很大的触动，我是老师，也为人子女，当听到孩子说出这句话的时候，我觉得暖心极了。那何况是他的父母呢？于是，我把他的父母再次找到了学校。

（一）在倾听中理解

我把那天和孩子谈话的内容都告诉了这位家长。当她听到儿子讲到的那句暖心话之后，我看到了她眼角的湿润。孩子在不经意中成长了，他已经不再是过去那个成天捣蛋让人操心不已的小毛孩了，现在的他有很多宝贵的思想和闪光的优点，可这些却往往被我们给忽视了。当我们每一位父母都放下高高在上的姿态，适当调整我们自己的心态，和他们像朋友一样平等沟通和交流，我们就会发现每一个孩子不一样的一面，发现除了学习上的不如人意，他也是同学们人人夸奖的那个最铁的哥们，他也是老师心中那个热爱劳动的棒小伙。原来，除了学习，他身上还有很多温暖可贵的地方。

谈话中，我们逐渐发现，孩子依然是那个学习上有困难、让人操心的孩子，可他又不只是这样的一个孩子，他是立体的，他有让人烦恼的一面，也有给我们温暖的一面。这样全面客观理解了孩子之后，作为家长的父母就会用一种积极的心态去解决问题，而不是不顾及孩子的感受过度焦虑、不理智地发泄了。

（二）在陪伴中引导

更多地了解孩子之后，父母的焦虑情绪缓解了很多，但这不是根本，心灵的触动维持不了太长久的平静。焦虑的源头是孩子，焦虑的关键是父母的期待与现实之间强大的反差，而这些根本的问题还是需要面对和解决。

所以，父母不能一味地期待，自己也要弄明白一点：没有付出就没有回报。要想静待花开、远离焦虑，父母也是需要付出的。我们要明白：期待要落实在每一个具体的事情上。当父母发现懒惰是横亘在孩子学习上的最大障碍时，不妨亲力亲为地陪伴孩子去做一些事情，引导孩子着眼于眼前的一小步，走一步，再走一步，把一个大的困难化解为一个个小小的步骤，陪伴孩子——完成，最终攻克。

记住，永远站在孩子的身边，让他们感受到你支持和信任的力量，这样便能逐渐消除孩子的畏惧和懒惰心理。同时，家庭还可以共同开展一些亲子活动，如亲子阅读、周末露营、徒步、假期旅游等，在陪伴中慢慢引导孩子养成一些受益一生的好习惯。这样便能彼此心境平和地应对压力、缓解焦虑，从而有效改善和增进亲子关系。

四、成效反思

第二天，手机上已经找不到那条朋友圈了。在后来的一段日子里，我能感觉到孩子的学习兴趣已经有了一定的提高，也能更多地看到孩子脸上灿烂的笑容。家长说孩子回家会认真主动地完成作业了，这既是对所学知识的巩固，对学习有很大的帮助，也是一个良好的习惯，好习惯的养成一定会让孩子受益一生的。果然，孩子在父母与老师的共同监督和帮助下，学习有了一定的进步。

我知道，孩子一点点改变的背后是父母做出的更多的努力和改变。我很欣慰看到这样的改变，哪怕还只是一点点、哪怕走得还很缓慢，但是有改变便是一切好转的开始。

对于孩子的教育，要达到最佳的家校共育效果，老师与家长一定要有坦诚的沟通。我们作为老师，首先，得让家长看到你的真诚，看到你对孩子的付出与爱，这一点是基础。教育是个良心活，作为老师，切不可不站在孩子的角度考虑问题。孩子是我们教师作为教师的目的所在，是我们教育的终极目标，不是手段。只要你是全身心地真诚地关注孩子、教育孩子，孩子就能感知到，家长也能感知到，家长也就会回报你信任与配合。

其次，你要有足以说服家长的道理。我们每天教的小朋友，有可能我们糊弄、吓唬也能成事。但家长不行，他们是成年人，是理性的成年人。你在和他们做思想工作时，你要能说到他们的心槛里去，要得到他们的认同，他们才会愿意去做。将心比心，自然能收获理解与支持。

最后，对于家长的工作要有具体可操作的工作指导。我们很多的家长对于孩子的管理和培育这一块还是欠缺的，这和一个人的学历水平没有关系，高学历父母在教育子女时也可能困惑重重，所以，我们要得到家长的良好配合，要对家长提出具体的、可操作的指导。这一点更需要我们教师不断学习，不断提升自身的理论水平和业务素质。

为人师、为人父、为人母是一场不会停止的生命的修行。孩子，是上天赐予我们的宝贝，他们珍贵而又值得呵护；孩子，也是上天派来的导师，让我们在孩子的帮助下完成一场生命的修行吧。愿每一位老师都有一双慧眼，发现孩子身上的闪光点；愿每一位家长，都能走出自己的焦虑区，做智慧家长；愿每位家长和老师，都能相互理解、相互配合，用足够的耐心和理性"静待花开"！

‖ 家校联动　让孩子遇见更好的自己 ‖
——蔡子池中心校前进小学幼小衔接工作经验

衡阳市耒阳市蔡子池中心校　伍小容　李承宗　龙小雄

"幼小衔接"是儿童成长路上的重要阶段，对儿童后继学习与健康成长具有重要作用。蔡子池中心校高度重视，统筹协调各方资源，建立起幼小衔接工作推进机制，积极开展入学准备和适应教育试点，加强联合教研，为幼儿园和小学提供有针对性的指导。前进小学作为蔡子池中心校幼小衔接的试点，从一年级新生身心发展规律和特点出发，潜移默化、循序渐进地帮助孩子们做好学习、身心、生活、社会等各方面准备。

一、找出问题导向，明确课程建设

幼小衔接，核心是适应性教育，对小学集体生活、学习内容形式的适应。一年级新生，对小学学习生活、集体生活是知之甚少的，对不同于幼儿园的学习内容、形式及入学心理是准备不足的；新生家长，对自己的角色转变也认识不够，或茫然，或忐忑，或焦虑；一年级教师，有的是送走六年级后开始一个新循环，有的是刚走出大学校门，对于一年级新生的教育教学也存在断层与陌生……前进小学目前有 47 个班，2451 名学生，是耒阳市规模较大的一所公办制小学。庞大的学生群体带来学校的别样"风景"：课间喧闹、意外撞伤、特殊学生多……班主任疲惫又无奈。一年级 7 个班，孩子年龄小，管理难度大。2020 年调研表明：40% 的班主任不愿意任一年级班主任，2020 年、2021 年家长入学教育率分别是 53.3%、75.2%，逐年上升。

同时我们也知道，一年级新生入学教育，是学校新学年开始的大事之一。对学生及家长来说，这是孩子学习生活的起点，学习习惯、人际交往、集体生活融入的方式会影响孩子的一生；对老师来说，孩子对校园生活的认可、遵循，家长对老师及班级的态度、参与、支持，关乎班级文化建设；对学校来说，一年级学生的整体有序、精气神、对学校的热爱等彰显并推动着校风校貌。需求急、任务重，新生入学教育必不可少。教育关乎民生，热点需要热办。教育部也出台了多个幼小衔接的指导性文件。"为之于未有，治之于未乱。"然而，指导不能代替实践，方向需要践行。具体怎么做？没有统编、部编教材，还得从校本开始。

二、聚焦素养，建立家、园、校同步入学课程

问题导向明确了课程建设的目标。基于目标，我们的课程理念确定为：遵循教育规律，养成教育先行。具体措施：凝练内容，协同成长；长程实施，注重体验；集约管理，人本推进。

（一）凝练内容，协同成长

依托家校共育，确定对象。我们确定了学生、家长、教师作为新生课程的服务对象，缺一不可。学校、幼儿园、家庭组成了儿童个体成长微观系统。美国著名的心理学家布朗芬布伦纳的生态学动力模式理论成为前进小学开发学生、教师、家长三种教材的理论依据。现实依据则是 2020 年的调查数据。该数据显示，前进小学以租房家庭为主要生源，父母陪伴孩子学习的不足 30%。收入偏低、文化水平不高、孩子习惯培养关注不够，是前进小学家庭教育现状。基于核心素养，凝练内容，前进小学的家长和老师认为新生入学教育内容应该包含以下内容：①课堂常规；②自我管理；③校园安全；④人际交往；⑤建立班规；⑥责任心；⑦基本爱国行为；⑧家校配合；⑨校园文化；⑩诚信……与《小学入学适应教育指导要点》（以下简称《指导要点》）四个适应不谋而合。课程定位与"以促进儿童身心全面适应为目标，围绕儿童进入小学所需的关键素质"不谋而合。这是学生、

家长、教师课程的部分目录。

（二）长程实施，注重体验

遵循教育规律，拉长时间。之前前进小学的入学教育是两天：报名那天和开学第一天，第二天就开始国家课程学习，但效果并不好，老师组织教学和教学内容两头抓，两头都没抓住。学生学习效果不好，家长焦急。经过研讨，我们把学生、家长、教师课程分为短期和长期课程。

开学第一周前后共7天，作为学生入学的短期课程时间，不进行国家课程学习，而是集中开展促进适应的关键要素学习：课堂常规、校园安全、环境文化、师生同伴关系。汇集成7个主题：报到培训、我是前进娃、我的校园、我的同学、我的课堂、我的班级、汇报评比。长期课程主要依托整个一年级的班会课及学校德育活动进行，家长课程贯穿幼儿园毕业起到一年级止。

立足年龄特征，因人定教。解决好社会适应问题，是做好幼小衔接的关键。让孩子们听懂校园铃声，合理安排作息时间；用心理团辅课促进同学认识和交往；用绘本故事传达概念，引导文明言行……家长工作方面，学校利用家长学校，定期对家长进行培训，对6岁孩子的身心发展特征、学校教学概况、家庭教育方法等内容做讲解。家长课程的开展，对调节期望水平、养成孩子良好习惯、与老师沟通等起到较好的干预。

加强课程综合，德行共生。①课程设计主题化：在清扫教育中感悟时间规划，学校文化与美术、歌唱结合。②课程教师跨学科：数学老师带领孩子学习社会主义核心价值观、音乐老师用儿歌教孩子们垃圾分类。③课程内容层层递进：清扫教室垃圾从分类入桶开始，第三天学用抹布、第四天用扫把、第五天用拖把。④课程目标德行共生："我长大了"，自理自立；"爱护公物"，知道行为界限，培养公德法治意识；缩小幼小差距，突出践行。《指导要点》指出"改革教育教学方式，强化以儿童为主体的探究性、体验式学习"。在教学方案的设计中，前进小学突出了游戏性、主体性、体验性。常规教育以练代替讲、熟悉校园以探索代替看、文明如厕以小组挑战代替回家练习、国歌校歌学唱以线上展示点赞代替课堂齐唱教学。

（三）集约管理，人本推进

设置一年级第一周单独课程表，所有一年级教师统一安排，心理工作室教师全体参与，保证一年级课程全校配合。请专家指导，每周安排五名家长志愿者进入教室，参与课程建设。

基于实用与组织保障，前进小学制定了一系列项目管理评估制度。其中《课程教研培训制度》《家长进课堂章程》对课程实施起到很好的促进作用。

课程开发阶段，教学组教师成立学生、家长、教师用书三个项目组，采用世界咖啡模式打开眼界，将查阅文献、经验总结与头脑风暴结合，生成校本化成果。课程骨干教育第一周每天下午放学后进行督导，一年级教师总结当天得失，提出困惑难点，课程骨干解疑答惑，行政干部做好协调保障。金点子不断涌现：姓名牌、队列牌、座位与站位、就餐位之间的一体设计……

经过两年的课程实施，明显缩短新生及家长身份适应期，促进家校融合，后续影响力持续时间长。师生、家长满意度均在 97% 以上。新生课程后，一年级入学第一学期学生校园内摔伤、碰撞大幅减少。同伴交往表现一周前后对比，更加注意游戏安全、分享玩具，有助人行为而不是简单关心的人数增多。

‖ 家校社协同育人　爱心全力助成长 ‖

岳阳市君山区西城楼西小学　李凤华

　　夏意绘彩，橙黄橘绿；雨露轻灵，甸甸稠载。随着这个季节走进楼西小学校园的还有家长成长课堂的第一次开讲。为了落实立德树人的根本任务，为了让成长的孩子们向阳而立、健康拥学，楼西小学积极响应政策，在全校范围内致力开展更丰富健康的家校社协同活动。

　　同时，也为了提升学生社会交往、自信心树立、潜能发掘等能力，西城楼西小学成立了由校长、教务主任、心理咨询师等9位老师组成的楼西小学家校社协同育人活动组。立足本土实际，联系社会、家庭，借助社会各界力量，以学校少年宫为平台，开展四点半课堂活动，关注儿童个性发展，浸润素质教育，用爱心托起儿童自信的明天，打造协同育人的活动模式，在近几年得到了当地群众和各级教育部门的一致好评。

一、关心爱护，让儿童沐浴亲情

　　我校大部分学生家长都在外地打工，在德育工作上，我们特别关注留守儿童的情绪和情感，特别重视留守学生的道德生活和人格培养，让留守学生的心里充满阳光。我们开展了趣味心理绘画小组，在绘画中寻找学生心灵的浸入点，捕捉学生思想的转化点。

【案例1】

　　五年级学生小红一家从云南搬迁过来，妈妈去世早，留下姐弟五人，仅爸爸一人在外打小工维持生计。在心理趣味绘画小组，老师了解情况后，不但特别关注她在活动中的表现，还在生活中关心她，把自己孩子的衣服给她穿，号召全校师生为她捐钱捐物，并帮她洗头剪发。这让小红感到母爱的温暖，她在绘画作品上写道："在家里从没有人问过我冷暖，从没有人看我撒娇，从没有人为我梳头扎辫，在学校里老师却像妈妈关心我，老师，我想叫你一声'妈'！……"

针对这一些问题，我校组织开展了"双减"政策下的四点半课堂。我们注重对孩子们的人格塑造，也希望能够唤起社会对留守儿童群体的关注。

措施一：架设"心桥"，加强亲子间的沟通和交流。

我校通过牵线搭桥，动员家长多与孩子交流沟通，通过电话、微信等方式，加强亲子沟通，解决了家庭教育和孩子们缺失关爱问题，取得了很好的效果。

措施二：举办"家长课堂"，提高监护人的家庭教育素质。

学校重视家庭教育，成立家长成长课堂，为家长进行家庭教育讲座，让学校与家庭达到了最大教育合力。在教学中，我们采用家校联系卡，家庭与学校保持信息紧密联系，便于了解孩子情况，更好地开展教育。

措施三：从日常生活关爱儿童，为"留守儿童"撑起一片蓝天。

我们关注留守儿童思想、人格、行为和学习等方面情况：一是摸准信息，建立"台账"。二是实行三个优先，即学习上辅导优先，生活上照顾优先，活动上安排优先。三是多渠道沟通，即开展谈心活动和家访工作，增进家校的沟通联系，通过"家长学校"对家长和监护人进行培训，提高教育孩子水平。

措施四：组织丰富多彩的关爱活动，营造关爱"留守儿童"氛围。

班级优生与留守儿童互结对子，对他们的学习、生活给予关心，营造了爱的氛围，尊重留守儿童的人格，滋润了他们渴望爱的心灵。利用少年宫活动室，开设空竹、心理、美术、手工、鼓号、合唱等多个活动小组，在实践中探索各项活动对留守儿童个性心理发展的促进作用，帮助留守儿童健康成长。

二、注重健康教育，让学生心态阳光

学校联合君山区乡村少年宫、区文化馆、区妇联每周五开展的四点半课堂志愿服务活动，组织素质较高的文化志愿者及少年宫的专业老师等一起辅导孩子做功课，并穿插美术、舞蹈、手工、鼓号、朗诵、体育、心理教育知识等活动。教育引导留守学生拥有健康的阳光心态，努力学习，提高自己的综合素质。学校还通过心理健康课、心理健康讲座、理想信念及感恩教育等途径，结合教学培养学生的行为习惯。我校四点半课堂特意开设了绘画心理活动小组，就是为了要及时修正留守学生身上的这些行为问题，培养学生养成自立、自强、自尊、自爱的品格。并且建成心理咨询室，向全校师生开放，让敏感、脆弱的留守孩子们遇到情绪问题时，能够得到及时有效的指导与帮助。我校还结合学生的生活、学习环境开展一些有意义的主题活动，比如，"做家庭的小主人""今天我值日"等活动，要求学生自己能做的事自己做，学会自理，做生活的强者，在生活实践中锻炼自己，树立正确的世界观、人生观和价值观，引导其自信地踏上校园及社会的阳光世界。

【案例2】

五年级学生小娟，父母离异，从小母亲就离开了，父亲在外地打工，一直跟着爷爷奶奶生活。因家庭缘故，孩子性格内向，不爱与人打交道，脆弱而又敏感。有一次，她主动来到心理咨询室寻求帮助，自述想妈妈，在家里感受不到爱，觉得自己的存在毫无意义，情绪低落，极度压抑，甚至想要跳楼结束自己的生命。心理老师非常重视孩子的情况，耐心细致地倾听她的诉说，有针对性地对她进行心理辅导。并在课后与她的家长、班主任和同学沟通交流，希望在学习与生活中对小娟多一点关注与爱护。慢慢地，孩子发生了很大改变，变得越来越活泼，越来越爱笑。她还特意画了一幅画送给辅导老师表示感谢。

三、凭借外力，促进活动良性发展

学校的四点半课堂，各项活动的要求不一、效果不一、为了促进学校四点半课堂的优势发展，学校在这些年联系君山区妇联、君山区文化馆志愿者、市区学校以及社会上有名的培训机构进行合作，先后有舞蹈、心理趣味绘画、体育、播音主持等小组邀请了志愿者。志愿者的加入进一步提高了活动的质量，也提升了我校四点半课堂的声誉。我们还先后联系岳阳市站前小学、岳阳市东升小学和岳阳市关心青少年成长协会到我校开展捐书暨分享活动。2020年上半年，国家二级心理咨询师何花同志作为一名党员，主动承担起君山区西城学区抗疫心理疏导工作，得到君山区抗疫工作好评，被评为君山区"三八红旗手"。她带领楼西部分老师组成志愿者团队进行"关爱儿童权益"宣讲达15次。一系列的活动开展让社会对学校的四点半课堂有了更深的了解，也得到了家长的一致好评。

两年来，我校的家校社协同育人四点半课堂活动组一直在摸索中前行。乐学善学，回归本真。为了满足学生个性化的需求，我校积极发挥本校教师的自身优势，集合了书法班、合唱班、体育班、绘画班、手工班、播音班、心理活动班、鼓号班、舞蹈班、电子琴班、科学实践班、奥数班、围棋班、国学班、乒乓球班、篮球班、茶艺班、趣味英语班等十八个兴趣班，努力丰富课后服务的供给，积极促进学生的全面发展与身心健康，让孩子们在减法中收获更新更高的成就。

我校还开展了"幸福家·家长成长课堂"活动，在每周六暖阳相随的日子里，有一群家长来到校园，在游戏中感悟，在角色中体会，在学习中成长。减去不良的教育方式方法，加上共育共荣的幸福和谐，在孩子成长的路上，我们始终坚定，与家长携手并进。做到以人为本，乐学善学；以仁为道，重心明责。楼西小学家校社协同育人四点半课堂活动组以学生德育活动培养为主，寻求多种渠道帮助儿童养成健康的品格，关注儿童的养成教育，让儿童融入班集体、学校和家庭，弥补其情感空间，学会交往、学会合作、学会生活、学会倾听与倾诉，帮助儿童养成健康的品格特征，使他们不断增强主人翁的意识，让他们的生活更充实，以勤劳向上的育苗精神，开出教育的本真之花。

‖ "双减"背景下创建学习型家庭 促进孩子可持续发展 ‖
——岳阳市南湖新区金鹗小学新时代家庭教育的研究与实践

岳阳市南湖新区金鹗小学 许淑纯

2021年9月，随着国家"双减"政策的正式落地，不少家长对于孩子未来的教育越来越焦虑，越来越迷茫，大有一种无所适从的感觉。那么，首先我们要了解什么是"双减"。所谓"双减"，一减教育阶段过重的作业负担，二减校外培训负担。"双减"虽然减轻了家长的精神负担和家庭的经济负担，让学科教育重新回归学校主阵地，但家长作为孩子成长的第一责任人，"双减"政策无疑给他们提出了更为严峻的挑战。

孩子的成长离不开学校、家庭及社会三个方面的教育。"双减"背景下，我们要把孩子培养成优秀的人才，仅仅依靠学校教育是远远不够的，未来的教育将更多地依托于家校的合作。因此，家庭教育必须紧跟时代的步伐，发挥"润物细无声"的作用，把培养德智体美劳全面发展的人才作为教育的终极目标。2022年1月1日正式实施的《中华人民共和国家庭教育促进法》，是我国首次针对家庭教育进行的专门立法，意味着现在我们已进入一个"依法带娃"的时代，如何科学带娃、高效带娃，家长要树立正确的育儿观、成才观，协同校内校外形成合力，在孩子成长期给予关键性的帮助和指导，促进孩子个性化的可持续发展。

一、问题的出现

金鹗小学作为岳阳市首批"十佳书香校园"，2015年开展了亲近母语

"十二五"规划课题——读书会引领书香校园建设的实践与研究。自书香校园创建以来，学校先后开展了教师读书沙龙、班级读书交流会，教师及学生基本养成了自觉读书的好习惯。部分家长在学校的指导下也做了一些尝试与探索，但整体参与面不够广，积极性不够高，家庭学习氛围不够浓厚。由于社会大环境和家庭小环境原因，大部分家长缺乏终身学习的理念，家庭教育理念参差不齐，家庭教育方式大多简单粗暴，这样势必给学校的教育教学工作造成很大的阻碍。基于这种现状，为了更好地巩固我校书香校园建设的研究成果，充分发挥家庭在孩子成长过程中的决定性作用，有效促进孩子可持续发展，我们确立了"创建学习型家庭，促进孩子可持续发展的研究"为课题研究方向。

二、问题的解决

（一）开展学习型家庭创建的策略研究

1. 请进来，提供技术指导

邀请校内外专家、名师来校讲课，与家长进行对话，从家庭教育理念方面转变家长的观念，加深家长对文化、对教育的理解。例如，柴彦伟老师在"改变孩子，先改变父母"的讲座中，要求家长先从改变自己的心态、改变自己的言行、改变自己的目标开始；刘雅君老师在讲座"给孩子成长的力量"中明确指出，家长要给孩子一个梦想，家长要给孩子鼓励，给孩子自信的力量，努力挖掘孩子的优点，培养孩子的自信心。从这些专题讲座中，让家长从家庭教育专家这里真正理解教育的内涵以及家庭教育路在何方。

2. 走出去，传播精神文明

根据教育家陶行知的生活教育理论所提倡的社会是最好的学习大课堂，我们发动家长带领孩子们在书中学之外，还在大自然中、社会实践中学。针对学生身心特点，我们有计划地开展了"寻找岳阳美"亲子社会实践活动，开阔学生视野，弥补课堂教学不足，增进亲子关系。举办特色鲜明的主题活动：

与北京"种爱计划"青爱教育基金会携手关爱留守儿童书信往来活动；与经开区西塘中心小学开展留守儿童"手拉手"植树活动；学雷锋纪念日组织亲子户外公益活动；"三八"国际劳动妇女节，感恩母亲活动；重阳节到敬老院开展爱老敬老活动；利用零花钱为平江山区的贫困儿童和月田镇的残疾人捐款等。通过系列活动，孩子们的道德品质和整体素质得到了明显提升。

3. 开展家访活动，提供专业指导

每年寒假和暑假，组织全体教师开展"全员大家访"活动，有针对全体学生的普通家访和特殊学生的重点家访，在家访中主要通过观察、交流学习型家庭建设的基本情况，更好地为学习型家庭的创建提供必要的帮助与指导。

4. 办好"四节"，提高学生综合素质

每年四月份举办读书节，开展图书跳蚤市场、亲子读书会、读书征文等比赛活动，表彰书香家庭、书香家长、书香少年；每年五月份举办科技节，培养学生的科技素养及创新精神、创造能力；每年"六一"国际儿童节举办艺术节，在丰富多彩的艺术活动中培养学生的艺术素养，陶冶学生的道德情操；每年十月份举办校园体育节，全校学生和家长一起加入运动竞技比赛，在"我运动，我健康，我快乐"的氛围中培养学生的健康意识和运动技能。

5. 发挥心理健康辅导站的优势

我校在职的四名国家级心理咨询师采取多种方式，定期或不定期地为学生、家长开展团体和个体心理辅导，为学生的心理健康成长提供专业化的指导。一些心理问题严重的孩子或家长，在咨询师的帮助与指导下，脸上的笑容更灿烂了，自信心重新树立起来了，学习兴趣更浓厚了，各方面综合素质有了明显提升。

（二）开展学习型家庭主题活动设计研究

每学期，德育处精心布置丰富多彩的德育作业，如亲子书签设计、亲子读书小报制作、亲子创意种植、亲子共读、亲子运动会、"见字如面·亲子书信"、学奶奶讲革命故事、亲子诗词诵读、生活自理能力大比拼、亲子美食文化节等主题活动。

1. 举办亲子共读活动

"读万卷书，行万里路。"读书就是和智者对话，读书是心灵的旅行。家长在亲子共读中从被动读书慢慢转变为主动读书，亲子阅读正在成为家长与学校沟通的桥梁。这样进一步地激发了孩子们读书、探索、创造的热情，使孩子们与书为友、与书为伴，在读书中健康快乐地成长。

2. 亲子打造"童心花园"

在德育处的精心策划与组织下，学生与家长利用周末和假期开展亲子种植，一起享受不同季节的自然景观，让"童心花园"成为校园一道亮丽的风景。春有郁金香和向日葵，夏有香水百合和莲花，秋有月季和菊花，冬有玫瑰和小麦，各种花草、蔬菜近 100 个品种，不同季节的校园，呈现不同的风景，师生们徜徉在这样花香四溢、赏心悦目的生态校园中，既培养了学生的劳动实践能力，又增进了亲子之间的感情。

3. 开展亲子诗词诵读比赛

为了培养学生对传统文化的热爱，我校举办"读经典·传承文明"的亲子诗词诵读比赛，创设学生和家长共同表现的机会，增进亲子之间的情感交流。

4. 开展"见字如面·亲子书信"活动

在当前的信息化时代，书信似乎已经远离了我们的生活。"家书抵万金"的牵挂与惦念也已渐渐远去，每一份家书都是一段心路引领，都蕴藏着一个家庭教育的故事。我们通过开展"见字如面·亲子书信"这一活动，让家长和孩子之间平时羞于当面表达的情感和难以当面说出的心里话，借助"书信"这座亲子沟通的桥梁，大胆地说出自己的心里话，真实地表达自己的情感，让亲子关系持续升温，增进了亲子之间的理解。

5. 举办亲子美食文化节活动

孩子们和家长一起设计菜谱，一起采购食材，一起动手制作，在活动中既开阔了视野，学会了与人交往、与人合作、与人分享，增强了孩子们的自理能力和参与意识，又营造了一个温馨有趣的校园氛围，每个孩子都很快乐，每个家长都特别惊喜。

（三）开展学习型家庭模式研究，评选星级家庭

针对学习型家庭创建的需要，围绕家庭学习营造读书、健体、旅游、自理能力、才艺培养、社会公益等方面氛围，开展学习型家庭模式探讨与研究，倡导家长积极向校报《小百灵报》投稿，发挥学校及班级 QQ、微信群"家长论坛"桥梁作用，开展星级学习型家庭、书香家长和书香少年评比活动，评选星级学习型家庭典范。

1. 营造良好的家庭教育环境，与孩子形成良好的亲子关系

家庭教育的根基，在于家庭本身。积极向上、健康和谐的家庭环境，有助于良好的亲子关系的培养，有利于孩子健康快乐成长，同时对于孩子处理社会关系、同学关系，都具有重要的直接影响。

2. 紧跟时代步伐，保持学习状态，做好孩子榜样

教育的本质就是一棵树影响另一棵树，一朵云推动另一朵云，一个灵魂唤醒另一个灵魂。最美的家庭教育，就是一个人影响另一个人，而不是通过父母的权威对孩子进行"命令、指点或控制"。新时代的父母，应该做最好的自己，永远保持学习的状态，不断接受新型的家庭教育理念，并适时地贯穿在日常的家庭教育中。因为在家庭中，父母是孩子最好的老师，父母的一言一行都会潜移默化地影响孩子，常言道"亲其师，信其道"。作为家长，我们首先要管好自己，放下手机，给孩子深度陪伴，带着孩子阅读一些课外书籍，一起参与运动健身，一起参与家务劳动，一起观看有意义的娱乐节目，一起户外亲近大自然，一起参加公益活动等，从这些活动中帮助孩子开阔视野，增长见识，陶冶情操，从而培养社会责任感。

3. 密切家校合作，构建和谐关系，加强协同育人

苏霍姆林斯基说过，"只有学校和家庭志同道合，抱着一致的信念和行动，儿童才能获得全面和谐的发展"。孩子的成长离不开家庭教育和学校教育。同时家庭和学校是可以相互联系、相互影响的。加强家校合作，有利于家教理念的传授、家教经验的交流以及教育信息的沟通。密切的家校联系，可以动态地关注孩子的学习状态与成长过程中遇到的困惑，家长

们能够更加理性、科学地了解不同阶段孩子的成长发展特点，便于有效地发挥作用。面对"双减"带来的教育改革，家庭教育和学校教育只有相互协同、相互支持、相互补充，在尊重家庭教育规律的前提下，按照家庭教育的规律把家庭教育的质量和水平提上去，才能为孩子的生命成长和可持续发展保驾护航！

三、成效与经验

自课题研究开展以来，家校沟通更顺畅，家校合作更和谐，学生的思想意识、行为习惯及学习态度发生了质的飞跃，学生核心素养有了很大提高，同时也收获了各种荣誉。我校学生的整体素质得到了很大提高，学校获得了不少殊荣。因课题成果有很大的推广价值，主持人许淑纯2021年获得"岳阳市关心下一代工作先进个人"荣誉称号。2018年我校荣获岳阳市"三园"建设示范性单位，2020年荣获岳阳市德育工作先进单位，2021年我校获南湖新区目标管理先进单位。三年来，多批次学生参加"岳阳市少儿才艺大赛""岳阳市童心向党演讲比赛""岳阳市少儿书法绘画征文比赛""岳阳市中小学生英语口语大赛"等活动，先后有刘沐林等68人次分别获市级一、二、三等奖。

教师育人理念得以提升，对学生家长创建学习型家庭随时能做出有效的科学指导，教师综合素养得到很大提高。

老师成为家庭教育指导的中坚力量。课题的研究，使得一部分热心于教育事业的老师，尤其是班主任，有了更先进的教育理念和人才观，积极投身于学习型家庭的研究中来。老师们通过班级群，带动、组织家长学习，号召家长撰写教育随笔，有的甚至主动参与家庭教育宣讲，结合自身的教育经历向家长传授理念和经验，逐渐成立了一支家庭教育宣讲团队，成为我校家庭教育指导的中坚力量。

学生家长教育理念快速提升，"终身学习"理念扎根内心，家长焦虑内卷情绪明显改善，家庭文化教育投入显著增加，亲子关系和谐融洽，家庭氛围明显改善，良好家风逐渐形成。

终身学习的理念基本深入到了每个家庭，辐射到了每个家庭成员。很多家长周末带上孩子或开展亲子阅读，或参加健身运动，或参与劳动实践，或进行户外郊游。丰富多彩的亲子活动，促进了亲子关系的融洽和亲子感情的提升。

2021年上学期，岳阳市关工委主任方贵吾等专家来我区调研，对我校家庭教育课题开展情况给予了很高的评价，并号召我们将课题研究成果在全区加以推广。

综上所述，"双减"背景下，家长更要不断地加强自身的学习，家长的学习态度决定了孩子未来的人生高度，这是社会发展的必然趋势。在任何时代，孩子的教育一刻也不能松懈，让我们共同构建学习型家庭，与孩子共同学习、共同成长！

‖ 家校社协同育人的紫竹思考与实践 ‖

益阳市赫山区紫竹学校　李盼

为深入贯彻习近平总书记关于家校社协同育人工作重要论述及对关心下一代工作的重要指示，充分发挥学校、家庭、社会协同育人的整体性功能，2018 年以来，益阳市赫山区紫竹学校统筹协调家、校、社教育资源，建立家校社共育机制，坚持不懈、一以贯之进行家校社"目标协同、文化协同和课程协同"的育人体系构建。

一、家校社协同育人的现实思考

（一）基于教育发展的社会思考

《中共中央关于制定国民经济和社会发展第十四个五年规划和二○三五年远景目标的建议》明确提出，"健全学校家庭社会协同育人机制"。2022年1月1日实施的《中华人民共和国家庭教育促进法》中明确规定："未成年人的父母或者监护人负责实施家庭教育，国家与社会为家庭教育提供指导、支持和服务。"我国社区教育起步较晚，虽国家对其十分重视，但相较于家校教育，社区教育未成体系，没有真正融入家校社协同育人模式中。为更好地落实立德树人的根本任务，促进学生全面健康发展，学校、家庭和社区需要进行积极的沟通与协作，正确认识育人的主体，做好家校社的交叠，消除理解上的差异。

（二）基于学校学生的家庭思考

学校位于益阳市赫山区紫竹路以南、桃花仑路以东，故取名为紫竹学校。学校于2018年秋季办学招生，现有1~6年级54个教学班，学生2905人，是益阳市化解大班额的重点工程。生源大致分为三类：一类是益阳市艾华公司及龙岭工业园其他企业的员工子弟，他们父母工作时间长，家庭教育时效短。第二类是属于学校片区的社区子弟，60%是留守儿童，家庭教育以隔代教育为主。第三类是新市民，家庭教育以父母教育为主。前两类的部分家长溺爱孩子，忽视其习惯的培养，教育认识存在误区，认为孩子的教育责任都应由学校承担；第三类的部分家长过分重视成绩和关注特长培养，忽略孩子的社会实践能力。因此，加强学校与家庭之间的交流，转变家长的教育观念就显得尤为必要。只有继续促进学校教育、家庭教育、社区教育的沟通与协作，正确认识家校社协同育人的"三元循环"，消除理解上的误区，才能实现"1+1+1＞3"的教育效果。

（三）基于学校发展的文化思考

从2018年办学开始，学校深入挖掘"君子竹"文化内涵，秉承"以德立校，以爱育人"办学理念，以"君子文化"为主线，以"建和美校园·育谦谦君子"为办学目标，把"君子文化与现代教育精神相融合"作为学校品牌建设的宗旨，开始了"君子教师·君子学生·君子家长"的家、校、社协同教育研究，与龙岭工业园、龙光桥街道的三个社区结对，组织学生进行了园区岗位体验和社区实践活动，建立了校外教育阵地，构建了校外君子教师网络，有效延伸和拓展了"君子品牌"教育。学校坚信"教育的效果取决于学校和家庭影响的一致性"，如今，"最美君子家长"的评选已成常态化。学校充分利用家校社联动、家校社共育机制，取得家长、社区的理解、支持与配合，依靠家庭、社区教育的特殊性和优越性，开辟"君子教育第二课堂"。

（四）基于所在社（园）区的资源思考

益阳市赫山区紫竹学校所处的是益阳市龙岭工业园。园区内有医药、电子、机械、轻纺、食品、新型建材六大产业和医院、大学、派出所、敬老院等多种社会资源，近年来建立了公益类、党建活动实践类、消防安全类、司法援助类、未成年人保护类等多个社会组织，同时还设有未成年人活动教育阵地，这些都为学生开展社（园）区实践活动提供了丰富的资源。长期以来，社（园）区领导对将学校教育和社（园）区党建、红色、消防、公益、未成年人生命保护教育等活动整合开展的积极性也很高，这为家校社协力共育奠定了坚实的基础。

二、家校社协同育人的紫竹路径

（一）建立协同育人机制，健全资源保障体系

紫竹学校立足"君子"文化，以促进学生全面发展为目标，坚持以深化协同机制为抓手，深入推进家庭和社会教育资源联合建设，形成"君子"协同育人体系，成立三大组织机构。一是家校社区共育指导委员会。由学校、家长、社区三方代表组成"家校社区共育指导委员会"，在学校主导下，参与学校管理和校本课程开发设计，负责家校社教育活动的"请进来"和"走出去"，加强学校与家庭、社区的紧密联系，促进学校"育谦谦君子"的办学目标得以实现。例如，龙光桥街道派出所的副所长担任学校安全法治副校长兼家校社区共育指导委员会成员，为学校学生送来了交通安全、校车安全、防校园欺凌、禁毒教育等活动课程。二是家长委员会。构建以家委会"三级四部"制（校级、年级、班级家委会，行政管理部、课程开发部、宣传联络部、成长服务部）为组织架构的"家校合作管理委员会"，使家长委员会成为学校"第二课堂"课程开发的重要参与者、资源整合者。例如，学校家长委员会利用学校附近的益阳市农科所开设了劳动课程，进一步发挥了家校社的合力作用。三是家长义工联盟。家长义工联盟是由自愿承担社会责任、无偿提供适合学校发展和学生成长需要的服务的家长自发成立的组织。例如，由家长义工联盟组织的学雷锋·爱心护学岗成了紫竹学校君子教育的一张靓丽名片。

（二）实施"三级"课程，推动"家校社"共育内涵

在君子协同育人氛围中，家校之间建立起了"君子教育共同体"，通过开设班级、年级、校级三级家长课程，为家长提供系统的家庭教育指导；通过家长参与学校管理等方式，让家校社教育交叠影响，从无痕中实现协同育人的目标。

1. 校级家长课程

由学校组织，每学期开展家庭教育的专家讲座。如先后邀请了欧阳云霄、吴克光等专家在校内为全体家长做讲座。自 2019 年疫情后改为线上家庭教育活动，如学校 2022 年暑假根据市关工委要求，开展了"家校共育·立德树人"家庭教育公开课的学习，充分利用线上线下学习资源，全方位、多角度实施家庭教育专业知识的传播，进一步提升了家长育人的素养。

2. 年级家长课程

主要引导家长全程参与学校的"君子第二课堂"课程。如一年级少先队的闯关入队仪式、二年级"文明小君子"礼仪展示、三年级"环保小君子"劳动技能展示、四年级"学雷锋·献爱心"责任展示、五年级"请党放心·强国有我"拼搏展示、六年级君子毕业典礼，引导家长全面关注孩子的成长，让家长成为孩子成长关键时刻的见证人。

3. 班级家长课程

由班主任推荐一些有教育心得的家长为班级的其他家长做分享交流。如 1802 班张晶妈妈在班内带来《多子女家庭教育的方法》的分享，共同探讨育儿心得。

紫竹学校通过开设三级家长课程，逐步提升家长的教育观念和增强对学校教育的认同感，奠定了育人共同体的思想基础。同时，学校经过前期调查分析、课程申报、建立资源库、系统安排，全面实施"君子家长进课堂"。截至目前已有 100 多位家长走上紫竹君子讲台，课程涉及文明、公益、科普、心理疏导、环保、防性侵教育、安全、情绪管理等内容。在"双减"政策下，为减轻家长焦虑，学校设计了"君子少年向未来"主题少先队实践活动，指

导家长科学合理地安排孩子在家的学习生活。

（三）优化沟通渠道，强化家校社育人交叠影响

协同育人模式重在"协同"共育，因此，必须要克服家长、学校、社（园）区的沟通障碍，明确家校社三方自身扮演角色，以统一的君子教育理念贯彻家校社协同育人模式的所有教育场域，强化家校社协同育人的交叠影响。

（1）优化线上沟通模式，提升合作效度。创建以学校为主体、家庭社区协同参与的全程式在线沟通渠道，比如君子少年参观艾华工厂活动的策划、实施、评价都在紫竹学校家校社共育微信群里交流，听取多方建议，避免沟通信息失真。建立健全三方同频交流平台，以"第二课堂"为互动载体，交流多方观点，充分发挥三方应有的实际作用，提升合作的有效性。

（2）丰富家校社线下沟通方式，促进家校社"三元循环"良性发展。结合时间节点设立校园开放日（我们的传统节日教育、校庆活动等）、社区第二课堂学习角、园区职业学习与体验处、紫竹家校社协同育人讲坛等，实现家庭与学校、家庭与社区、社区与学校面对面的良性互动，集思广益解决教育难题，提高沟通的有效性、现实性和灵活性，促进家校社"三元循环"良性发展。

（3）强化学校、社（园）区的二级结构联结功能，促进双轨发力。家校社协同育人模式是以家长、班主任、社区教育负责人为主体的实时交流模式，二级结构联结功能的强化主要是促进学校及社（园）区各部门合作发力。如2021年6月龙岭工业园举行的建党100周年文艺会演，就邀请了紫竹的园区子弟进行观看，以达到观演育人的效果。

三、家校社协同育人的实践结晶

（一）整合社区资源，优化"君子第二课堂"课程体系

近年来，紫竹学校家校社共育指导委员开发了"第二课堂·君子行"主题活动，以未成年人思想道德建设体系为指导，拉紧学校传承红色基因、学雷锋志愿服务、心理健康、劳动美、新时代好少年、中华优秀传统文化传承

等各类实践活动的共同纽带。同时，参考"五项管理"及"双减"工作要求，以班级为单位，通过"中队实践活动安排表"安排每月实践项目，分年龄、分学段建立《紫竹学校各年级劳动技能清单》，并且在校内外设计了诸如"红领巾小主播""红领巾志愿者""红领巾文明岗"等多个红领巾实践岗位，开拓了市农科所、艾华电子厂、湖南城市学院、重阳老人院、叶紫故居等多个校外实践平台，服务于队员们成长所需各类实践。夫君子之行，于实践中磨炼意志，于挑战中锤炼本领，无愧于时代重托。学校充分发挥场馆、故居、园业等文化场所的功能性作用，拓展文化育人的空间，优化了"君子第二课堂"课程体系。

（二）引进社会专家资源，做强协同"君子教师"师资

国家的节日、重大社会新闻事件都是开展教育活动的契机，此时引进社会资源，分学段设计教育活动会起到事半功倍的效果。在全国科普周，学校邀请了益阳天文协会会长谭永鑫进校园分年级进行航天科普活动；在全国爱眼日和爱牙日，学校分别了邀请益阳爱尔医院眼科专家和益阳医专牙科专家开展护眼、护牙的知识小讲座。除此之外，安全教育是学校十分重要的常规工作，学校邀请了龙岭工业园派出所的民警走进校园带来了儿童在危险情况下自我保护的方法；邀请了湖南城市学院的教授为学校的体育教师、保健室教师带来了应急救护理论知识及实操技巧培训；聘请益阳蓝天救援队为师生传授了地震、消防应急策略及师生应急疏散的要领；还联合益阳微爱公益组织为紫竹学校 2~6 年级 2300 多名学生带来了"我的身体我做主"为主题的未成年预防性侵知识的讲座，增强了学生对性侵害的认识以及自我保护能力。

（三）种家校社协同育人之因，结"君子教育"品牌之果

自 2018 年在家校社协同育人体系下，紫竹学校先后获得"湖南省生态文明示范校园""益阳市文明校园""赫山区德育工作先进单位""雷锋号·示范岗位""赫山区'六个一'德育工作先行示范校"等荣誉称号，并于 2021 年 4 月被认定为赫山区"一镇三优，一校一品"建设工程首批立

项单位。在"育人同盟军"的同轨共育下，学校少先队员黄思语获评"红领巾奖章"个人四星章；学校少先队大队被团省委、省教育厅和省少工委联合授予"红领巾奖章"四星章集体荣誉称号。

紫竹学校全面分析思考了国家、社（园）区、学生家庭的现实背景，结合"君子教育"品牌，形成了良性的家校社"三元循环"，探索实践了协同育人新路径，构建了学校主导的协同育人新样态：育家校社共生苗圃，结君子少年成长硕果。

‖ 家校共育　让孩子梦想照进现实 ‖
——农村小学留守儿童教育问题的思考

益阳市安化县奎溪镇完全小学　龚彩

　　留守儿童问题已经成为教育界普遍关注的一个重点问题。长时间的留守生活，会给留守儿童造成心理上的阴影，同时也不利于儿童的健康成长，在这样的环境下孩子存在严重的情感缺失问题。"少年强则国强"，我们若想从根本上解决全中国人民的素质问题，不断提高我国综合国力，就要从根源抓起，从青少年抓起。为了实现伟大的中国梦，我们必须通过家校共育策略更好地满足儿童尤其是留守儿童在学习、生活、情感教育、思想教育等方面的需求。

　　我校百分之八十的孩子来自农村。虽然近些年农村家长的受教育程度有所提高，但是农村家长对于教育的重视程度明显不够。而且多数家长选择了外出打工，导致相当一部分农村孩子成为留守儿童，老人帮儿女带孩子现象越来越普遍。老人的教育观念和信息技术水平都是滞后的，这些孩子的学习现状和心理状态可想而知。就像我们班的轩轩同学，由于父母外出打工，他从幼儿时就与年迈的祖父一起生活，祖父无能力管教他，他父母一年只有过年时回家一次，自小缺少家庭温暖，导致他个性偏激、倔强、纪律散漫，学习成绩差。针对轩轩同学的情况，我与轩轩的家长沟通采取了一系列的措施，改变了他的现状，让他的身心都得到了安抚。

一、以爱为灯，照亮儿童成长心路

　　为了让轩轩的家长掌握和孩子相处、教育孩子的一些技巧，我建议轩轩家长按时收看专家讲座，和我一起学习前沿家教理论和方法，引导他们定期收看专题讲座：涉及亲子沟通类的，有"如何说孩子才会听？如何听孩子才会说？""赏识教育——孩子自信的源泉""积极沟通的原理与方法""好的亲子关系就是好的教育"等；涉及方法指导类的，有"不自理，难自立——如何培养孩子的自理能力""记忆有方——如何培养孩子的速记能力""辅导孩子写作业的困惑与建议"等；涉及健康教育类的，有"让孩子远离抑郁，健康成长""保护好我们的孩子，防止意外伤害和性侵害"等。教育学及心理学方面的专家讲座从多个角度丰富了轩轩家长的育人理论，为科学教育孩子发挥了良好的助力作用。

二、以情为舟，架筑孩子成长桥梁

虽然留守儿童自己在家，但父母也不能缺少对孩子的关怀，父母是孩子的第一导师，对孩子的成长产生至关重要的作用。父母对自己的孩子有期望，就应该积极地培育孩子，用爱来浇灌孩子，如此孩子才能够行进在正确的人生轨道上。

因此，我与轩轩的家长进行了深刻的交流，我表达了我的想法，希望家长与孩子进行电话沟通，询问孩子最近生活上的问题和学习问题；教会孩子如何解决问题，让孩子感受到父母关心的喜悦，不断地向孩子们输送家里的温暖。同时，家长也要让孩子知道自己在外打工的劳累，让孩子了解到家长的难处。从小就要认识到学习的重要性，只有努力学习才是最好的出路，让他们树立正确的学习观念，养成良好的道德品质。在放寒暑假时，也希望家长可以将孩子们接到自己打工的地方，增进彼此的感情。轩轩的家长认可了我的意见，也付诸行动，开始注重孩子的学习情况，更关注孩子的道德品质、意志能力、行为习惯、心理健康等问题。几个月后，我再次和轩轩的家长沟通时，他们告诉我他们和孩子的关系更加亲密了，轩轩的学习状态也越来越好。

三、以心为盾，呵护学生健康成长

小学生是新生的幼苗，需要得到雨露、阳光和空气，才能够更好地成长。

通过对轩轩同学的观察，我觉得因为留守生活他有了轻微的心理问题，表现为自闭、偏激，不愿意和同龄人沟通，也不愿意成为一个积极向上的人。当我试图向他敞开怀抱的时候，他也紧紧地关上自己的心门，这就是我面对的棘手问题。

因此，在教导轩轩同学的过程中，我尽我所能去让轩轩感受到集体的爱和关怀，感受到教师的尊重和体恤，感受到自己不是无依无靠的个体，更不应该因为自己是留守儿童而自卑或自暴自弃。我用一颗滚烫的心来温暖轩轩同学的心灵，使得他在爱的力量下重新感受到生命的希望。

我们教师在用爱来教导学生的过程中，不能忘却具体问题具体分析的重要性和必要性，唯有此，方可使得自己成为一个取得教学实效的教师。在教导过程中，我和轩轩进行了深度的交流和沟通，从而重新认识到了轩轩的真实想法，找到了他的内在问题和精神危机，从而因地制宜、因势利导地帮助他，化解这些心灵危机，使得他能够重获新生，感受到生命的无限美好。当然每个孩子的问题都是各不相同的，教师不能够以相同的方法来开展教学任务。此外，我还组织更多的集体活动让轩轩能够尽快地适应集体生活。我们教师在引导留守儿童的过程中，需要令农村的留守儿童具备更强大的集体意识和共进意识，懂得一个人不能够成为一个"独行侠"，需要成为一个和集体共同进退的人。当留守儿童能够积极地参与到班级之中的时候，留守儿童的内在心理必然能够更加健康，也必然能够在未来的岁月中更加积极向上。通过一段时间的教导，我真正成为一个情感上的引领者，打破了轩轩同学错误的认知，让他成为一个热爱集体生活的孩子。

‖ "不做作业"的学生教育案例与分析 ‖

怀化市新晃侗族自治县兴隆完全小学　龙彩荷

晨晨（化名），男，12岁，侗族，六年级学生。母亲在他两岁时已改嫁他乡，父亲是在工地务工的普通工人，但收入不理想。晨晨的哥哥因不务正业正在接受劳动改造教育，该家庭2017年被列入扶贫户。晨晨有着一张黝黑的脸蛋和一双炯炯有神的大眼睛，他是一个机智的小男孩，然而却很自卑、不说话、不做作业，还经常借同学的东西不还，等等。有时他总是坐在教室里发呆；有时趴在桌上睡觉，不与其他同学交流、玩耍，总是沉浸在自己的世界里面。

一、案例分析

（一）家庭的因素

母亲在他年幼时改嫁，情感方面存在缺失。父亲在工地务工，每天很晚才回家，对他漠不关心，听到他的缺点时，只是打骂和埋怨。哥哥正接受劳动改造教育，更让他觉得在这个家里没有了安全感，觉得自己是世界上多余的人。

（二）个人的因素

通过近两个星期的观察，我找到他自身的原因：第一，习惯问题。他在低年级时常拖欠作业，老师时常在放学后陪他补完作业并护送他回家。多年来，他已经习惯了，而到中高年级一下子难以改变他的这个习惯。第二，基础知识不牢。实际上这才是核心的问题，三年级开始由语文和数学两门学科增加了科学和英语，英语是一门外国语言，学好英语对他来说是难上加难的事情。英语基础不扎实，知识链条多处断裂，漏洞太多，他根本就不能独立完成作业，就是完成了那也都是瞎猜乱写。心理学告诉我们，人的表达分为三种形式：语言表达、情绪表达、肢体表达。当他无法用语言进行的时候，他就用情绪或者肢体语言进行表达。

（三）教育的因素

第一，缺少教师和同学的关注及帮助。他心里认为自己是最讨厌的人，人人都在嘲笑他。第二，从低年级到高年级，因为各种情况会更换老师，我是他六年级的第四任英语老师，我试图一下子就把他"从不做作业"过渡到"做作业"，并追求"完美型的英语作业"，这种教育方式"管理"色彩太浓，过渡太生硬，没有人能适应这种过渡，更何况他还是个孩子。

二、采取方法与实施过程

（一）深入家庭，进行家校指导

习近平总书记在党的十九大报告中指出，培育和践行社会主义核心价值观要"从家庭做起，从娃娃抓起"，将家庭教育提到前所未有的高度。根据孩子的实际情况，我认为他的本质是好的，如果与家长配合共同对他进行耐心细致的教育和帮助，他是会有所改变的。于是我多次用电话与其家人进行沟通，以温和的态度耐心地说服，让其父亲知道自己的小孩是很优秀的。与其家人推心置腹，让他知道这都是为他的孩子着想，孩子如果现在教育不好，后果将会有多严重。通过真心相劝，其父亲也理解了老师的一番苦心，经常主动与我交流，家长和教师之间的关系得到了改善。

（二）课堂内外，学科教书育人

对孩子的态度采取刚柔相济的管理原则。作为英语科任老师，我要爱学生这个人，而不能仅凭成绩或因为他经常犯错来决定对一个学生的态度。这样当他犯错的时候他才会虚心地汲取我的批评与教育。"柔"就像水，它能改变一块棱角分明的石头，使它变得溜圆光滑，与此同时，老师的柔能改变学生的心态。一节英语课上，他偷喝前面小勇同学的水，不小心还把水杯摔破了！为了不影响我的课堂教学，当时语气很重地说道："自己清理好玻璃碎片！"下课后才到他桌边说："晨晨，水瓶破了，老师家有一个胶水瓶，明天给你带来！"这时，他哭着说："老师，对不起，是我错了！我不该……，我明天会用我的零用钱买一个水杯还给小勇的……"

晨晨同学虽然经常不按时完成作业，但是我发现他下课时特喜欢一个人绘画，还时不时地把他所画的画给我欣赏，我发觉他对绘画有极大的兴趣。我就想到英语教学中有一篇课文——This is my family，可以作为一个很好的切入点去帮助他。当上完这一课的时候，我布置学生画一幅"我最爱的家人"，并用"This is my..."句型进行描述。第二天，我还没有走进教室，学生便聚拢过来告诉我："老师，老师……快去教室，晨晨哭了！"我焦急询问原因并快步走进教室。当我得知他哭的原因竟然是全班同学说他是没妈的孩子，还把妈妈画得那么 "丑"时，我知道机会终于来了。"同学们，请把你们的绘画作业让我看看！"学生纷纷把画举起来。我仔细看了个遍并问道："你们知道英语老师今天最喜欢谁的画吗？"孩子们都坐得笔直，脸上透露着激动的神情，都希望老师说出自己的名字。"其实我最喜欢的是晨晨的这幅《我的妈妈笑了》！"放学时，我和往常一样把学生一个个送走后，回头一看晨晨还在原地站着，他原来都是自己走路回家的，难不成今天他爸爸从工地收工早让他在这等？现在我要控制自己的情绪，不对他说教，也不去追问今天是谁来接……几分钟过去了，他突然开口问："老师，你是真的觉得我画得好吗？""老师不说假话的哟！"我认真回复。这时他满脸微笑地朝回家的路跑去。

有一节英语"家庭情景"模拟活动课，主题是"Talk about where did you go with parents during the holiday? What did you do with parents during the holiday?"活动刚开始，有学生悄悄告诉我："老师，老师……晨晨又哭了！"当我得知他哭的原因是全班同学说他没有"妈妈"时，机会来了。同学们，现在请先由晨晨和我进行情景演示，我来扮演晨晨的妈妈吧！心想："他在这样的家庭里，做家务绝对是一把好手！"我们模拟假期在家下厨的情景吧！并鼓励他说出刚学的英语句型，"I stayed at home.And I cooked a meal with my mother during the holiday."当我和他进行对话交流时，台下同学掌声响起，他也得意地笑了！自从我时不时地特意夸他、表扬他后，他也努力地学习英语，课堂积极发言、大声读背和认真书写英语作业呢！尽管他英语读得不怎么流利、书写不怎么规范，但是我看得出他已经很努力啦。

国庆节放假后的第一天，第二节英语课晨晨就呼呼睡觉，同学们都说他的老毛病又犯了。为了不影响课堂，我对同学们说："他感冒了，让他睡吧，能坚持来学校，已经很好了！"放学时，他和往常一样在教室里补其他学科的作业，我不想对他发脾气，也不再追问今天到底怎么了……十来分钟过去了，他开口问："老师，我真的有您英语课上说的那样好吗？""老师从不说假话！""那你今天就当同学的面说我生病了呀！""宝贝，那是善意的谎言，我知道你爸在工地干活出了事故，你晚上到医院照顾爸爸，白天在家干家务，还要给老爸送饭，我今早从班主任那知道的哦！""老师，我错了，你讲的是实情，可我也在医院陪老爸的时候玩手机游戏玩到天亮！"我没有批评他，只是笑着摸摸他的脑袋说："赶快写作业，你爸还等着你送饭呢！"

三、效果反馈

六年级第二学期开学初，晨晨很快地融入班集体中，课堂积极举手发言，课后认真完成作业，通过一学期的努力，他的学习成绩有了质的飞跃，以四门学科全优的成绩考进理想的中学。

四、教育感悟

以上案例，使我得到了一些教育启示。

首先，"家庭是人生的第一个课堂，父母是孩子的第一任老师"。在教育孩子的同时，我们时刻给予家长指导、帮助，只有家长积极配合，我们的教育才会更有实效性。

其次，作为教师，我们不能随便给学生贴"标签"，凡事都得问缘由。

多关注、关爱及呵护"问题学生",培育他们的良好学习习惯,帮助他们树立自信心。

最后,家校共育的确是一件辛苦的事情,孩子的衣食住行都会成为我们担忧的焦点,家校协同育人也会有许多分歧。我从来不认为父母或老师一定都是对的,优秀的家长或老师都是由孩子慢慢长大的,既然孩子能犯错误,变成父母或老师后也同样会犯错误。我们发现自己的错误要及时纠正,毕竟我们无法从一开始就变成优秀的家长或老师,但是我们可以试着成为更优秀的家长或老师。

‖ 在生活中做真教育 ‖

怀化市新晃侗族自治县禾滩镇中心小学 张慧

2020 年 9 月，由于家庭原因，我从溆浦县调到新晃侗族自治县任教。转眼间，来到新晃已经两年了，也正是这两年，我深深感受到能否让教育走进孩子的生活是教育能否成功的关键因素。

初来新晃，不是教育"新手"的我面对新的工作环境依旧措手不及。开学的第一个月，我每天都在熟悉学生、熟悉同事、熟悉学校，起早贪黑，但教育教学效果并没有达到预期。面对这种情况，我忧心忡忡，自己也多次在心里问"为什么"。在来这里之前我也曾带过三届一年级、两届六年级、一届三年级，当了五年的班主任，教育教学经验谈不上非常丰富，但也并不匮乏，所以面对这一届一年级的时候，我信心满满，然而现实却给了我当头一棒。也正因为如此，我开始全方位找原因，开始不断地解决问题。

一、全方位了解学生

教学一个月左右，我对孩子们的在校情况基本了解，但其他的情况一无所知，于是我决定全方位了解孩子。

首先，我通过打电话、面谈等方式详细地了解孩子的家庭情况，比如：是否为建档立卡户、上学（放学）的方式、家庭主要成员、实际监护人、是否是留守儿童，是否为特殊家庭（单亲家庭）等情况，再建立学生信息台账，确保孩子的信息准确。

其次，建立班级微信群、班级企业微信群，并将每一位家长加为好友，方便遇到任何问题时进行详细的沟通，同时进一步询问孩子是否有学习、生活、身体等方面的特殊情况，及时建立学生台账。

再次，与孩子的幼儿园老师进行沟通交流，了解孩子在幼儿园的综合表现，对学生的特殊情况建立台账。

最后，进行入户家访。利用课余时间、放学后、节假日、寒暑假等进行学生家访活动，宣传教育教学政策，讲解安全注意事项，共同探讨孩子的教育。

通过全面了解学生，我班30名学生中，建档立卡学生14人，特殊家庭（单亲家庭）10人，留守儿童26人，孩子的实际监护人基本上是祖父母、外祖父母、姑婶，在幼儿园综合表现有特殊情况的有5人等。面对学生这样的情况，我沉思着，这个特殊的班级将是我教育教学路上的一个新开端。

二、全方位分析班级教育现状

班级教育的对象是一个整体，更是一个又一个的个体。了解学生的基本情况后，我开始分析教育教学达不到良好育人效果的原因。

第一，班上留守儿童多，困难家庭和特殊家庭多，实际监护人大部分年龄在50岁以上，文化水平较低，还有两位孩子的家长不识字，少部分实际监护人不会使用智能手机。

第二，由于困难家庭和特殊家庭较多，加之家长无稳定工作，常年在外面打工，为家庭生计奔波，家长照顾孩子时间甚少，与孩子沟通交流也受到限制。

第三，由于我所在学校的地理环境处于新晃县城城郊片区，家里有条件送孩子进城上学的，孩子基本已经进城就读，而留在我校的一半以上的学生都属于本镇较为偏远，或家庭较为贫困，或有实际困难的家庭。

第四，我班学生"杂"，30个人毕业于4个不同的幼儿园，有本镇的中心幼儿园、村小幼儿园、镇私立幼儿园、村私立幼儿园，受到的幼儿教育也参差不齐，一部分学生不会说普通话。

三、全方位渗透新时代育人思想

面对班级情况的复杂和学生的差异性，我并没有退却，我选择勇敢地接受这个特殊的挑战，用积极的心态培育新人。

第一步：研读教育教学相关政策，学习习近平总书记的教育观，明确了我国现阶段的社会主义教育就是要培养德智体美劳全面发展的社会主义建设者和接班人，坚持教师要立德修身，潜心治学，开拓创新，把为学、为事、为人统一起来，当好学生成长的引路人。

第二步：立足实际为自己制定教师职业生涯 3 年规划，明确这三年内要教什么，教成什么样，在教育中收获什么。为班级制定 2 年发展规划，明确孩子在这两年学什么，学成什么样，在学习和生活中收获什么。

第三步：注重培养孩子的良好行为习惯，敢于并善于管孩子，以身垂范，做好德育、美育。备好课，上好课，做好反思，把课上好、上精，向课堂要效率。关注孩子在校的每时每刻，及时处理各种不利于孩子发展的小事，全方位引导孩子向美、向善。

第四步：加强家校协同育人，利用家长会宣传讲解"双减"政策、新高考政策、学校"五项管理"等，定期与家长沟通交流孩子的情况，及时告诉家长孩子的突发情况，让家校教育形成合力，助力孩子的全面发展。

"不积跬步，无以致千里"，两年来，我始终坚持培养新时代合格建设者和接班人，德智体美劳，一个都不能少的育人方向，倡导"尚自然，展个性"的教学观，进行教育教学活动。每日进行日小结，每周开一次主题班会，每月进行一次班级小结，每次节假日布置家长和孩子共同完成的实践作业，每半学期进行学生评价并表彰，每学期进行一次家长会并实现入户家访全覆盖，每年寒暑假布置"七个一"的个性化任务……在日常教育教学中不断地总结、反思，再实践、总结、反思。我认识到习近平总书记所说的青少年是人生的"拔节孕穗期"的关键性，教师同样也要在教师生涯的"拔节孕穗期"固本培元。

四、全方位看待发展中的学生

"生活在我们伟大祖国和伟大时代的中国人民，共同享有人生出彩的机会"，习近平总书记的话，饱含激情，振奋人心，每时每刻提醒着我用教育手段让学生的人生出彩，让自己在教育岗位上出彩。

（一）在课堂上出彩

课堂教学是教师教育的主阵地，有效运用课堂时间，打造高效课堂是我一直追求的目标。两年来，我运用各种教学方法尝试融合课堂，致力于打造高效课堂，孩子的学习效果明显。从孩子们刚入学时的胆怯到现在的落落大方；从战战兢兢地握笔到字迹工整；从一字一句地拼读到形象生动地述说；从简单地学习到初步深入思考；从一个人的学习到一群人的好学……学生在出彩，老师在出彩，家长也在出彩。

（二）在行为习惯上出彩

"播种一种行为，你会收获一个习惯；播种一个习惯，你会收获一个个性；播种一个个性，你会收获一个命运。"我始终坚持"以德立学，以德立身，以德施教"。小学低年级是孩子行为习惯养成的关键期，抓好这个关键期，形成良好的行为习惯将使孩子受益终身。在学习上，注重培养孩子的学习习惯，从课堂常规训练到课外阅读我都一一指导，让孩子们树立良好的学习观。在学校生活中，我注重孩子的生活习惯的培养，从上厕所的注意事项、排队就餐纪律到如何与人相处，使孩子们感受良好的生活观。两年来，孩子们学习上自觉主动，班级成绩优异；在活动中团结奋进，好评如潮。

（三）在生活中出彩

教育源于生活，关注孩子们的生活点滴，让我更加注重每个人的个性培养，促使他们在生活中更加自信。

张雨（化名）是我班的一个很有个性的学生，刚入学时，调皮捣蛋，每次上课都不肯进教室，热衷于"户外活动"。那段时间，我们的科任教师几乎每节课都在"找学生"。面对这样的情况，我们几位老师及时商量该如何把张雨拉上学习的轨道。我们与张雨的父母商量，父母意识到孩子的问题后，积极与我们配合。我们决定先从抓张雨的行为习惯开始，形成学校、家里两头抓。从不肯进教室到安静地坐在座位上听课，从只会画画到主动学习，从不会管理情绪到认真倾听……整整一年，张雨的变化让我们欣喜，他已经能为自己学会一个字、做对一道题而兴奋了，这更让我们感受到教育与生活结合的魅力。

田洋洋（化名）是一名特殊学生，由于父母长期在外务工，由祖父母全权监管，家长们对孩子的关注度极少，导致孩子在语言发展和行为习惯等多方面发育迟缓。刚上一年级时，孩子脾气暴躁，无法交流，我多次向他的父母询问孩子在家的具体情况，父母一再表示自己的孩子很正常。但是在第一个学期的教育中，我依旧感觉孩子异于常人，便又和他父母真诚地沟通，分析孩子的多种特殊情况，请他父母一定要带到医院检查。2021年下学期，田洋洋被确诊为严重营养不良引起的智力和语言发育迟缓，只有4岁孩子的智力，体重身高均不达标。在此之后，我们共同关注他的成长，从孩子的生活、精神、学习多方面因材施教，建议家长至少一人回家陪伴照顾孩子。在一年的家校努力下，孩子生活自理了，能和其他人交流了，能认识并写出简单的字词、背诵乘法口诀等。在对田洋洋的教育教学活动中，我深刻领悟到生活对于孩子的影响，我们从教者首先就是要让孩子学会基本的生活方法，才能助力孩子在生活中出彩。

两年来，这样的例子不胜枚举，令人动容的教育时刻也数不胜数。虽不能一一记录，但作为教师，我坚信教师的立德树人、因材施教必将影响孩子们的生活，家长的严慈相济、率先垂范必将影响孩子们活出自我。

我想教育就是用一代人的思维去影响下一代人，在不断发展的世界中碰撞融合，让一代又一代人不断发展，伴随着时代的更迭，推动社会的进步。我们当代教师，要立足于教育的本质，回归到教育的本真，做好真教育，就要学会多角度思辨，不断地实践创新，让人生出彩、人人出彩，让人人皆可成才、人人尽展其才，家校协力，在课堂上育真人，在生活中做真教育。

中学组

编者按

初中阶段是一个人性格品质形成的关键时期，青春期的孩子们心智思想尚未完全成熟，但是又有了一定的主见和价值观念，这个阶段的教育，在父母、老师、社会和自我之间找到平衡点，至关重要。因此，充分让青春期的孩子感受到身心健康成长带来的愉悦，享受来自家长和教师的关怀，以及社会角色的确认带来的成就，是协同育人中需要关注和解决的重要问题。

注重科学原则。与初中生作为有思想、有个体和独立人格尊严的个体相适应，初中阶段的家校社协同教育，亦需要有相应的理论指引。因此，学校在协同育人的实施方面，需要有长远的谋划。本组中的选编案例，有的成立了课程中心，科学谋划家庭教育的课程体系；有的成立了课题小组，对家庭教育指导和协同教育研究进行了专业研究；有的形成了校本案例库，对各类协同育人的情况进行总结和分析。

奉行榜样教育。在初中生的协同育人中，可以立足学校关工委，充分发挥本校退休老同志的榜样力量；积极充分发挥社群的作用，树立身边好榜样，引领青少年积极向上；主动发挥家庭中父母的言传身教作用，在耳濡目染中，让孩子不断模仿父母做人的品德和做事的方法，形成良好的习惯和性格。

推行劳动教育。劳动教育的过程，是学生们感受自我价值、协调外界关系、增强自我信心、形成正确人生观的重要方法。以劳动教育作为家校社协同教育的抓手，对于激发初中生的创造性思考，促进学生大脑发育和身心协调发展有着重要意义。以此来推行家校社协同教育，值得借鉴。

‖ 建好品牌项目　辐射共育效能 ‖
——以长郡双语实验中学"家长沙龙"项目建设为例

长沙市长郡双语实验中学　杨小华

长郡双语实验中学创办于 2009 年，是长沙市教育局直属公办初中学校。现有初中和国际部共 72 个教学班级，在校学生近 3300 人，教职工 270 多名。建校十一年来，学校从长郡校训"朴实沉毅"中渐渐孕育出具有双语特色的"活力教育"，即"创活力校园、塑活力教师、践活力课程、育活力学生"，构建了"以人为本、激扬活力、追求卓越"的办学理念；凝练了"养正毓德、博学笃行"的育人思想；总结了"爱生活、乐求知、勤修身、勇担当"的育人目标；完善了"活学知礼""活思启志""活行达理"学生培养阶段成长目标的学校校园文化体系，为学生的健康成长、学校的内涵发展提供了营养丰腴的土壤。

学校自 2009 年建校以来，就充分认识到家庭、学校、社会应形成教育的合力，共同助推孩子健康成长与全面发展。在长沙市关工委、教育局关工委的指导下，在学校党委的领导下，学校一直非常注重家长学校的建设。2015 年，获评市级优秀家长学校。

党的十八大以来，习近平总书记在不同场合多次谈到要"注重家庭、注重家教、注重家风"，为深入贯彻习近平总书记重要讲话及《教育部关于加强家庭教育工作的指导意见》精神，积极发挥学校对家庭教育的指导作用，提升家长的学习意识，帮助和引导家长树立正确的家庭教育观念，掌握科学的家庭教育方法，营造良好的家庭教育氛围，提高家庭教育水平，学校关工委于 2015 年开始组织家长沙龙活动。活动坚持公益性，本着自愿原则，通过开展主题讲座、互动交流、智慧分享会等形式多样、内涵丰富的主题沙龙活动，组织家长们跟随家庭教育专家，免费学习家庭教育相关知识，解答家庭教育的相关疑惑，同时家长之间进行深入探讨和交流，获得更多有效的经验和方法。2019 年，家长学校成立"课程中心"，科学谋划课程设计，促进"三结合"教育网络进一步健全和发展。2020 年，学校加入了由长沙市教育局关工委牵头的湖南省基础教育重大委托课题"城乡家庭教育指导服务体系构建"的研究，成立了专项课题组，在总课题组的专业指导下开展实践研究。

一、依托课题研究，引领项目发展

为了进一步深化家长沙龙项目建设，总结提炼项目化管理经验，完善项目内容及推进方式，提升项目实施效果，学校加入了省重大课题"城乡家庭教育指导服务体系构建"课题组，成立了子项目研究实践团队，聘请九芝优秀班主任屈鸾姣、蒋李明等加入团队，对家长沙龙项目开展全面研究。子项目研究实践团队的建立，将发挥市教育局关工委总课题组的专家引领作用，同时发挥先进德育工作者的示范研究作用，通过理论指导下的实践，来优化家长沙龙的实施策略，培养学校自己的讲师队伍，开发家校共育课程，在家庭教育指导中发挥更大作用。目前已组织老师和家长完成了"城乡家庭"教育指导服务现状的调查问卷。

二、成立课程中心，统筹项目实施

学校成立了由校级领导、行政干部、关工委老同志、班主任代表、家长代表组成的家长学校课程中心，划分为调研部、课程部、组织部、宣传部四个部门，分别承担起对家长需求及课程内容进行调研、开发课程资源、组织实施沙龙活动、开展学习宣传等一系列工作，促进家长沙龙项目品牌的提质升级。学校党委书记主抓，多次组织召开会议，推进课程设计、资源开发、组织实施工作。为了给新初一家长上好"小初衔接"这一课，调研部通过新生家长问卷调查，了解了新生家长的现实需求，课程部讨论确定改变以往外请专家的模式，由学校卓越教师、初一年级组长黄湘峰老师主讲，组织部组织课程部和初二、初三家长座谈，将新生家长的诉求进行筛选，确定了课程的具体内容。这堂课赢得了新初一家长的广泛好评：切中家长心理、贴合学校和学生实际情况、操作性强。根据课程中心的建议，学校还邀请了初三家长、湖南工商大学心理健康教育中心主任戴吉博士做了"青春期亲子沟通和家庭教育"主题讲座，800人的会场，两个半小时中途无人离场，充分证明了课程的吸引力。针对调研部提供的数据，学校有近40%的学生与祖辈同住，学校将开启"隔辈亲、智慧爱"隔代教育专题沙龙。

三、形成主题序列，构建项目体系

在家长学校课程中心调研部的深度调研和课程中心的系统规划下，家长沙龙活动主题和内容形成序列，三个学年、六个学期家长学习的主题为：

初一：了解学校文化，统一育人目标；做好小初衔接，培养良好习惯。我们根据初一年级的学情组织开展了"小初衔接，同心同行""成长比成绩更重要""家校共建，陪孩子融入初中生活""如何做高品质父母""提升自我，和孩子共同成长"等主题家长沙龙。

初二：如何与青春期的孩子有效沟通；如何加强学生时间管理，克服手机、网络依赖。围绕初二年级的学生特点和家长的需求组织开展了"青春期亲子沟通和家庭教育""传承好家风，培养好孩子""青少年成长误区与家庭教育问题""如何陪伴孩子顺利度过青春期""用心陪伴孩子阅读，陪伴孩子成长！""做学习型家长，与孩子共成长"等主题家长沙龙。

初三：如何科学设定目标，持续激发学习动力；学会调适，助力中考。根据初三年级学生的身心特点学校组织开展了"调整身心状态，助力孩子中考""科学陪伴，助力中考""学会调适，助力中考""家长考前心理SPA"等一系列主题家长沙龙。

这样基于学情和家长诉求的课程安排，更有针对性和实效性，使得参与活动的家长能够得到系统的学习和指导，家长学校的工作更加严谨和务实，也更加持续和深入。

四、打造班级沙龙，推动项目深化

学校初二年级 1906 班开展的"爸爸去哪儿"家长沙龙可谓"红遍大江南北"，这是一场由班主任贺利兵老师为爸爸们量身定制的家长会，爸爸们穿西装打领带组成"爸爸天团"，认认真真坐在教室里听讲、记笔记。教育也需要仪式感，爸爸们的精致着装可以显示出这次家长沙龙的重要性。进入青春期后的孩子有很多想法，大多都是妈妈在陪伴，其实在孩子的成长过程中，爸爸的参与至关重要，这也是此次家长沙龙的目的。此次活动在学校官方微信上宣传报道后，被人民日报、中国日报、文明网、腾讯新闻、新浪微博等全国各大媒体转载，一度进入到热搜榜前 20，引起一时轰动，很多人纷纷对这样一次"特殊"的家长会点赞。

家长学校沙龙的大课堂难以满足部分群体家长的个别需求，于是班主任根据班情特点，开展班级沙龙，成了有益的补充。如 1610 班屈鸾娇老师针对初二学生进入青春期性发育阶段，分别组织男生、女生家长召开了"吾家有女初长成"和"男儿当自强"亲子沙龙。1905 班每月一次的团队家长沙龙已成为一大特色，团队成员与团队家长们坐在一起，分享进步的奥秘，交流彼此的困惑，促进了团队凝聚，更促进了亲子沟通。这个学期以来，班级家长沙龙在初二年级广泛开展，极大地缓解了处于初中分水岭阶段的学生家长的焦虑，帮助更多家庭理解孩子，给孩子更多实质性的支持。

五、丰富展示形式，巩固项目成果

每期家长沙龙结束，课程中心会给家长们布置作业，撰写参与活动后的感悟和心得，形成了一个完整的学习、反思、实践的成长过程。家长的学习成果得到了关工委的肯定，多位学员被评为长沙市家长学校优秀学员，十多篇家庭教育论文在省市级获一等奖。1805 班蒋演等同学的家庭被评为长沙市书香家庭；戴雄辉等多位家长被评为长沙市家长学校优秀学员。家长学校宣传部及时将优秀作业通过官网、官微和家长学校学习微信群、QQ 群分享，定期集结成家庭教育论文集，免费发放给家长学习。学校连续两年开展家长主题分享会，如 2018 年的家风故事分享会、2019 年的家长读书分享会等，调动了家长的学习积极性，增强了家长间的示范和引领作用，得到了中国文明网、长沙文明网、新湖南等权威媒体关注和报道。学校还通过智慧校园、人人通平台等构建家校网络学习平台，定期为家长推送学习资源，常态化开展家庭教育服务工作，并广受好评。

据统计，自2015年以来学校共举办了50多场家长沙龙，邀请了国内家庭教育专家，如陈一筠教授、商南花、张晓阳博士等为家长们指点迷津，参与活动的家长人次超过3万次，上万个家庭受益。家长沙龙活动对于家长而言，是家长更新教育理念、改进家庭教养方式、有效陪伴孩子成长的重要途径。

对于学生而言，家长沙龙通过让家长更懂孩子内心、理解孩子青春期现象、了解青春期阶段诉求、掌握亲子关系相处方式等，让家庭中亲子关系更加和谐，如此学生身心健康发展便有了更好的环境和氛围，也能够得到父母更好的引导和帮助。在学校、家庭的共同培养下，学子们乐观向上、诚实守信、乐于助人、勤奋好学、勇于担当等优秀品质赢得社会高度赞誉，学校涌现出长沙市"新时代好少年"汪葆宁、"诚信友善好少年"唐翊缘、"感动长沙十佳美德少年"刘柯贝、"美德之星"万芙蓉等优秀学子，以及全国"最美中学生"刘顺天、长沙好人"杨思睿"、世界"儿童友好型城市峰会"代表彭诗雅等优秀代表。

对于教师而言，在家长沙龙活动的助推下，教师的育人能力不断提升，在家校共育领域成果颇丰：钟洁老师的《家庭教育环境对孩子性格的影响》一文在《文史博览》发表；黄缨涵老师的《互联网＋时代的家校"心"沟通》一文获得2018年度教育教学论文评比省级一等奖；罗蓬勃老师的《互联网＋时代背景下的家校合共育》获得2017年湖南省教育改革发展研究优秀论文评比省级二等奖；尹松庚老师的《问题诊断——教师指导家庭教育的方法创新》一文获得省级三等奖。

对于学校而言，学校在家校间的良好沟通和互动下，各项工作不断迈上新台阶。学校被评为长沙市首批德育项目示范校，学校社会主义核心价值观教育案例荣获湖南省德育中小学德育案例评比一等奖，学校未成年人思想道德建设案例荣获长沙市一等奖。学校综合素质评价工作受到教育部认可，被评为教育部学生综合素质评价课题实验校。学校作为长沙市初中学校唯一代表获评全国文明校园。

对于社会而言，家长沙龙活动已成为岳麓区区域化党建的品牌项目。在学校党委的组织下，家长学校送课到社区，服务周边群众。目前已经送课 10 节，先后走进钰龙社区、恒华社区、八方小区、万越社区，参与学习的群众 500 多人。每一次主题教学之后，我们还安排党员与群众进行面对面、一对一的交流，共同促进青少年健康成长。

党的十九届五中全会提出：要建设高质量教育体系，健全学校、家庭、社会协同育人机制。我们将在市关工委的支持和指导下，进一步优化家长学校自身建设，进一步提升对家庭教育的指导实效，不断增强家长的获得感、学生的幸福感，为长沙教育贡献智慧！

‖ 播洒余晖，桑榆晚照满天红 ‖
——长沙市第十五中学"银辉工作室"工作纪实

长沙市第十五中学　杨鑫

俗话说"十年树木，百年树人"。关心下一代工作是一项不平凡的工作，关心教育好下一代，悉心培育社会主义事业的建设者和接班人，是一项功在当代、利在千秋的伟大事业。近年来，长沙市第十五中学关心下一代工作紧密结合习近平总书记关于做好关心下一代工作的重要指示精神，在上级领导的关心和指导下，扎实有效地全面推进。

自 2005 年起，长沙市第十五中学与社区共同成立了"银辉工作室"。十余年来，工作室成员以此为平台，以理论学习为先导，努力实践，积极探索，不断总结，充分挖掘教育资源，调动学校、社区等各方人士参与，发挥学校、家庭、社区三结合教育的整合优势，努力寻找适合开发社区教育的可行的、有效的途径和方法，创造了新的经验，取得了新的进展，做出了新的贡献。

一、基本情况

长沙市第十五中学位于侯家塘社区，处于梓园路、劳动路、芙蓉路、小林子冲路之间。社区有居民 1600 户，约 5580 人，中小学生约 500 人，流动人口 2200 余人。在学校、家庭、社区三方教育中，学校处于中心位置，起主导作用。学校教育对家庭教育和社区教育既有辐射作用，又有吸引作用，因此，必须立足于学校主阵地，发挥学校主导作用。银辉工作室自 2005 年正式成立以来，就做到了与社区资源共享，共同组织社区市民、学生开展活动。

在工作中，学校社区互相理解、互相支持、互相配合，协同一致，资源共享，形成了一个教育的整体，共同构建和谐社区，携手育人。

二、主要做法

学校教育、家庭教育、社会教育是现代德育缺一不可的教育环节。三者结合，能形成强大的德育活力，有力促进青少年思想道德和科学文化等素质的提高。社区是社会的缩影，是千家万户共同生活的场所。而社会教育重点体现在社区教育上，连接着社会的发展和个体的发展。社区中的社会、文化、体育、卫生、治安、人际、邻里关系等因素都直接影响青少年的学习、生活、成长的环境和质量。如何加强学校与社区的教育共建，资源共享，创建学习型家庭，发挥社区的整合功能、凝聚功能和稳定功能，培养一代新人，长沙市第十五中学关协联合社区进行了实践探索。

（一）提高认识，建立健全机构组织

为加强对关心下一代工作的领导和指导，确保关心下一代工作的顺利进行，学校关工委制定了《长沙市第十五中学关心下一代工作方案》，成立关心下一代工作领导小组，党委书记担任关心下一代工作委员会主任，并聘请热心下一代工作的同志担任委员会副主任，协助开展关心下一代工作的日常工作。抽选骨干力量为关心下一代工作的成员，进一步健全了领导机构，为学校的关工委工作提供了坚强的组织网络保证。

（二）完善制度，加强工作考核力度

为了使关工委工作向规范化、制度化和经常化的方向发展，学校制定并完善了《关工委主要职责》《关工委工作制度》《关工委会议制度》等规章制度，达到要求明确、切合实际、便于操作的目标，为关心下一代工作提供了可靠依据和有力保障。同时，把关心下一代工作作为党委的一项重要职责，对关工委工作做到"一项机制""三种纳入""四个同时"，即对关心下一代工作建立一项长效的工作机制；把关心下一代工作纳入党组工作日程、纳入精神文明建设总体规划、纳入有关领导职责范围；让关心下一代工作与其

他重要工作任务同部署、同检查、同总结、同考评，真正把关心下一代工作抓在手上。

（三）资源共享，积极创办市民学校

银辉工作室在社区积极筹办市民学校，安排专题授课内容、专门的授课教师和场地等，组织社区居民听课，学习党的方针政策、公民基本道德规范、社会主义核心价值观等，积极参与创建文明城市的活动，提高社区居民素质，使社区居民文明、和谐、生活有序。

学校党委书记刘世军，办公室主任黎旦安，离退休支部书记、关工委主任胡炼红均数次为社区居民讲国史、党史、雷锋精神、社会主义核心价值观、公民道德素养等。特别是长沙市创建文明城市期间，讲师们从长沙的经济发展、生态环境、社会治安等方面分析了创建文明城市、构建和谐社会的有利条件和美好未来，阐述公民基本道德和市民基本道德规范 20 个字的意义，受到了侯家塘社区居民的欢迎和好评。

学校音乐教师多次到社区市民学校教唱歌曲，丰富市民生活。如退休的音乐教师彭莉莉多次到市民学校教唱《公民道德歌》《我的祖国》等歌曲，形式生动，寓教于乐，进一步强化了市民对于公民基本道德规范和社会主义核心价值观等内容的认识。

市民学校真正体现了学校、社区的深度合作，资源共享，被雨花区评为先进市民学校。

（四）多方联动，努力营造良好氛围

组织社区学生专题讲座。从公民基本道德规范、爱国主义教育、社会主义核心价值观、安全教育等方面对学生进行主题教育，引导学生践行"知荣明耻树新风"的荣辱观，做文明市民，建文明社区、文明长沙。

推进党史学习教育和革命传统教育。组织社区的学生到橘子洲头瞻仰毛主席塑像，到长沙市博物馆和中共湘区委员会旧址、杨开慧故居、黄兴故居、彭德怀故居、谭嗣同故居等地参观学习；向学生讲述革命前辈热爱劳动、专心学习、追求真理、不屈斗争的故事，寓教于乐、寓教于行，让学生受到教

育的同时，又提升了孩子们的幸福感，加强了社区的精神文明建设。

组织社区学生学国学。银辉工作室成员、学校退休支部书记乔德芬老师连续三个寒暑假给社区学生讲课。如 2020 年、2022 年分别讲授的《传承屈原精神，厚植爱国情怀》和《说时事、讲历史、爱祖国》等课程，既让学生领略到了传统文化独特的审美价值，也培育了孩子们的家国情怀。

注重良好家风的构建。学校关协与侯家塘社区党委、关工委一起举办"党建引领，家风万里行"讲座活动，在社区影响很大。同时还把"家风万里行"活动引进十五中，邀请教育专家给学校学生和家长专题讲座。例如 2019 年 3 月 22 日下午，邀请"德行天下，家风万里行"核心导师邓大明教授以"传承中华好家风，陪伴孩子共成长"为主题在学校科技馆二楼报告厅为初二学生和家长授课，并为学生和家长之间的矛盾做了行之有效的解答和指导，有力地加强了学校、家庭、社区之间的联系，构建了政府、家庭、学校、社会多方联动的少儿家庭教育体系，为青少年的健康向上发展保驾护航。

开展丰富多彩的活动。组织社区学生开展"我快乐，我成长，我是快乐小义工"活动。组织社区学生到社区绿化广场开展"爱绿护绿"义务活动；结合文明城市创建，举行"创建文明城市践行环保洁净家园"活动。每年寒暑假，分片分栋，组织学生打扫住宅区楼道及公共场地的卫生，要求一星期一次；举行"创建文明城市，除陋习、讲文明，做文明有礼长沙人"座谈会；苏伯梅老师连续十多年寒暑假为社区学生教授剪纸等；组织学生以"中国梦·成才梦"为内容，自办手抄报。《湖南日报》《长沙晚报》对相关活动进行了专题报道。每年寒假，学校银辉工作室与侯家塘社区组织中小学生参加嘉年华主题活动。工作室联合学校团委组织在职老师和学生走进侯家塘社区，参加"崇德向善迎新春，红红火火过大年"迎春文艺汇演，把传统文化讲座和文艺汇演送到社区。2006 年 7 月 1 日庆祝党的生日，雨花区与湖南娱乐频道联合举办"社区欢乐湾"活动，我们组织学校教师和学生，代表侯家塘社区表演节目，学校党委书记刘世军同志用手风琴伴奏，节目获得好评。《长沙晚报》曾对这一活动予以报道。

积极策划社会实践活动。积极开展社会岗位实践，如以"我们的中国梦，湖湘文化进万家"为主题的绘画活动；"小小牙医，爱牙健康"讲座；哆，唻，咪课堂——学唱《中国字中国人》；魔梦之旅，梦幻童年故事会等；关爱青少年视力健康公益讲座；《我的家风故事》征文；穿越历史知国史的博物馆之旅；艺术动手动脑体验；垃圾分类知识讲座。十五中学生充当垃圾分类知识的讲解员，走进社区家庭进行宣传，让垃圾分类知识深入人心。

（五）帮困助学，心系扶贫温暖人心

侯家塘社区低保户多，困难家庭多，困难学生多。工作室先后募捐 6400 元，慰问本社区贫困学生和贫困家庭，使他们感到人间的真情、真爱。三月初三，长沙人习惯吃荠菜煮鸡蛋，社区人大代表煮荠菜蛋，慰问社区盲人（本社区有一个盲人院，共 68 名盲人）。银辉工作室参加了此次社区慰问活动。《湖南日报》曾对此次活动进行报道。

2017 年 7 月，长沙因普降暴雨多地遭受洪涝灾害，对辖区居民的生活造成了极大的困难。在学校党委、校长室的领导下，我校离退休党支部和关工委、银辉工作室积极响应侯家塘街道工作委员会的倡议，组织关工委理事和离退休党员、部分学生和家长积极为灾区捐献一千多斤生活物资。

（六）志愿服务，互帮互助共建文明

积极开展学雷锋活动。银辉工作室成员带动学生开展学雷锋活动，参加社区学雷锋活动；工作室主任作为社区发言人，代表社区参加学雷锋大会，介绍社区干部唐林学雷锋的事迹；工作室"五老"参加社区文明执勤活动，多次到附近网吧执勤，劝阻未成年人进入网吧，"五老"进网吧督查事迹获教育局高度赞扬。"五老"还到芙蓉路、劳动路执勤，打扫卫生，维护交通秩序，宣传交通知识；在公交车站扶老年人上下车。在疫情防控期间配合社区进行防疫，老百姓看着白发苍苍的老人戴着红袖章执勤都自觉遵守防控要求。

坚持开展"电影驿站"活动。2016 年 7 月 24 日银辉志愿者参加社区"群众路线做表率，志愿者服务我先行"——侯家塘社区"电影驿站"暨在职党员结对帮扶仪式。侯家塘社区创建了市级品牌"电影驿站"和"心视界"活

动室，二十多年来坚持组织盲人看电影。电影驿站放映厅设在我校，银辉志愿者多次组织学生搀扶盲人进放映厅，放完电影后，送他们回家。

积极参与社区管理。我校办公室主任黎旦安老师又担任社区关工委主任，由四位理事担任社区居民代表、居民小组长、选民代表、妇女代表、老年协会会长，帮助社区组织区人大代表换届选举，现关工委主任被选为社区委员义务参与社区的管理工作。银辉工作室三位"五老"协助社区组织068投票站十五中投票点的投票工作。志愿者参加社区"三联三为"活动，党员下社区活动，慰问社区高龄党员和贫困家庭，在去年百年建党之际专门上门慰问社区老党员。

（七）家校合作，互动交流共促发展

为努力办好家长学校，建立民主平等、和谐互动的亲子关系，做到亲子共同学习、共同进步、共同成长，优化家庭育人环境，掌握科学的教子方法，工作室定期组织给家长讲课，注重家校互动，帮助家长树立正确的教育思想，做到为国教子。如黎帅同学的家长听了银辉工作室的报告后，改变了对儿子的教育方法，学会在民主平等的基础上与孩子交流，亲子关系得到改善，成功说服黎帅放弃了不读书不考试的想法，而是抓住最后一段时间努力冲刺，终于如愿考取了职高。工作室为社区亲子的沟通架起了一座心灵的桥梁。

同时，工作室还注重开展家校互动活动，共创学习型家庭。让父母与孩子共同学习、共同参与活动，在活动中交流沟通，如父母与孩子共读一本书、共看一部电影、共看一场体育比赛等。

（八）团结协作，硕果累累共创和谐

社区居民的整体素质不断提高。社区居民积极参加市民学校的学习，社区干部尽心尽力，工作室成员积极参与，各方团结协作，使得社区居民的思想觉悟、道德素质有了很大提高，精神面貌发生了巨大变化。现在的侯家塘社区成为"无犯罪""无吸毒""无辍学"的"三无社区"，被雨花区评为"青少年教育示范社区"；市民学校也被评为"长沙市先进市民学校"；社

区干部被侯家塘街道评为先进个人。学校党委书记家庭被社区推荐评为侯家塘街道"学习型家庭",办公室主任黎旦安被社区推荐,评为侯家塘街道"文明市民标兵""雨花区优秀关工委主任"。

社区居民参加活动的意识不断增强。家长、学生参加学习积极,态度认真,听讲座到会学生和家长一年比一年多,还有很多家长陪同孩子参加学习。工作室成员组织社区学生开展"爱绿、护绿",做快乐小义工的活动,学生踊跃参加,把广场打扫得很干净。现在不论是社区居民还是学生,大家都能自觉爱护环境,讲究卫生,保持社区范围内特别是绿化广场的洁净。社区学生还能主动打扫自己所居住环境的卫生,打扫楼道和住宅周围空地及花坛的卫生。

三、体会与思考

(1)学校社区教育的开展必须发挥学校的主导作用。学校是社区教育的磁场中心,强化这个"中心"的辐射,吸收功能,才能使学校教育、家庭教育、社会教育形成合力,发挥集团整合的优势。

(2)学校教育要获得成功,需要家长素质的整体提高。家长素质的提高与积极配合,可以影响学校教育质量和学生素质的提高。要提高全体家长素质,仅靠学校办家长学校是不够的。如何提高家长素质,如何深入社区做好工作,任重道远,还有待我们的进一步探讨。

(3)学校、家庭、社区三位一体的教育,我们虽然进行了实验和探索,但仍感到诸多问题的存在。由于社区的学生年龄层次不同,来自不同的学校,不同年级。如何把不同学校、不同年龄、不同年级、不同家庭的学生组织起来,统一指挥,统一行动,组织学习,开展活动并且收到实效,也有待我们在下一步实验中再深入进行探索。

老骥伏枥,志在千里。30年来,我校关工委以银辉工作室为载体,一群退休不褪色的老同志,人老心红,壮志未减,仍以饱满的政治热情去践行共产党人的初心,立德树人,开启未来的使命担当,他们余晖闪烁,光彩照人!

‖ 家校社协同推进劳动教育 ‖

——以长沙市天心区明德启南中学至善劳动教育实践基地为例

长沙市天心区明德启南中学　杨彬

2020 年 3 月，中共中央、国务院出台了《关于全面加强新时代大中小学劳动教育的意见》，强调劳动教育需要整合家庭、学校和社会的力量，在协同共建中形成具有中国特色社会主义的劳动教育格局。2020 年 7 月，教育部印发了《大中小学劳动教育指导纲要（试行）的通知》，再次明确指出劳动教育需要与学生的家庭生活、学校生活和社会生活有机结合，从目标、内容、实施以及评价等多个方面为劳动教育的实践发展提供了更具操作性的指导意见。

明德启南中学地处长株潭融城核心区，学校周边有农田、菜地、鱼塘等劳动场地，学校利用得天独厚的劳动教育资源优势，积极争取上级政府的支持，在天心区委组织部、天心区关工委、天心区教育局的关怀和支持下，由南托街道筹建，北塘社区、北塘经济联合社联合明德启南中学共同打造劳动教育实践基地（以下简称基地），基地取名为"至善"，基于学校"至善教育，爱己及人"的办学理念，追求培养至善至美的阳光少年的办学目标。

一、协同筹建，让蓝图变成现实

至善劳动教育实践基地共 12 亩，前期由南托街道投资，对基地硬件进行建设，街道和学校多次沟通，共同规划设计蓝图，北塘社区、北塘经济联合社多次下点到农户家中，做通农户的思想工作，支持基地建设。经过两个月的努力，基地由蓝图变成现实。基地由南到北分为水产区、蔬菜区、中草药区、果树区、花卉区、家禽区，还有一个农具博物馆。其中水产区养殖几百斤鲫鱼，种植了荷花，集实用性与观赏性于一体；蔬菜区里，种植有藤菜、长豆角、扁豆、茄子等；果树区种植芒果、西瓜、橘子、桃子、柚子、菠萝等果树；家禽区里养殖有鸡、鸭、鹅、孔雀、兔子等。农具博物馆有风车、扮筒、蓑衣等农具，还有 6 个灶台，可以供一个班级的孩子在此现场采摘，现场烹饪，现场享用，实现"耕、种、养、收、用"的全链条式农业生产劳动。劳动基地成为学校的"后花园"，师生在紧张的工作学习之余，都愿意到基地参加劳动，放松身心。

二、协同运营，让基地焕发生机

学校采取"土地承包责任制"模式，每个班级认领一至两垄土地。一是街道社区大力支持。在北塘街道、北塘社区关工委的大力支持下，每个班级都配备了"五老"、党员志愿者担任劳动教育基地技术指导员，定期与学生一起，开展农业生产指导与劳动，劳动教育基地运营仅两个月，"五老"志愿者已经有 30 余人次到基地指导。二是学校全体教师积极参加。基于共建共享的原则，各个班级每天都安排 3 名学生来劳动教育基地打理，在学校老师轮流带领下，浇水、除草、施肥等。学校还聘请专职劳动教育基地技术指导员，常驻劳动教育基地，指导学生，打理劳动教育基地作物。三是双休日、寒暑假，由家长带领孩子到基地进行劳动实践，作为学生社会实践课程开发，增进了亲子感情。

在农作物成果分享方面，主要运送到学校食堂进行加工，让每一名师生品尝到自己的劳动成果。教师和家长组织学生志愿者将富余部分的劳动成果赠送给学校周边的养老院和敬老院，将"善"文化发扬光大，还组织学生到市场卖出自己的劳动成果，将卖得的资金用于农场的工具、肥料添置和购买苗木等。在以学校为主导、家庭、社区、社会共同参与管理下，精耕细作基地，作物长势良好，焕发出生机与活力。

三、协同教育，让劳动教育落地生花

学校常态化开展劳动教育，教师、社区"五老"、家长共同承担，每天安排学生到劳动教育基地开展劳动，过程非常辛苦，学生手上有泥巴，身上有汗水，培养了学生劳动能力和习惯，也养成了吃苦耐劳的精神和品质。基地还可以向周边小学辐射，有南塘小学、北塘小学、八局小学等5000余名师生，学校向他们提供劳动教育场地，周边学校多次组织学生到劳动教育基地劳动。

基地与学科教学相融合，不仅是开展大生产劳动，还与各个学科进行融合教育，如语文课堂能够让学生认识四季，描写四季不同的景物；数学课堂让学生现场测量；生物课堂让学生认识土壤等，学校开发了校本教材，开展"产、学、研、赛、评"相结合的劳动教育，与德、智、体、美、劳相融合。

基地与党建工作相结合，不仅将至善劳动教育基地打造成教育资源中心，还打造成党建阵地，学校党支部在这里进行主题党日活动，书记主讲"传承红色基因，深耕至善农场"党课，挖掘党史上与农耕文化有关的南泥湾精神、北大荒精神和小岗精神；党员志愿者开展劳动生产，街道、社区及其他党组织也可以到基地开展主题党日活动。

营造尊师重教的氛围，基地植根于北塘社区、北塘经济联合社，得到了当地村民的大力支持，南托街道关工委、北塘社区关工委组织"五老"多次到劳动教育基地指导并带头劳作，起到了涵养乡风、良好家风、淳朴民风的作用。

明德启南中学至善劳动教育实践基地是政府、学校、家庭、社会协同育人的一个成功案例，为青少年提供劳动教育实践场所，培养孩子们劳动观念、劳动习惯，培养孩子们热爱劳动、尊敬劳动者、珍惜劳动成果的品质，促进孩子们全面而又个性地发展。

‖ 学校设立家庭教育工作室的必要性及经验 ‖

长沙市宁乡市长郡沩东中学　罗敏　潘卫华

2021年，我们学校以自己的名义成立了首个家庭教育工作室——推舟工作室，经过一年多的探索和实践，发现成立学校家庭教育工作室有其独特的意义，并且，在这段时间里，也总结了一些经验。首先，设立家庭教育工作室，我们认为有以下几点必要性：

一、以工作室为中心，宣传引导家长终身学习的理念，为家长提供解决问题的通道

李镇西说："父母只有关注自身成长，才能更好地带动孩子成长。"过去，父母教育教子把"棍棒底下出孝子""三天不打上房揭瓦"等观念奉为圭臬，很多孩子在棍棒底下长大。在过去的时代，生存是最大的问题，在无法满足温饱的情况下，父母们忙于生计，简单粗暴地处理孩子问题是常态，而那时的孩子也更能感受家庭父母的艰难，自然家长没有学习的概念，孩子也没有要求家长成长的想法。但随着时代发展，上一代的经验，能够直接让我们拿来用的可能性并不大。相反，两代人的观念冲突还不少。过去十几年，世界上没有哪一个国家和社会，像中国一样经历着迅速迭代，教育更不例外。换句话说，我们自己的成长经验，固然有值得回顾的，但看看下一代，他们面临的现实和未来都截然不同，对孩子而言，什么是好的，什么是对的，注定令人纠结。家庭的学习势在必行，而让父母意识到家庭教育的重要性尤为重中之重。推舟工作室以一线班主任和任课老师为主体，

邀请了中关委家庭教育指导中心专家顾问、高级家庭教育指导师张晓阳做工作室的顾问，同时邀请了湖南师范大学心理学教授向燕辉提供心理援助，学校校长李望雄也作为顾问进入工作室，整个工作室的组成有专业支持，有实践主体，有从上而下的学习和解决问题的通道。常见的家庭教育问题由一线教师集智解决，棘手的问题可以申请专家指导，严重的问题可以移交心理治疗，各方的配合能帮助家庭解决孩子成长的问题，也能在解决问题中引导家长反思，增加影响力，促进家庭教育的发展。

学校设立家庭教育工作室，彰显了家庭教育的重要性，我们通过学校的公众号进行宣传，向需要咨询的家长设置报名链接；召开各个年级家长会，推介家庭教育工作室；发动班主任在班级向学生推荐，利用家长群转发家庭教育工作室视频、图片等资料。各种形式的宣传，引导家长意识到家庭教育的必要性，引导家长形成学习的理念。学校家庭教育工作室的成立，比其他社会家教机构更有引导性，家长更有信任感，很多家长希望加入工作室一起学习，一起帮助到更多的孩子与家庭。

二、设立家庭教育工作室，多方关联帮助家庭解决孩子教育问题，具有周期短、效率高的特点

与其他社会营利性家庭教育机构，或者公益性家庭教育机构相比，学校设立家庭教育工作室有其自身不可替代的时间优势与效率优势。来工作室接受帮助的家庭和孩子都来自本校，有一种天然的信任感，能迅速拉近距离，不需要过多的时间来破冰。孩子的情况也很容易入手，通过其班主任、任课老师、同伴能迅速掌握一手信息，信息来源渠道多，而且客观真实，避免用很多时间去一次次观察、分析。同时，找到问题后，也便于后续跟踪和了解帮扶，环节简单高效。

推舟工作室利用问卷星的链接收集家长问题，通过电话预约，安排双方合适的时间面谈。我们把工作室的成员划分七组，每组由组长一人，辅助成员两人组成，每组成员尽量安排同一年级或者同一楼层，方便及时与班主任、科任老师联系，高效解决问题。每组成员会定期收到安排的任务，任务收到后，

及时与家长了解情况，与班主任沟通，大致把握了问题后，再安排与家长见面时间，进行指导，后期及时跟踪，往往一个家庭问题的解决需要多次的沟通，甚至需要与班主任一起的家访深度沟通，而这时学校的家庭教育工作室彰显了独特的优势。

一年多以来，我们相继进行了 20 多次校访、家访，解决了孩子学业压力大不愿意上学、父母离异孩子缺乏安全感、家庭沟通不畅、父母关系不和导致孩子情绪低沉等问题。这些问题的解决都是我们在完成教学教育工作后进行的，因为家长与老师之间能高效配合并具有天然的信任，周期会更短，效率也会更高。

三、学校设立家庭教育工作室，能为家长学习育儿知识和解决问题搭建良好的平台，营造好的学习氛围

近几年，教育焦虑的蔓延，很多家长感觉过去的经验已解决不了当下孩子的问题，他们陷入了迷茫与无助，也渐渐知道要学习了。但他们面临着不知从何下手的问题，向别人请教，别人孩子的问题不一定与自己的一致；网络学习价格也昂贵，五花八门，不知如何选择；对一些社会机构，也有着很多不信任，而孩子所在学校推出家庭教育工作室，解决了信任问题，还能通过工作室的活动、讲座进行学习咨询。同时，很多家长一起，彼此讨论、探求，形成良好的学习氛围。如果遇到棘手的问题，工作室还能提供专家帮扶、心理援助，工作室在这些方面起到了很好的桥梁作用，解决了目前家庭教育的空白。工作室利用每次家长会，利用资源请省市专家进行三个年级的讲座，先后邀请了全国家庭教育指导师、高级心理咨询师刘靖湘老师主讲"爱在花季——如何陪伴青春期孩子健康成长"的讲座，邀请了家庭教育高级指导师、中美正面管教家长讲师文一瑀老师举办"如何培养孩子自主学习力"的讲座，邀请了湖南首届家庭教育讲师团成员、湖南省教育会亲子教育专业委员会副会长杨智均老师主讲"青春期孩子的诉求和家庭教育指导策略"。

除以上线下讲座，每周组织家长线上学习家庭教育公益直播课。家庭教育直播课先后学习了《如何构建幸福家庭》、谌红献老师的《网络成瘾（游

戏障碍）及干预策略》、张晓阳老师的《网络成瘾的积极预防策略》及《新学期家长如何赋能孩子新成长》。

组织观看"家校共育，立德树人"的家庭教育公开课，破解育儿焦虑。通过一系列学习，引起了家长对家庭教育的关注，有了愿意学习的心态。同时家庭教育工作室联合学校心理学工作室，对有出现严重心理问题的孩子提供了问诊心理疾病的途径，使孩子得到及时治疗，最大限度地缩短了心理疾病的发现时间，引起家长重视，积极科学干预，减少悲剧事件的发生。

家校的家庭教育工作室就是一个链接学校、家庭、社会的三位一体的平台，让家庭教育有一个恰当的栖息地。

四、学校建设家庭教育工作室，活动形式多样化，家长与教师成长快，搭建了良好的家校关系，促进了家庭教育的发展

自推舟工作室成立以来，我们开通了线上预约，线下由班主任推荐有典型问题的家庭。我们把工作室成员分成七个小组，每个小组长带领成员周一到周五轮流值班，解决介入学生处和心理咨询室发现的家庭危机。每位成员通过了解、帮扶、专访解决了不少家庭教育问题，在这个过程中促进了工作室以及教师的成长，尤其是青年教师，能更好地站在家长和学生的角度看问题。我们除了现场约见问题家庭成员，同时把优秀的家长请进校园，做讲座、现身说法，后期预备在工作室吸收一批爱学习的家长辅助工作室工作。与此同时，组织老师积极进行线上线下学习，例如，工作室购买了《在远远的背后带领》和《读懂孩子的心》，学校组织老师学习，反响良好。一年多来，老师们多次参加长沙市、宁乡市教育局组织的家庭教育学习培训，事后大家积极交流，不断总结反思，形成共识，家庭教育理念不断更新，视野越来越开阔。工作室成员根据实践总结了很多经验与反思，有了一些家教随笔，例如，陈佳老师写了《小绵羊成长记》《协同育人，共画家校同心圆》；喻丽娟老师写了《用心耕耘 静待花开》的随笔；李彩霞老师写了《尊重孩子天性还孩子快乐童年》的随笔和《用爱心浇灌花朵》的论文；吴勇老师写了《尝试重回童年解决表演型人格的孩子问题》的论文；陈任辉老师写了《让和谐

之花开满每一个家庭》的随笔；杨丹老师写了《艺术沟通搭建家校互信之桥》的论文和《教育无痕 润物无声》的家教随笔；贺佳老师写了《在癫狂中寻找真实世界难以获得的显要感》的家校教育随笔，易冠华老师写了《桀骜少年成长启示录》的家校共育随笔；薛秦写了《特别的爱给特别的你》的家教故事；文靖老师根据多次家校协同教育，提出了家庭成员位置关系的回正对孩子健康成长有至关重要的作用。家长们也在不断成长，很多家长积极参加活动，用自己的经历影响其他家长。家长和老师们的不断成长让家校关系不断拉近，形成了合力。

一年多以来，由于种种原因，虽很多工作与设想来不及实现，但在慢慢摸索中，我们认为学校设立家庭教育工作室是很值得一试的事，也是解决目前家庭教育问题的一个行之有效的方案。这仅是初步的尝试，还有很多需要不断完善与进步的空间，我们需要更多的努力。

‖ 奉献爱心　凝聚合力　协同育人 ‖

益阳市安化县清塘铺镇中心学校关工委　周向星

一、基本情况

清塘铺镇中心学校共有 1 所初中、7 所完小、1 个教学点、8 所幼儿园（学前教育点）；2022 年上学期，全镇中小学和幼儿园学生总人数为 6098 人（初中 1816 人，小学 3419 人，幼儿园 863 人）。其中，建档立卡家庭困难学生1470 人，留守儿童 1428 人，孤儿 27 人，学困生 503 人。

二、健全组织，加强领导

中心学校高度重视关工委工作，成立了关心下一代工作委员会，中心学校校长任关工委主任，中心学校"三协"负责人任副主任，各校校长（园长）为成员。各校（园）均成立了关心下一代工作领导小组。

三、突出德育首位，立德树人

（1）积极开展青少年法制安全教育。中心学校关工委聘请派出所干警、镇政法干部、镇综治办和司法所干部兼任中小学校法治副校长，每年至少开展两次法治教育，教育学生远离黄赌毒，远离电游网吧；教育学生团结友爱，不欺凌他人；教育学生防拐骗、防电信网络诈骗、防性侵等，增强学生自我保护意识；教育学生从小做知法、懂法、守法的小公民。多年来，全镇在校生违法犯罪率为零。

（2）认真开展主题德育活动。各校德育活动月月有主题，班班有活动。3月份，开展"学雷锋"活动，"续写雷锋日记，传递中华正能量"主题教育和社区志愿者服务活动；开展绿化校园、公益林植树活动等。4月份，结合清明节祭扫、网上祭英烈活动，开展"缅怀先烈"革命传统教育和感恩教育等。5月份，庆祝"五一"劳动节和"五四"青年节，进行优秀团员、优秀团干表彰及新团员发展工作；开展"劳动美·劳动最光荣"教育等。6月份，开展庆祝"六一"儿童节、"红领巾心向党"主题教育；结合6月5日"世界环保日"开展环保创文创卫教育；结合6月26日"国际禁毒日"开展禁毒专项教育等。7月份，"开展听党话，跟党走，做新时代好少年"系列活动。9月份，开展"尊敬老师·庆祝教师节"活动，开展"弘扬和培育民族精神"教育活动。10月份开展迎国庆主题教育。11月份开展"珍爱生命，远离毒品"活动，等等。主题德育活动进班级、进家庭、进社区，成效好。

（3）中心学校关工委坚持立德树人，育人为首。一直积极组织开展青少年思想道德建设工作和主题教育读书活动。对青少年思想道德建设工作和主题教育读书活动高度重视，求真务实。每年的主题教育读书活动有方案、有读本、有指导督查、有优秀作品推送、有总结表彰。青少年思想道德建设工作和主题活动进课堂、进家庭、进社会实践活动，并成为学校德育活动和团队活动的重点之一。主题教育读书活动开展得有声有色，摸得着、看得见、做得来，且实效好。近八年来，组织各校学生参加主题教育读书活动，有2人次荣获部级特等奖，有58人次荣获部级一等奖，45人次荣获部级二等奖，37人荣获部级三等奖，还获得许多市县级一、二、三等奖。在今年的"新时代好少年·强国有我"主题教育全县朗诵、演讲现场比赛中，刘诗涵同学获朗诵一等奖，王晨睿同学获二等奖。

（4）宣讲红色故事，传承红色基因。为使学生学习好党史，教育引导学生树立正确的世界观、人生观、价值观，自觉践行社会主义核心价值观，有力抵制西方国家的"和平演变"，成为有理想、有本领、有担当的中国特色社会主义事业接班人，我镇关工委积极组织"五老"干部（教师）到各校开展巡讲红色故事活动。自2019年至今，"五老"到各校宣讲红色故事共25

堂次，宣讲内容有《伟大的祖国·伟大的历程》《李作成将军的故事》《邓克明将军的故事》《伟人的足迹——记毛主席在安化的革命活动》等，收到了很好的育人实效。

四、办实办好家长学校，增强了育人合力

（1）我镇中学、完小、幼儿园均办起了家长学校。现有省优秀示范家长学校1所，县示范家长学校5所。各家长学校每学期授课培训一次以上。

（2）镇党政领导重视家长学校工作，出台了党政领导到校联点家长学校机制。文武（镇长）联点镇中学家长学校、邓小梅（党委委员、副镇长）联点镇一小家长学校、张碧峰（党委委员）联点镇二小家长学校、蒋群高（人大主席）联点回春完小家长学校等。2021年，邓继志、文武、邓小梅、蒋群高、张碧峰、李剑锋、刘帅等党政领导全年共参加家长学校活动11次。

（3）教学开放日面向家长开放。让家长们亲身经历子女在校的学习和生活；走进教室，关注教学；走近孩子，倾听心声；走进课堂，参与评价。

（4）积极推进书香家庭、书香学生建设活动。结合"放下手机，爱上阅读"活动，营造良好的阅读氛围，推动学习型家庭、书香家庭的建设。号召每一个学生每天读书一小时，假期至少阅读一本书，养成爱读书、多读书、读好书的好习惯，争做书香学生、"阅读之星"；号召每一个家庭发扬诗书传家的良好家风，每天陪伴孩子开展"亲子共读"，争创书香家庭。关工委每期评选表彰一批"书香孩子""书香家庭"。

五、多方联动，协同育人

（1）中心学校成立了"关心下一代志愿者协会"，现共有会员95人，志愿者们因地制宜地开展关爱下一代志愿者活动，如防溺水、防性侵、防校园欺凌、防诈骗、防黄赌毒等，奉献爱心，服务社会，关爱育人。

（2）每学期开学前后，中心学校关工委配合派出所、综合执法大队、市监、文化等部门开展校园周边环境专项整治行动。

（3）中心学校关工委得到镇党委政府和镇关工委的重视，在学生上下

学时段和下晚自习时段，关工委、派出所、镇综合执法大队、镇综治应急管理办联合、关心下一代志愿者等到学校门口、学生上下学要道巡逻、值守，到护学岗执勤，为学生安全保驾护航。

（4）积极开展预防学生溺水攻坚行动，每年4—10月，中心学校关工委积极配合各校（园）开展防溺水宣传教育，落实了学生防溺水"七个一"，认真开展"防溺水"巡查行动，全镇200多个危险水域均设立防溺水警示牌、救生杆、救生圈。每年4—10月，在学生上下学时段和暑假期间，派出所、镇执法大队、驻村干部、村社干部、河长（塘长）、各校老师、关心下一代志愿者等联合起来，到各危险水域巡查，预防未成年人溺水。

（5）村级图书室和阅览室面向未成年人开放。双休日、寒暑假，各村（社区）动员学生（尤其是留守儿童）到村部阅览室看书写字，安排一名村干部值班管理，这对"放下手机，爱上阅读"的开展、预防未成年溺水和未成年人安全监管等都起到了很好的帮助作用。

六、帮学助学，关爱育人

（1）贫困学生资助全覆盖。如：今年上学期，共资助贫困学生2192人，其中建档立卡家庭困难学生1521人（全部资助到位），资助其他非建档立卡学生671人，发放资金105.78125万元。今年下学期，共资助贫困学生2408人，其中建档立卡家庭困难学生1470人（全部资助到位），资助其他非建档立卡学生597人，发放资金1178687.5万元。

（2）各校积极开展"大手拉小手"交友育人活动。一是印发收集"大手拉小手"交友信息卡，澄清基本情况，因材育人，有针对性地帮扶。二是关工委成员每人结对帮扶1名以上需要帮助的少年儿童，每位教师结对帮扶1~5名"特殊学生"。三是通力合作，携手关爱。关工委、团委、少先队、政教处、教导处、资助中心、班级多管齐下，领导带头，关工委成员、爱心人士、班主任、科任教师、家长全员参与。积极开展"大手拉小手，一帮一，一对红"关爱行动。四是为留守儿童撑一片起爱的蓝天。具体做法是：首先，建立留守儿童（孤儿）档案。关工委和学校紧密合作，完善了留守儿童档案和联系卡，摸清了学校的留守儿童（孤儿）人数，建立了每个留守儿童的档案和联系卡，知悉父母姓名、外出打工的地址、联系电话；知悉代理监护人的姓名、联系方式，便于与家长、代理监护人联系沟通，配合教育。并收集学生学习、活动、日常行为表现、情感表现等材料，便于有针对性开展教育。其次，结对帮扶留守儿童（孤儿）。每名留守儿童（孤儿）至少安排了两名结对关爱帮扶责任人（1名教师、1名村干部或村上的党员）。帮扶教师经常找留守学生谈心，随时掌握留守学生（孤儿）的思想动态，定期家访，关心生活，指导学习，监管安全（重点是防溺水和防性侵），陪伴他们健康快乐成长。最后，开展"万名教师进万家"大家访行动。为及时了解掌握学生的各方面情况，有针对性地对留守学生（孤儿）进行教育和管理，各学校坚持每期开展"万名教师进万家"大家访行动。学校安排教师对学生每月进行一次家访，每月与留守儿童家长通一次电话，宣传防疫、交通安全、预防溺水、防性侵、防拐骗、防欺凌、防电信诈骗、远离毒品等。全体教师和关心下一代志愿者主动与留守儿童结对，当上留守学生（孤儿）的义务代理监护人。利用元旦节、六一儿童节等节日契机，开展"校园爸爸、校园妈妈——关爱留守孩子（孤儿）"座谈会，与他们谈心、活动，并为每个孩子送上学习用品，对他们进行心理辅导与沟通，让这些"留守孩子"体会学校、老师对他们的关爱。使每一个留守孩子在活动中感受到大家庭的温暖，觉得自己和其他孩子一样，可以开开心心、快快乐乐地学习生活，从而内心充满阳光与快乐。

‖ 家校社区共育　桃花朵朵开 ‖

——慈利县芙蓉学校关工委创新案例

张家界市慈利县芙蓉学校　寇群勇

一、创新思路

慈利县芙蓉学校属湖南省贫困地区中小学建设重点民生实事项目，留守儿童占比达 60%。考虑到家长在教育子女方面能力十分有限，学校在建校之初便开始精心谋划家校社区共育，2020 年 9 月学校投入使用，家长学校也在同年开办，如何将这所"校中校"办好？慈利县芙蓉学校开始了一系列探索和实践，其成功模式引起社会各界的关注，家长好评如潮。

二、组织形式

家校社区共育、"五老"义务讲师团。

三、具体内容

家校社区融合，共画"同心圆"。学校教育需要社区家长的支持与配合，家庭教育需要学校社区的帮助与指导。

四、参加人员

学校、"五老"人员、社区家长。

五、实际效果

加强社区家长培训，打造"主心骨"。由于部分家长文化程度不高，教育观念滞后，存在留守儿童、单亲家庭等诸多教育问题，学校创办"家长学校"初期便明确了以"培训家长，特别是祖辈家长"为主要任务。

学校采取了多种措施，开设"家长学校"，聘任"五老"人员胡大凤担任"校长"和"班主任"，邀请市、县关工委专家、国家级心理咨询师，以讲座、沙龙等形式为家长提供教育指导和培训，让课堂更具活力，也更接地气；选聘优秀家长做"家教导师"，利用家长会等机会现身说法，给家长传授经验；考虑到传统家长学校培训课程少、宣传面小的弊端，学校采用全员参与培训的模式，即每个学生家庭至少保证一名家长参加培训，在课程设置上家长学校每周开课 4 天，每天 3 个课时，参训家长每学期参训 30 课时即为合格，学校还根据家长的参训时长和综合表现颁发"结业证书"和"优秀学员证书"；表彰优秀家长，授予家长或家庭以"优秀家长""书香家庭"等称号，增强家长的幸福感和对学校的认同感。

我们家校社区共育，一头连着老，一头连着少。"五老"同志经历了革命战争等，他们热爱党、热爱祖国、热爱社会主义、热爱人民，且信念坚定、对政治敏锐，有丰富的生活体验，对中国特色社会主义事业充满信心。"五老"人员关爱下一代，利用家校社共育的契机，为我校的发展和下一代建言献策，为他们讲解革命故事，为学生的理想信念打下坚实的基础，并在社区进行反电诈宣传教育、交通宣传教育等。家校社共育，对学生的身心健康成长起着重要作用。

芙蓉学校建校时间短，两年多来，学校关心下一代工作委员会不断探索，走进社区、送法下乡，宣传反电信网络诈骗、交通安全、防溺水知识等，为关心下一代的专业发展搭建了平台，一系列家校社区共育措施，让"家校社区共育共同体"正慢慢走向"家校社区育人共生体"。

其 他 组

编者按

当前，在"双减"和建设高质量教育体系的大背景下，家校社协同育人，不再是简单的德育辅助工作，更不是提升学习成绩的辅助手段。新形势下，家校社的协同育人，不再是单一的学习问题，也不再是单一的学生问题，而是教育在系统中的生成、开放和提升问题。全社会协同育人，是要以人的发展为准则，把所有社会成员的"协同"，落实到"人"这个中心点来。如此，立德树人方是家校社协同育人的根本标准。本篇所选案例，主要呈现了以下经验：

思政育人。党的十八大以来，以习近平同志为核心的党中央高度重视思政课建设，强调要善用"大思政"。在大中小学实施家校社协同育人的过程中，"全员、全过程、全方位"育人，是要在家校社协同的基础上，推行校与校协同、课程与思政协同、教学与育人协同等多维度融合，真正践行"为党育人、为国育才"的教育使命。

管理育人。协同育人需要精细化的管理，在案例中，教育行政部门、大中小学校和相应社会机构，在总体部署、跟进指导和协调资源等方面细化管理，通过携手家庭、齐抓共管，探讨了政府主导、学校组织、社区支持、校外协助、家庭参与等多元的育人模式，形成了较好的示范作用。

以美育人。新时代社会主义接班人的培养，坚持立德树人根本任务，有必要认真贯彻落实教育部《关于切实加强新时代高等学校美育工作的意见》，大力加强和改进美育工作，坚持弘扬中华美育精神。在家校社协同育人中，入选各案例，通过课堂教学、平台活动、文化浸润、艺术展示等活动，多方联动，引领学生树立了正确的审美观念，真正起到了以美育人、以文化人、以美养德的作用。

‖ 三位一体，打造社区儿童"玩美乐园" ‖

长沙师范学院学前教育学院关工委

习近平总书记给中央美院老教授回信强调：做好美育工作，要坚持立德树人，让祖国青年一代身心都健康成长。在"双减"政策和共青团中央办公厅社区青春行动方案等政策引领下，长沙师范学院学前教育学院关工委充分发挥本院国家一流专业建设点——学前教育专业优势，依托本院"UGK+"（高校、政府、幼儿园＋）协同育人模式，整合"五老"力量、专业教师力量和大学生志愿者力量，积极开展社区儿童美育教育实践，自2020年12月以来，与长沙县三个社区合作，倾力打造社区儿童"玩美乐园"，产生了良好的社会影响。

一、创新思路

（一）打造"双进双赢"社区儿童美育乐园

随着国家"双减"政策的推行，美育的育人价值逐步被社会所重视，3~6岁的低龄儿童也有了积极参与艺术活动的需求。与美育需求日益增加相矛盾的是社会上艺术教育资源相对匮乏，一些"美术班""音乐班"等兴趣班动辄需要上万元的学习费用，对一些家庭条件略有困难的孩子来说，面对自己喜欢的艺术活动只能望而却步。基于此，我们以社区为基地，以儿童美育为载体，以中华优秀传统文化为内容，以促进儿童发展和大学生成长成才为目标，依托高校学前教育专业优势和大学生志愿服务优势，倾力打造"双进双赢"社区儿童美育乐园。

1. 儿童美育进社区

本项目是一种基于满足社区儿童艺术学习与发展需要的服务创新。项目结合社区儿童美育需求，以优秀的湖湘文化为特色，定期在社区党支部活动室开展美育活动。以贯彻习近平总书记提出的"以美育人"为基本遵循，补齐教育中美育的短板，推动儿童美育进社区，充分挖掘传统文化特别是湖湘文化中固有的美育元素，将艺术美、科学美、社会美和自然美等内容有机融合，以期能达到"以美养德，美美与共"的功效。

2. 大学生志愿服务进社区

本项目是一种基于大学生成长成才的平台创新。项目以社区为实践基地，注重发挥高校学前教育专业学生的专业优势，在高校"五老"人员和专任教师组成的专家团队指导下开展系列社区儿童志愿服务活动，引导大学生在实践中增强本领、增长才干、增强使命，为实现新时代"幼有所育"的美好期盼贡献力量，充分实现课程育人、实践育人的教育目标。

（二）构建"三位一体"社区儿童美育运行机制

项目注重高校、社区深度合作和协同管理，构建由高校、社区和志愿者组织共同参与的"三位一体"社区儿童美育运行机制。高校专家由"五老"人员和专业教师构成，负责课程开发、美育资源建设和学生志愿服务培训工作。大学生志愿者负责工作制度建设、社区美育活动组织和实施工作。社区提供实践基地，党员干部带头宣传、领导，协助项目顺利开展，合力推进社区儿童美育深入发展。

活动组织以高校为主，社区配合。"五老"人员分别来自高校和社区，高校"五老"发挥专业优势，参与大学生志愿活动的服务培训和指导工作，社区老党员则积极参与活动的宣传、协调和服务工作。高校、社区和大学生志愿者团队携手打造"以美育人，以美养德，用传统文化润养儿童"的玩美乐园。

（三）创新线上线下一体化志愿服务新模式

在当时新型冠状病毒感染疫情防控常态化背景下，仅仅只是依靠实地志愿服务，很难持续地为社区儿童美育实践活动提供支持，因而本团队采用"线上＋线下"的服务模式。线下，我们志愿者全程服务儿童的美育活动；线上，我们利用"玩美乐园"微信公众号，定期向家长推送活动开展情况以及相关的美育资源。儿童在传统文化滋润下，在真的启迪、善的熏陶、美的享受下全面发展。

二、组织形式

（一）以高校特色专业工作室为依托，以"五老"人员为重要指导力量

项目依托于长沙师范学院学前教育学院"玩美儿童美育工作室"开展活动。该工作室 2020 年学院立项，2021 年立项为校级创新创业工作室。工作室核心团队既有学前教育学院专任教师，又有学前教育学院已退休的老领导和专家。借助学院老专家的力量，工作室聘请美术专业和教育专业的离退休老专家参与其中。一方面，定期对项目中的大学生志愿者进行专业培训，保证社区儿童美育资源的先进性、适宜性和教育性。另一方面，"五老"人员还积极参与到社区儿童美育活动中去，与大学生志愿者一起带领社区的孩子们开展美育活动。

（二）以大学生志愿服务活动为基本形式，主要服务于社区 3~9 岁儿童

项目实施依托于工作室的学生志愿者团队开展。工作室包含七位核心成员和多名学生志愿者。工作室核心成员为学前教育专业社团干部，具有较强的协调组织能力。志愿者采用定期招募方式，每次社区志愿服务活动开展前会利用学院社团组织招募，学生自愿参与。活动开展前，工作室会邀请"五老"人员对团队进行针对性培训。每周末在长沙县望仙桥社区、开源社区和金牛湾社区中心定期开展美育志愿服务活动。结合学生志愿者的专业优势，服务对象定义为社区 3~9 岁儿童，主要开展美术、音乐、绘本阅读等相关领域的活动。至今工作室已在三个社区开展美育活动 60 余场，直接受益社区儿

童 800 余人。

（三）以学校周边城乡社区为活动基地，以共青团组织和创新创业教育机构为资金支持

项目以长沙师范学院周边的城乡社区为活动基地，依托于共青团长沙县委员会"长沙县大学生参与基层治理项目"基金、校级创新创业团队立项基金、校"雷风侠"志愿者协会等基金支持，在社区定期开展公益性质的美育志愿服务。社区的党群服务中心积极协助提供场地，中心人员配合开展社区儿童招募、材料提供、活动宣传等服务工作。按照年龄段分为 3~6 岁、6~9 岁两个年龄段进行分班教学，以 10~15 名儿童为一个班级开展活动。除了周末，大学生志愿者还通过暑期"三下乡"等形式继续为社区儿童服务，深受家长和社区孩子喜爱。

三、具体内容

孔子曾言：始于美育，终于美育。追求美是人的内在需要，也是教育的价值目标。游戏是幼儿最基本的活动形式，"玩美"乐园就是要为社区儿童打造一个开展多样化美育活动的场所。通过各种游戏化教学，以美育课程为载体，教会儿童表现美的方法、表达美的情感方式以及创造美的能力，通过潜移默化感受美、塑造美达成"以美育智、以美养德"的教育目标。项目服务分为线上和线下两种模式，其中线上主要为儿童和家长提供 3~9 岁儿童美育资源，线下主要在社区党群服务中心、新时代社会实践文明所开展传统文化美育的公益授课和志愿服务。具体情况如下：

（一）线上——创建 3~9 岁儿童湖湘文化教育资源整合平台

本项目结合社区儿童的美育需求，针对 3~6 岁、6~9 岁儿童美育需求，在公众号、抖音号"玩美乐园"上传具有地域特色的美育资源，针对 6~9 岁低年级儿童配置传统戏剧表演、科学小实验等教育资源。

微信公众号：项目已经创设公众号"玩美乐园"，在"玩美课堂"栏目中推出"听姐姐讲节日故事""红星照童心"等专栏，将线下教学资源（包

括活动教案、教学视频、成果展示）整理并上传。并且，公众号作为我们的主要资源平台，将以视频和推文的形式来呈现我们的教学成果及课程资源，扩大项目知名度。

抖音：本团队已有专属抖音号"幼教百宝袋"，并将在抖音号上传玩教具制作科普视频、亲子游戏、科学小实验等碎片化教育资源。抖音作为我们的主要宣传平台，用来展示我们志愿者的课堂教学组织及部分。

其他教学平台：在完善公众号教学资源库建设的基础上，我们将对接其他数字平台如喜马拉雅、知乎、幼师口袋，并将各种教学资源进行加工设计和上传。

（二）线下——开展传统文化美育的公益授课和志愿服务

团队自 2020 年 12 月开始，每周面向社区儿童开展 1~2 次美育服务实践活动。与长沙县望仙桥社区、金牛湾社区、开源社区、安沙镇中心幼儿园取得合作，进行了湖湘美育教学活动，参与志愿者超过 400 人，受益家长及儿童共计 800 人。"玩美社区——基于传承湖湘文化背景下的美育创新者"团队成为学校唯一一个参加由共青团长沙县委主办的校地联盟"志愿青春"大学生参与社会治理项目的团队。2021 年，玩美社区被评为湖南省"三下乡"优秀品牌，相关活动多次受到人民网、新湖南报道。

《3~6 岁儿童学习与发展指南》中指出："幼儿应具有初步的归属感，知道自己的民族，知道中国是一个多民族的大家庭，各民族之间要相互尊重、团结友爱。能知道自己的省、市、县（区），知道当地具有代表性的产物或景观。"团队基于中国特有的传统节日、湖南本地风土人情以及传统手工艺，贴合 3~9 岁儿童兴趣与发展水平，设计了清明节在内的四个传统节日系列课程，还设计了以水稻和辣椒为例的饮食习惯、以苗族和土家族为例的少数民族习俗的系列课程，以及以剪纸、青花瓷、纸影为例的手工艺系列课程。

1.传统节日美育课程

本团队在调研过程中发现农村幼儿园对于传统文化的教育大多局限于伦理方面的教育，因此，我们挖掘清明节、端午节、重阳节和腊八节等特色节日的教育内涵，以科学活动、艺术活动等活动类型为主要教育内容，以期望儿童在活动中感受传统文化背后的风俗，感受家乡的温馨，激发儿童爱祖国、爱家乡的情怀。

2. 湖湘文化美育课程

本团队围绕饮食习惯和建筑特色（以湖南为例），结合儿童发展规律和文化特色，将传统风俗"教育化""儿童化"，以期望儿童在活动中感受不同风俗的特色，了解不同风俗的内涵，获得多元的发展。

3. 民间工艺美育课程

本团队充分结合传统手工艺，儿童的生活经验、身心发展特点，和幼儿园教育需求与实际状况，主要围绕纸影、青花瓷、剪纸等特色手工艺，针对性地设计欣赏活动、文学活动与美术活动等，引导儿童在活动中感受传统手工艺的美，激发探索、尝试、创造的积极性，得到美的熏陶和美的体验，从而促进儿童全面发展。

四、参加人员

（一）教师团队核心成员

玩美社区教师团队成员情况如下：

封蕊，玩美儿童美育工作室负责人，长沙师范学院学前教育学院专任教师，副教授，长沙市学前教育学会儿童美术教育兼职教研员。2010年毕业于南京师范大学学前教育专业，一直从事儿童艺术教育方向的研究，主持湖南省社科课题"自组织视角下社区学前儿童服务多元化路径研究"等省级以上课题3项，参与编写《幼儿园环境创设与玩教具制作》《手工》《学前儿童艺术教育》三本教材。在《学前教育研究》《教育导刊》等学术期刊上发表论文十余篇。

黄建春，长沙师范学院学前教育学院"五老"人员，学院原党总支书记，副教授，专长于学前教育和大学生思想政治教育，是湖南省普通高校大学生心理健康教育研究会第一届学术专家委员会委员，湖南省贯彻《3~6岁儿童学习与发展指南》实验专家委员会成员，在省级以上期刊公开发表论文10篇，出版著作和教材5部，主持和参与省部级课题10余项；获得省级、市级、校级荣誉20余项。

杨志伟，长沙师范学院校团委"雷锋侠"志愿者协会负责人，湘潭大学管理学硕士，在读博士，主持湖南省社科基金青年项目等3项，公开发表论文10余篇，被评为2018年湖南省高校学生思想政治教育研究与实践百佳个人。

（二）学生团队核心成员

学生团队核心成员如表1所示：

表1　学生团队核心成员

姓名	性别	学院	班级	分工
李*	女	学前教育学院	2017级学前601班	工作室负责人，统筹负责与各方面协调联系
胡*	女	学前教育学院	2017级学前601班	负责项目活动组织、宣传方面
戴**	女	学前教育学院	2018级学前603班	负责美育+音乐领域资源更新
黄*	女	学前教育学院	2018级学前603班	负责财务管理、物资购买等，负责美育+文学方面资源更新
罗**	女	学前教育学院	2019级应心401班	
过**	女	学前教育学院	2019级学前602班	负责微信公众号平台的运营、参与课程完善
冯**	女	学前教育学院	2018级学前601班	

（三）学生志愿者团队成员

本项目的开展利用学校的雷锋侠志愿服务团队、院级的小燕子志愿服务团队招募学前教育专业学生志愿者参与。

五、主要特色

（一）聚焦社区低龄儿童，开发具有地域特色的美育资源

美育是五育的重要组成部分，是促进儿童全面发展的关键要素。然而，由于社区里专业人员缺失，针对学前儿童或低龄儿童的美育存在意识薄弱、资源匮乏、手段滞后的现象。基于此，项目团队依据国家政策和低龄儿童的身心发展特点，结合专业优势，因地制宜地挖掘适宜于本地域的美育资源，

给社区儿童带来适宜的美育课程。本项目围绕传统节日文化、湖湘特色工艺文化、湖湘地域文化等，以领域活动、区域活动、家园共育活动等为主要开展形式，深入挖掘本地域优秀传统文化的育人价值，为儿童提供专属的传统文化美育课程。

（二）发挥"五老"优势，打造服务社区的专家教育团队

长沙师范学院学前教育专业是国家一流本科专业建设点，学院有强大的学前教育领域专家学者队伍。"老骥伏枥，志在千里"，"五老"人员退休后，绝大多数人身体尚好，而且家庭负担较轻，精力十分充沛，正处于"人生里程第二个黄金期"，在加强基层组织建设、促进社会和谐中有着无可替代的作用。本项目积极发挥了高校"五老"人员的专业优势，他们不但积极培训我们的学生志愿者，还积极参与到社区的儿童美育活动中去，以老促建、以老带新，以"五老"高尚的人格教育青少年、丰富的经验培育青少年、无私的奉献关爱青少年，为培育社会主义新人助力添彩，也带动了学院的其他年轻教师积极参与到社区儿童志愿服务活动，形成了强大的社区儿童美育专家服务团队。

（三）构建"三位一体"志愿服务体系，引领大学生服务于社区

长沙师范学院学前教育学院关工委充分发挥本院国家一流专业建设点——学前教育专业优势，依托本院"UGK+"（高校、政府、幼儿园＋）协同育人模式，整合"五老"力量、专业教师力量和大学生志愿者力量，积极构建了"社区、高校、志愿者组织"的三位一体志愿服务体系。这些实践充分发挥了大学生的热情，他们怀着强烈的志愿精神，期望发挥专业优势，调动校乡合作，发挥校乡合力，尽力弥补社区学前教育的短板。通过实践育人，青春的力量在为孩子们的奉献中闪闪发光。

‖ "艺点亮"：艺术点亮乡村美育之光 ‖

——湖南文理学院艺术学院"美育浸润行动"创新工作案例

湖南文理学院艺术学院关心下一代工作委员会

一、创新思路——担使命做实事促专业建设

（一）国家美育发展的战略需求

以美育引领社会文化繁荣与发展，开创新局面，已经成为新时代国家文化发展重要战略。自习近平总书记给中央美术学院八位老教授回信，提出加强美育工作的指示，教育部颁发了《关于全面加强和改进新时代学校美育工作的实施意见》。

（二）乡村艺术教育的实践短板

尽管近年来我国艺术教育得到了广泛重视，但乡村艺术教育仍面临困境。乡村艺术教育普遍存在师资力量、课程开设、配套硬件不足等问题。我们经过对常德市桃源县青林回族维吾尔族乡开展调研了解到，该乡汪家溶小学今年被抽选为国家义务教育质量检测样本单位，但目前专业师资缺乏，艺术教育整体落后，美育水平亟待提升。

（三）地方艺术高校的资源优势

湖南文理学院艺术学院文化底蕴深厚，现设有音乐学、舞蹈编导、美术学、视觉传达设计、环境设计、动画6个专业，有一支高水平的教学、创作、演艺"双师型"师资队伍，在专业教学、学科研究、表演艺术、艺术创作等方面涌现

出一系列特色品牌成果，有辐射并服务湘西北地区的艺术资源优势。

（四）我院前期的相关工作基础

艺术学院前期有较为成功的校企、校地合作基础，如以陈健勇为主的苍山美丽乡村建设、龙阳扶贫点艺术文化活动建设、草坪文化环境营造、墙绘工作室、石门校企艺术合作等。艺术学院结合自己的专业特色以及专业成果，组建了"艺点亮"党建品牌团队、乡村振兴创新创业项目团队，积极以专业介入乡村建设，在实际工作中提升学院研究地方文化、服务地方文化发展的能力，以艺术赋能乡村振兴，以美育点亮乡村。

二、组织形式——"一送二请三挖"美育浸润模式

湖南文理学院艺术学院乡村振兴创新创业项目团队主要以艺术服务的形式增进乡村教育。以社会美育和学校美育的视角，切入乡村教育发展。与乡村中小学进行结对，提供艺术教育师资和教育资源，通过实施浸润计划，在艺术教育方面进行精准帮扶、结对帮扶。在社会美育中，与营造家居环境相配套，结合地方文化遗产资源，通过屋场设计、公共空间设计，促进乡风民俗中公序良俗发展，丰富乡村生活的精神内涵。

具体来说，"艺点亮"美育浸润行动的主要创新在于模式方面，概括地说即是"一送二请三挖"浸润模式，该模式立足浸润学校的地方文化特色和艺术学院的艺术教育资源优势，遵循针对性、特色化、持久性和延续性的原则，开展美育浸润活动，把乡村学院的美育工作落实到实处。

"一送"，指送艺术老师给予指导支持、送艺术学生来校实习教学、送艺术作品举办文化展览。

"二请"，指请中小学生到学院参加音乐会、艺术节，请专业老师到中小学校定期授课，也可通过线上进行同步直播教学。

"三挖"，指挖掘老师艺术潜能，利用师资结对、交流学习，在现有老师基础上培养艺术能力，并在合理合规情况下提供画板画笔等物资。

三、具体内容

（一）建三大浸润支柱

美育浸润活动主要包括三个方面：一是课堂浸润，二是活动浸润，三是环境浸润。相对课堂浸润来说，前期主要是实施"上好三堂课，即一堂音乐课、一堂舞蹈课、一堂美术课。活动浸润是指在中小学开展具体的艺术实践活动，包括特色课程开发、艺术教学条件与资源建设的"美育资源开发"和美育工作室筹建，美育教改设计与实施等。环境浸润是指根据学校需要，为学校筹划文化艺术节、打造校园文化墙，为室内外营造更美的艺术环境。

（二）前期工作对接

湖南文理学院艺术学院乡村振兴创新创业项目团队在前期考察中了解到，作为基层农村学校，因缺乏专业的师资，在艺术教育方面颇为落后，孩子们不仅没有一间专门的音乐教室，甚至有的至今都没有上过一节专业的音乐课和美术课。为扎实做好基层关心下一代工作，让学生身临其境地感受艺术气氛，丰富课程活动，团队积极与该乡对接，邀请孩子们到艺术学院上免费艺术公益课程。

（三）具体活动安排

2022年4月22日，湖南文理学院艺术赋能乡村振兴项目团队到桃源县青林回族维吾尔族乡开展社区教育活动。派遣音乐和美术实习老师作为助教，来到青林乡汪家溶小学等学校开展常态化音乐、美术教学。后续，学院还将继续组织力量向小学捐赠乐器、美术画材等教学用具，组织师生每月赴小学开展示范课教学、教学经验交流以及暑期支教等活动，全面提升汪家溶小学艺术教育的软硬件条件，为孩子们插上艺术的翅膀。

（四）主要活动内容

一是到青林乡汪家溶小学，通过实地参观、听取汇报等方式进行调研，详细了解这所学校开设青少年公益免费课程活动的情况。二是发挥"五老"

的优势，到青林乡汪家溶小学等学校开展常态化音乐、美术教学，教孩子们唱红色歌曲，给孩子们讲红色故事。三是发挥青年志愿者、联系社区单位等社会组织作用，依托"社区家长学校"，密切配合、开拓创新、有效合作、积极开展关爱教育活动。

四、参加人员

"艺点亮"美育浸润行动的主要参加人员包括：湖南文理学院艺术学院"艺点亮"党建品牌团队成员、湖南文理学院艺术赋能乡村振兴项目团队成员、湖南文理学院艺术学院关工委成员（注：乡村振兴项目团队和党建品牌团队成员是艺术学院关心下一代工作委员会的主要组成成员），以及湖南文理学院艺术学院"艺点亮"大学生志愿者团队成员。

五、实际效果

（一）提升了学生艺术素养

丰富了学生课余活动，拓展了青少年兴趣特长，提升了青少年认识美、理解美、欣赏美、创作美的能力，提升了美育综合素养，进一步促进了学生德、智、体、美、劳的全面发展。

（二）传递了青少年人文关怀

减少了青少年网络游戏、手机等电子产品成瘾的问题，减轻了家长尤其是爷爷奶奶等"隔代家长"的后顾之忧。学院关工委同志不仅从生活上照顾他们，而且从心灵上关爱他们，让他们感受到社会大家庭的温暖，给处于困境中的青少年带去希望和温暖。

（三）增进了乡村社区文化

坚持以人为本，通过对青少年的艺术教育、美育培育，增强了青少年对中华民族文化的认同感，培养了青少年尊老爱老风尚，传承了节日活动文化，营造幸福、温馨、和谐的社区文化氛围，促进了社区团结发展。

（四）培养了学生乡村情怀

艺术学院音乐学和美术学两个专业是师范专业，以培养中学教师为主要目标，相对中学教师来说，教育情怀是师范生的重要素养之一，"艺点亮"美育浸润行动，增进了学生对于乡村教育的理解，强化了学生立场乡村艺术教育的意识，提升了学生关注乡村、振兴乡村教育的使命感和责任感。

六、主要特色

（一）以行动响应国家号召

国家乡村振兴发展如火如荼，教育部大力倡导大中小学的美育教育，两者能完美结合，是本案例的出发点。

（二）以专长契合乡土需求

青林回族维吾尔族乡有良好的艺术文化土壤，但缺乏好的美育师资和理念。桃源县青林回族维吾尔族乡是个多民族乡，全乡有回族、维吾尔族、土家族、白族和苗族等5个少数民族，各少数民族都保持自己的风俗习惯。回族、维吾尔族信仰伊斯兰教，重大节日有开斋节、古尔邦节、圣纪节等。如何让孩子们开阔美育视野，也是当地教育负责人的期盼。

（三）以关爱延伸学院服务

湖南文理学院艺术学院打造特色，发挥师资团队和育人理念优势，组建专门团队，结合青林乡的地方特色开展社区教育活动，实现教育文化对接，增强青少年对中华民族文化的认同感，打造社区"五爱"教育阵地，助力新时代关心下一代事业蓬勃发展。

湖南文理学院艺术学院的艺术点亮乡村美育之光社区教育创新活动，受到了国家、省、市等多家媒体的关注和报道，社会反响评价好。该活动创新有很强的现实参考意义，具备较大的推广应用价值。

‖ 知识做帆，理想启航 ‖

湖南交通职业技术学院关工委

一、创新思路

在科技发展迅速的今天，我们的国家时刻都需要注入新鲜的血液，学生是祖国的花朵，是祖国的未来，保护他们是我们关工委义不容辞的责任，扩展他们的视野也十分有必要。所以，湖南交通职业技术学院关工委"五老"们带领着学生干部，通过支教的形式进行社区教育活动，同时立足于湖南交通职院智能交通学院交通专业，增强学生的交通安全法治意识和文明宣传意识，引起他们对交通知识的兴趣；掌握基本的交通安全知识，给予他们交通安全知识上的帮助，以此开展支教活动。

二、活动准备

（1）活动开展前，由湖南交通职业技术学院关工委曹建群老师组织开展了支教讲座，自己对于多年教学的经验进行了分享，对于教学过程中如何同学生们进行交流互动、如何带动学生们的学习积极性等问题进行了详细的解说。

（2）关工委"五老"丁小民老师和关工委秘书马艳老师也就支教工作的具体开展对负责活动的学生干部进行了指导，关于活动以什么样的形式、如何去开展给出了建议，对于支教团队在整个活动过程中的组织纪律提出了要求。

（3）关工委"五老"丁小民老师和曹建群老师组织了学生进行试讲，在试讲过程中帮助学生发现并解决问题。

（4）活动前期湖南交通职业技术学院关工委与干杉社区工作人员联系，共同讨论开展此次活动。

经过关工委老师们的一系列指导以及同学们的准备，大家都对此次支教活动充满信心，相信一定能在本次活动中有所收获。

三、组织形式

活动以说课式为主要方式展开；提前做好总体安排，准备好说课材料。以课堂讲解的形式开展，同时插入一些小游戏和抢答环节，形成良好的学习氛围，达到促进教学相长的目标。

四、具体内容

本次的教育创新我院前往干杉小学及纠田小学两所小学开展了支教活动，历时两年，期间恰逢建党百年，以此为契机，我们的活动中有以红色精神为主的课堂讲解，也有立足智能交通学院交通专业，辅以其他知识进行的课堂讲解。一方面，让小朋友树立起爱国精神，了解先辈们的故事；另一方面，我们的青年大学生也需要传递好党的红色精神，让红色精神永存。同时，立足于智能交通专业，让学生更加了解交通安全知识，同时开阔视野。活动前准备由湖南交通职业技术学院关工委负责人与支教小学及社区工作人员取得联系，并同负责人谈好活动的具体事项，得到他们对活动的有力支持，确定参与人员时间安排，提前准备好物资，财务落实到每一个经费支出处，在活动当天与社区工作人员共同前往支教地点。

（一）干杉小学支教

本次活动分为两个模块：

模块一：红色教育

活动开展：恰逢建党百年，以此为契机，进行了以红色精神为主题的支教活动，活动以回顾党的光荣历史为主，带动小朋友了解党的历史，学习先辈艰苦奋斗的精神，努力学习，勿忘历史。做到爱国敬业，为国家富强做出贡献而拼搏。

（1）活动从观看红色电影片段开始，让小朋友感受红色精神，视频结束后让小朋友就片段讲述自己的观后感受，再由湖南交通职业技术学院关工委成员发表观后感受，共同学习。

（2）由主讲人对相关红色主题课程进行讲解，然后就课程所讲知识进行提问。

（3）湖南交通职业技术学院关工委成员同社区工作人员一起带动小朋友共同讲述自己所知道的红色人物的英雄事迹。

模块二：安全教育

活动开展：由讲课人向小朋友讲解相关交通安全知识。在讲课的过程中，我们也设置了抢答环节，就上课讲的和一些生活中常见的交通安全知识进行了提问，对于上课认真听讲并正确回答问题的小朋友给予奖励，虽然没拿到奖励的小朋友会有失望，但在老师的教导下大家依旧回到了开心的氛围且更加认真学习。活动接近尾声，我们团队的成员给每位小朋友发放了糖果，再由无人机专业的同学为小朋友科普了一些无人机知识，播放了一些无人机工作的视频，引起小朋友兴趣，同时开阔视野，号召他们认真学习，这样才能从事自己喜欢的工作。同时，参与活动的我们也在此次支教活动中对于自己的专业知识有了更深刻的理解，提升了自己的能力，很好诠释了教学相长这个词。

（二）纠田小学支教

活动依旧立足于湖南交通职院智能交通学院交通专业，以交通知识教学为主要内容开展课程，在课下更多地带入课外活动，学习知识的同时开阔学生的事业，做到劳逸结合，锻炼青年大学生的综合能力和责任意识。

活动前半段，我们在社区工作人员及小学老师的带领下熟悉环境，之后，我们到达支教对象班级，向各位同学进行自我介绍以及我们此行的目的。首先通过交流的方式打开话题,逐渐同小朋友们熟悉起来,了解他们的世界,以便更好地进行活动。

活动中期,我们主要就交通安全知识进行授课,教会同学们遵守交通安全,贯彻交通安全理念。在课堂上多次与同学们进行互动,设置问答环节,倾听每位同学的看法想法,及时纠正错误,也对他们的勇于发言给予鼓励,带动他们的发言积极性。

课后的时间里,我们同社区工作人员一起带领同学们进行课外活动,做一些团体的小游戏,增强同学之间的团队凝聚力。同时,我们也带领小朋友进行一些手工品的制作,锻炼他们的动手能力。

活动的最后,我们给同学们发放了一些学习物品,并向同学们告别,送上寄语,大家保证团结一致、努力学习。

五、参加人员

本活动参加人员为湖南交通职业技术学院关工委全体成员。

六、实际效果

本活动取得的实际效果包括:

(1)我们资料准备充分,在课程教学过程中达到了良好的效果。

(2)我们同社区工作人员一起进行活动,他们对活动地点和情况更为了解,合作更为得心应手。

(3)我们购买的学习用品是学生们需要的,他们很喜欢。

(4)支教团队拥有良好的逻辑,互相配合工作,从开始到结束,都是按照计划进行的。

(5)有些学生上课不听话,或者没听清楚小老师的讲课内容,团队成员们都会耐心地陪伴,向他们讲解其中的道理。

(6)整个活动过程中,与学生有足够的沟通和互动,活动氛围良好。

(7)团队的成员们安全意识强,在下课期间,带领学生们进行有趣的小游戏,既能让学生们大量参与,眼睛和身心得到放松,也保护了他们的安全。

七、主要特色

活动以支教为主，面向小学生，紧跟时代步伐，同时立足于本院的特色专业进行授课，在学校关工委"五老"教师的指导下开展，有效帮助学生了解相关知识，拓宽知识面。同时锻炼了大学生的能力和责任意识，活动中更致力于学生的多方面发展，不仅仅局限于课堂上的书面知识学习，通过小游戏培养团结精神，通过手工品制作提高动手能力，充分展现了"劳逸结合"这个四字成语，同时在"教"与"学"的过程中实现教学相长，共同进步。

‖ 班主任工作之家校合作"助长培优" ‖

长沙幼儿师范高等专科学校　龚志江

班主任工作是教育工作的重中之重，班主任工作直接关系到班集体的建设和学生的健康成长，同时会对家庭产生一定的影响。中小学生正处在身心发展的重要时期，他们要长身体、长知识、增长独立生活和工作的能力，需要班主任专门指导，使他们在德、智、体、美、劳诸方面得到生动活泼、主动的发展。作为教育专业人才，班主任的教育不能仅仅囿于学校范围，而应该延伸到家庭和社会。特别是在当今时代，班主任不仅要教会学生去适应社会生活，帮助他们开发潜能，指导他们去创造新的生活，还要指导家长进行科学的家庭教育，促进孩子的全面健康发展。根据心理学家的研究，人在经过训练之后，其创造力可以提高好几倍，这说明人的潜能很大。班主任的工作就是要结合家庭教育不断开发学生的潜能，使学生的创造力得到充分发展，从而为社会作出更大贡献。

一、家庭教育是孩子发展的基础

苏霍姆林斯基说："父母是孩子的第一任老师。"那么家庭对孩子的影响也是基础性的和烙印式的。

问题孩子不是天生的，一个问题孩子的背后，往往有一个问题家庭，或者说家庭教育存在问题的家庭。离婚率的不断攀升以及外出务工、经商等原因，让孩子在需要呵护的时期没有得到父母的关爱，导致不少孩子缺乏正常、健康的成长环境。那么学校教育在这种情况下便显得尤为重要，虽然学校教育无法弥补家庭教育的缺失，但是能够在一定程度上解决家庭教育缺失带来的问题，也可以引导家长及时弥补家庭教育缺失带来的相关问题。

家庭教育问题不仅仅是缺位这一个方面，更多的是家庭教育缺乏科学性和发展性，导致了孩子无法在正面积极的影响下成长，特别是独生子女和留守儿童的家庭教育问题。

很多家庭只有一个孩子，那么这个孩子自然成为所有其他家庭成员的核心所在。万千宠爱集一身，溺爱孩子，最终导致的就是孩子成为了"宝贝"，在家里人人宠着，到了学校谁也不敢管，也不能管，家庭教育不仅没有给予孩子成长以科学健康的支持，在学校教育可以弥补的时候反而还起到了阻碍作用，最后孩子的发展在家庭教育方面无法得到相应的引导，而学校教育无法正常进行，那么孩子的成长就会不断出现问题。

留守儿童的家庭教育问题，也是当下一个比较普遍且严重的问题。由于父母工作繁忙，几天见不到父母的孩子很多，在农村一年见不到父母的孩子更是普遍。在这种环境之下，孩子渐渐养成了孤独、封闭等性格弱点。有的家长甚至认为教育孩子是学校和老师的事情，跟家长无关。

由于各种原因，孩子的成长缺乏必要的呵护和监管，最终成为一个严重的社会问题。孩子的教育单靠学校是完成不了的，家庭教育是教育的重要组成部分，家庭教育是教育的基础，学校教育是家庭教育的助力，只有各方面力量相互配合，才能完成对孩子的科学教育，促进孩子全面健康发展。

二、背景与缘起

孩子的成长有着其自身的规律，生理和心理的发展不平衡以及个体与个体之间的差异，在家长群体和孩子群体中都会产生相应的反应，如果没有科学的指导，个体发展的差异性就可能成为群体的异类，群体会对个体的成长产生消极阻碍作用，这样就会导致个体的成长环境遭到破坏，直接影响个体的健康发展。

班主任工作直接与孩子和家长打交道，家庭教育问题在了解的不断加深中必然会暴露无遗。班主任在掌握学生身心发育发展情况的同时，也要进一步了解学生的家庭状况，在对这些都有所掌握以后，孩子的动向基本就可以把握住。

家庭教育是基础，学校教育是关键，社会教育是依托，三教结合，是教育的本质要求，也是促进孩子全面健康发展的必须。然而，传统思维总是忽视家庭教育的基础作用，将学校教育的作用无限放大，这也要求作为专业教育人才的班主任老师要更多地掌握相关的理论知识，在开展学校教育的同时，充分利用社会资源，积极引导家庭教育的实施，给孩子的成长打造一个闭环式的教育环境。

三、家校合力，助长培优

班主任作为班级的第一责任人以及专业教育者，有义务也有能力引导家长科学地开展家庭教育活动。

（一）案例一：认真了解孩子，改变教育策略

基本情况：小玉（化名），女，15 岁，先后被五所学校退学。近期离家出走由警察找回，母亲在被多所学校拒绝后，听说舞蹈专业全封闭管理，便送来就读。

家长自述问题行为：抽烟、喝酒、逃课、泡吧、离家出走、打架等。

家庭情况：母亲带着未上学的弟弟，小玉由七十多岁的外婆管教。（家庭成员无人谈及父亲）

入学一个月，小玉在校表现一切正常，班主任利用这一个月时间观察熟悉小玉相关情况，并进一步观察家长，了解亲子关系。

教育契机：某周六早上八点，小玉在宿舍同学外出时，将自己的衣服堆在宿舍中间点燃，自己坐在旁边抽烟。生活老师发现宿舍冒烟，及时赶到，并将火扑灭，同时汇报学校，告知班主任。没收打火机三个，高级香烟六包，其中两包已经打开。

事件分析：通过一个月的观察，了解到小玉性格温和，并不喜欢与人争斗。

家庭中父亲角色缺位，家庭成员无人主动提及父亲，外婆也是讳莫如深。妈妈性格强势，一边上班一边带着弟弟，小玉全权交由外婆管教。妈妈日常对小玉没有问候，跟班主任聊天更多的是讲述小玉过去的"辉煌事迹"，以及自己的工作能力和生活条件优越，对于小玉的成长并不在意。诸多情况表明，点火事件是小玉观察一个月后的"正常行为"，在经过抽烟、喝酒、逃课、逃学、离家出走，甚至打架等一系列行为之后，小玉找到了能更快引起妈妈关注的手段。由于缺少妈妈的关怀，15 岁的小玉一直生活在自我怀疑之中，并时刻在寻找能得到妈妈关注她的方法，然后一步一步升级她的问题行为。

行为诊断：缺乏关爱，寻求关注。

解决方法及过程：通过对事件本身以及孩子心理状态分析，得出孩子问题根源在于家庭，而非孩子本身。我并没有骂她，任何处理她的做法对她都起不了作用，而她恰恰希望自己被处理。我首先是问她近段时间是否适应了学校的生活，跟同学相处怎么样，专业课上是否能受得了练功带来的疼痛……在一系列的心理暗示和铺垫后，小玉从进门时的淡定，到慢慢变得有点惊慌。我知道我的方法奏效了。虽然她始终没有回答我的任何问题，但是从眼神可以看出她心理的变化。接着我跟她说："你很漂亮，也很聪明。我从科任老师那里了解到你在专业学习上接受程度特别高，别人要花半天才能理解的动作，你只要老师教一遍就会了。文化学习上你的底子很好，不愧是重点中学转来的。同学们都很佩服你，很想跟你交朋友。可是因为你抽烟，她们有点害怕跟你走在一起。这么漂亮要是被烟熏黄了脸可就不好看了。你说呢？"小玉看着我使劲点了点头，虽然她一直没说话，但是我能感觉到她对我的戒心和敌意明显降低。我拍拍她的肩膀说："老师相信你能做得更好，先去上课吧，要是有什么困难就跟老师说，老师很乐意帮助你。"同时通知家长来校交流孩子的教育问题，跟家长约定每周至少两次主动跟孩子联系，周末放假尽量来学校接她，带她和弟弟一起过周末。班主任每周保持两次及以上与家长沟通，及时交流孩子的身心状态，同时给家长提供教育支持，以便更好地发现问题、解决问题。

效果反馈：通过半年的努力，小玉的情况发生了巨大的变化，学习认真努力，跟同学相处融洽，一个学期下来文化和专业成绩竟然都直接进班级前三，不再抽烟、喝酒，偶尔周末主动留校学习，成了班级榜样人物。

（二）案例二：给孩子归属感

基本情况：小陈，男，文化学习基础好，学习能力强，专业成绩也名列前茅。为人处世特立独行，集体意识较弱。

家长自述问题行为：好动，话多，上课喜欢讲话等。

家庭情况：母亲管家，父亲存在感低，姐姐比较强势。母亲管理严格，对孩子要求较高。

小陈小学毕业后来到学校就读，活泼好动，学习成绩较好，但任课老师对他的投诉不断。上课的时候他想尽办法引起老师的注意，把位子调到哪里，他都能引起全班对他的关注。总是违反纪律，扣分不断。但是他犯的都是小错误，真要批评教育他或者严厉惩罚他，又让人觉得上纲上线。

教育契机：某天，小陈因为太闹腾，多次提醒无效后被任课老师请到教室前门站着听课。班主任经过教室观察了一阵，小陈没有丝毫安分，一有机会就对着同学做鬼脸。班主任在跟任课老师沟通后将小陈带到了办公室，帮忙整理班级资料。

事件分析：小陈之所以一直忍不住想要得到大家的关注，是因为妈妈过度关注的教育方式给他造成了自我中心意识过强，逆反心理加剧。该生并非因缺少关注而想要引起大家的关注，反而是因为家里关注过度，让其在学校的集体生活环境下用这种方式来体现自己的存在，满足自己的心理需求。由于家庭教育原因，孩子的自我效能感较高，盲目自信，自我约束能力不够，在集体生活中显得非常"个色"，且缺乏集体意识，没有集体荣誉感。

行为诊断：因家长关注过度，自我存在感较弱，处处追求"存在感"。缺乏集体意识，无集体归属感。

解决方法及过程：我通过长时间对小陈的观察以及对其家庭环境的了解，发现小陈的问题根源发生在家庭教育上，而并非简单的个体的行为差异。趁着这个机会，我就把他叫到办公室让他帮我把班上同学的档案和班级获得的奖状等整理好。他很快就收拾好了，跑过来跟我说："原来他们拿了这么多奖励啊。"我说："不是他们，是我们。这些奖励也有你的一份功劳在里面。"说完这句话的时候我特别注意了他的神态变化，很明显感觉到他被我的话震到了。可能他原本认为我会借机批评他一通，没想到结果竟然说奖励也有他的功劳。看到他有点蒙，我把手搭在他的肩膀上说："你是我见过学生里面非常特别的一个，我们班因为有你也变得比较特别。以后不要说'他们'，因为这'他们'里面还包含着你呢，所以以后要说'我们'。我们都是这个集体的一员，这是一个大家庭，需要我们每一个人来维护它。"

我在对小陈进行心理疏导和教育的同时，也跟他的妈妈沟通了孩子的教育问题，并且达成了一致意见：我在班上给他安排管理工作，让他有机会为班级服务，肯定他的班级存在感，慢慢消除不良心理需求。小陈妈妈降低对小陈的关注度，并且放宽对孩子的管理，给孩子一定的自我空间，短时间内不再密切关注小陈的生活和学习。如有问题跟我联系，意见一致后再开展下一步工作，观察期定为三个月。

效果反馈：在我和小陈妈妈的共同努力下，一个多月后小陈的行为习惯得到了极大的改观。科任老师对他的改变表示惊讶，多次反映小陈的情况越来越好，上课不吵不闹了，认真听讲，就算不想听课，也绝不影响旁边的同学。紧接着的学校评比，分数也上去了，最后以优异的成绩考上了重点本科院校。

（三）案例三：发现亮点，点亮希望

基本情况：小可，女，15 岁，性格内向，少言寡语，父母亲都比较强势。

家长自述问题行为：胆小怯弱，不跟任何人交流。因小学时被老师惩罚导致自闭。

家庭情况：父母亲都比较强势，由于父亲工作忙，孩子的教育基本由母亲承担，母亲说话比较啰嗦，对孩子要求比较多，教育方法简单。

小可入学的时候，其母亲一再交代，说孩子胆小怕事，要班主任多多关注这个孩子，不要让她受欺负。

教育契机：我发现这个孩子特别的害怕老师，在路上碰到老师她就全身紧张起来，而且双手立马夹紧放在身体两侧然后慢慢地躲过去。开始的时候我只是静静地观察她，并交代同学好好照顾她。从同学那里了解到在宿舍的时候她还是有想法跟同学交流，偶尔也会主动说说话，如果她意识到被冒犯反应会比较大，还会骂人。我想我应该找她聊聊，可是当我把她叫到办公室的时候，我发现她异常紧张，近乎全身发抖的地步。我安慰了几句，很快就叫同学把她带离了办公室，从此以后再没有叫到办公室来过。只是交代同学多关心她，多带她玩。

事件分析：小可由于受过心理创伤，应激反应较大，自我调适能力极弱，自我效能感低，但渴望被关爱的同时又害怕被关爱，家庭教育方面父亲缺位比较严重，母亲教育方法不适当，不仅没有缓解孩子的自闭，反而加重了孩子的自我保护意识和应急反应程度。

行为诊断：自闭、自卑，自我效能感低，应急反应激烈，但渴望被发现和关爱。

解决方法及过程：在与小可正面接触以后，我便安排了同寝室的学生照顾她的生活起居，关注她的动向，并且按时向我汇报。交代任课老师多鼓励表扬她，我自己的课上也有意无意地夸夸她。家长方面，跟家长达成共识，父母亲周末至少用半天的时间带小可出去玩，玩的内容不限，可以是一起散步，可以是走亲戚，可以是去游乐场或公园，钓鱼、打球、玩游戏等。如果发现孩子的行为有改变或者有什么不对劲的地方及时和我沟通，商量解决孩子的相关问题。

效果反馈：经过两个学期的努力，她开始有了改变。她在家开始跟家里人说话，而且交流的次数也有所增加。经过两年的时间，她不再那么害怕老师，见到老师偶尔会打招呼，跟同学的关系也越来越好，有时候上课有同学吵，她还会用很低的声音制止别人。

总结：问题学生问题的根源往往不在学生自己身上，作为班主任，我们要学会调动一切资源帮助这些孩子，让他们能够恢复自信，拥有不一样的人生精彩。特别是要充分利用自己的专业知识和能力，引导家长进行科学的家庭教育,家校合作才能更好地促进孩子的全面发展。教育的责任不可谓不重,正因如此我们的工作才有了意义和挑战,才会更有成就感。班主任要充分发挥主观能动性,在教育改革的浪潮中,不断探索教育教学方法,不断提升家庭教育专业水平和指导能力,在传统教育的基础上融合现代教育手段,结合时代特征,不断创新教育方法,与时俱进为教育事业做贡献。

‖ 三股力量拧成绳　科学管理共育人 ‖
——长沙财经学校家校社协同育人典型案例

长沙市财经学校　李健惠　曾佳　王建茹

长沙财经学校是首批国家职业教育改革与发展示范校、首批湖南省卓越职业院校、湖南省文明标兵校园，近年获评湖南省学生管理、教学管理、实习管理、文化建设强校等荣誉称号。这些都是学校采取家校社协同育人的成果。

一、实施背景

（一）管理育人是为了落实立德树人根本任务

为深入贯彻习近平新时代中国特色社会主义思想，落实全国教育大会精神，在面向中职学生开展管理时，不断优化管理育人，更好地全面落实立德树人根本任务。

（二）管理育人是为了深化中职学生管理工作

将德育工作贯穿落实到学校管理之中，以社会主义核心价值观为引领，完善管理制度、明确岗位责任、加强师德师风建设、细化学生行为规范等方面，在管理中育人。

（三）中职学生呼唤人性化的管理

当代的中职学生在接受中职学校的管理时，呼唤人性化的管理，不太愿意接受冷冰冰的管理。中职学校德育应根据中职学生的特点，从多方面实施人性化管理，春风化雨共育人，方能"润物细无声"。

二、实施亮点

（一）定规矩守制度，厚植管理育人之根

我校在管理育人方面确立了九大制度——德育工作、组织建设、德育常规管理、德育队伍建设、班主任岗位职责、德育工作例会、德育评优、德育工作考核评估、家校联系。这是我校开展管理育人工作的制度保障，从而明确岗位职责、落实学生管理德育工作重点，实现学生管理育人工作的整体化、高效化。

九大制度中的家校联系制度这一项目，由学生处牵头，由学校德育工作室负责，组织全校班主任参与研究，湖南省家庭教育"十三五"规划重点课题"基于家校互动策略的家校互动规程（手册）的研究"已经结题，并且已经出版该项课题的研究成果《家校互动手册》。

（二）建队伍强管理，巩固"三全育人"之基

建好三支坚强有力的管理育人队伍。

一是在职教师管理育人团，由学生处组织全校的年级组长、班主任、辅导员组成，全面负责面向学生的管理、教育、教学等工作。有的老师走进社区，向社区居民传授烹饪、美容、化妆、插花等知识。

二是老教师管理育人团，关工委组织的23名离退休老教师，把党的政策、学校要求和德育思想传递给学生、家长、居民。

三是校外专家管理育人团，来自湖南省家长学校讲师团、长沙市未成年人心理健康辅导中心、市戒毒中心、市看守所、市中心医院等机构，定期来校给学生做讲座。

例如，校外专家管理育人的团队中，有来自我校学生对口就业单位的专任导师，这就结合了现代学徒制，面向我校烹饪、美发等专业的学生。既充实了我校的管理队伍，又结合专业特点，还帮助学生丰富了专业感受，并尽早规划专业方面的职业发展。

（三）借网络连家校，深培共同育人之壤

借助网络，我校建设四个家校交流阵地，渗透八项德育主题（理想信念、中国精神、道德品行、法治知识、职业生涯、心理健康、生命安全、环境保护教育）：

一是我校的"财校通——学生素养发展评价平台"，通过大数据记录学生在校期间的表现，实现学生行为信息化、学生资料数据化、成长档案可视化。家长可随时获悉学生的在校情况。

二是班级家长QQ群、微信群。我校制定了《班级QQ群、微信群管理公约》，从不同层次管理指导，保证微信群组有序运行，引导学生和家长接受主流媒体的正能量报道。

三是学校微信公众号，是学校对外宣传的重要阵地，也是学生及家长了解学校的重要途径。

四是学校抖音账号，是专门发布学校特色短视频的窗口，也是传播学校管理理念、宣传学校管理成果的宣传栏。视频传播，浅显易懂，适合我校的家长群体。

当今互联网时代，信息化平台必须相互联动，例如，通过抖音账号发布的短视频，形式新颖，紧跟网络潮流，不仅让家长喜闻乐见，还对学生有较大吸引力，而且面向社会的宣传效果也很好。借助网络平台，促进管理育人的影响从校园走向家庭，让学校的管理育人的正能量在社会广泛传播。

（四）建平台促成长，共树崇德尚技之材

我校建立的五大平台——学籍档案管理、心理健康教育、学生综合素质评价、顶岗实习管理、教育管理资源，既是依托智慧校园建设构建的立体管理体系的硬件，又是管理育人工作中落实各项制度、记录成绩与活动、客观全面评价的软件。学生在校参加六类活动（常规、展示、竞赛、仪式、社团、培训）都能得到及时的管理与反馈。

五大平台涵盖了学生的三年在校综合情况，对学生的精细化管理、科学引导都有很大的帮助，尤其在立德树人方面，做到了可评可测。

三、成效与反思

（一）成效与经验

1. 确立四个方面，形成管理育人模式

我校从制度保障、队伍建设、交流阵地、管理平台等四方面立体管理，形成了独具财经特色的"班团互助、家校共管、校内外同育人——9335 管理育人模式"，即上述的九大制度、三支队伍、三个阵地、五大平台。

2020 年底，在教育部组织召开的职业院校德育工作研讨交流会上，我校校长陈全宝在大会上发言，介绍了我校管理育人的经验。

我校作为湖南省中职学校的唯一代表，自 2016 年起，连续四年参加教育部关工委特色工作经验交流会，我校关工委副主任汤灵连续四次在会上发言介绍管理育人的典型经验。我校是全省唯一被评为"湖南省示范家长学校"的中职学校。

2. 确保"三全育人"，播撒管理服务理念

在管理育人方面，对校内教师、离退休教师、校外专家三支队伍，明确管理育人责任，各有侧重、互为补充，真正实现了全员管理、全员育人，让全体教职工努力做到了对学生全方位、全领域的教学育人、管理育人、服务育人。我校是首批长株潭城市群一体化职教共建共享实训基地，长沙市教育局"主题式活动育人"德育项目化管理示范校。

3. 增强自主能力，培养匠心全面发展

我校成立学生会、团委会、班委会、学生社团、志愿者队伍等，培养学生自我教育、自我管理、自我服务的能力。我校音乐剧《永不放弃》的主演兼故事原型罗宾汗同学在 2018 年省中职学校德育工作座谈会上作《凤凰涅槃，青春为证》的发言。

（二）反思与改进

近年来我校在管理育人方面取得的管理实绩和德育效果有目共睹，但仍有值得反思之处：一是大批青年教师作为德育实施者如何把握严管慈育的度，并使德育效果最大化；二是学生在顶岗实习实训期间，如何进一步深化管理育人。

我校对此的改进举措有：一是以校德育名师工作室为引领，组织班主任开展德育管理工作的案例分析和研究工作；二是建立教师到企业实践、参与管理学生的工作制度，让学生在顶岗实习期间，既能接受学校教师的管理，又能尽快适应企业的管理制度，感受到学校对其"送下水，扶着游；送一程，帮一程"的人性化管理。

‖ 构建家校社协同育人特色生态圈 ‖

——县域整体推进家庭教育"1221 模式"的实践探索

长沙市浏阳市教育局

家庭教育是国民教育的重要组成部分，是学校教育和社会教育的基础，在未成年人成长过程中具有特别重要的作用。近年来，浏阳市教育局致力于办好人民满意的教育，以家庭教育为切入点，持续深化基础教育综合改革，突出需求导向，完善政策措施，多线多方联动，创新工作特色，推动家庭教育社会公共服务体系配套建设，做到内容科学、流程规范、队伍专业，努力构建浏阳市全面、健康、和谐的家校社协同育人特色生态圈，实践探索形成县域整体推进家庭教育工作的"1221 模式"，即明确一个目标、抓实两个建设、培养两支队伍、构建一个整体特色生态圈。浏阳市教育局从提升家长家庭教育水平、为家长赋能出发，办人民群众满意的教育，促进儿童青少年身心健康成长，如今家庭教育推进工作取得明显成效，现将主要做法总结汇报如下：

在规划上，按照"全面普及提升、创新工作特色"的思路，整体规划全市家庭教育推进工程。一是召开全市家庭教育工作推进会议，印发《关于进一步加强新时代家庭教育的实施意见》，全面启动该工作。二是确立"行政部门搭台、专业机构引领、学校具体实施、全面提升发展"的总体推进思路。三是编制《浏阳市新时代家庭教育推进手册》，明确目标、任务和推进策略。在实践中，构建起县域整体推进家庭教育工作的"浏阳 1221 模式"。

一、明确一个目标

浏阳市围绕 "办好人民满意的教育"这一总目标，持续推进家庭教育指导工作，不断壮大专业化指导服务队伍，丰富各年龄段精品课程，提升家长家庭教育水平，促进家校社合作紧密，减少家校之间纠纷，教育教学质量大幅提升，基础教育改革稳步推进。

二、抓实两个建设

（一）政策保障和机制建设

通过出台并印发《关于进一步加强新时代家庭教育的实施意见》，成立全市家庭教育工作联席制度，设置专门办公室，联动十一个职能部门，各司其职，全市统筹规划，形成合力，全面科学、系统开展该项工作。构建集研究、培训、服务、监测、评估等多功能于一体的二级指导机构（浏阳市家庭教育指导服务中心—各教育发展中心成立家庭教育指导服务站），形成政府主导、部门协作、社会支持、家长参与的家庭教育工作格局，将培育和践行社会主义核心价值观融入家庭教育全过程。

（二）家庭教育主阵地建设

建设各级各类家长学校，构建三级家长学校联动服务网络（浏阳市家长学校总校—各教育发展中心家长学校—各类家长学校），配备懂家庭教育专干（专职或兼职），制定《浏阳市家长学校建设标准》。全市现有家长学校 326 所，其中省示范家长学校 3 所，长沙市示范家长学校 8 所，浏阳市示范家长学校 54 所，合格家长学校 87 所。2020 年至今，志愿队伍开展线上线下讲座近 150 场，服务近 60 万人次。至 2025 年，逐步建立起规范高效的社区（村）家庭教育指导服务管理运行机制，科学实用的基础课程体系，数量充足、素质优良的指导服务工作队伍，常态化地开展本地家庭教育指导服务工作，为家长提供多元化、普惠性的家庭教育公共服务，提升家长的家庭教育素养，并将家庭教育工作纳入街道、村（社区）及各企事业单位的绩效考核。

三、培养两支队伍

（一）培养好家庭教育骨干讲师和志愿服务指导师

按照分批培养、梯队发展的思路，以张晓阳家庭教育名师工作室为载体，通过开展普及培训和常规培训，建立梯级师资培养机制，培养遴选出县级骨干讲师，打造县域内的家庭教育领军力量，在此基础上加强专家型教师培养；同时，组建一支志愿服务指导师队伍，通过志愿服务公益项目的推动，让家庭教育的种子在县域内遍地开花。

（二）夯实家庭教育教研、科研队伍

在三级家长学校联动指导服务网络的框架下，组建"1+5+X"家庭教研指导机构协作区，构建"县级—五个协作区—学校"三级教研体系。以家庭教育骨干讲师为主体研讨商定家庭教育规划，以协作区教研为载体培养学校家庭教育教师队伍，以专家型教师为引领开展学校教研活动。注重加强家庭教育教学研究，目前已经申报"十三五""十四五"家庭教育课题近 10 个。

四、构建特色生态圈

多方联合，协同推进，打造家校社协同育人生态圈。

（一）完善社区协同机制

将家庭教育指导服务纳入城乡社区公共服务体系，逐步健全公共服务模式，确保家庭每年至少接受 4 次规范的家庭教育指导服务活动。各街道、社区要建立完善家长学校或家庭教育指导服务站点，利用节假日和业余时间组织家庭教育指导和实践活动。各中小学（含中职）、幼儿园要加强与街道、社区家长学校或家庭教育指导服务站点的联系，有条件的学校（幼儿园）可派教师到街道、社区挂职，为家长提供公益性家庭教育指导服务。（责任单位：教育局、文明办、妇联）

（二）统筹各类社会资源

教育局、文明办、妇联等相关部门紧密合作，推动有条件的机关、企事

业单位、社会团体创办家长学校，规范开展家庭教育指导服务工作。社区家长学校或家庭教育指导服务站点积极向街道（镇）申请政府购买家庭教育公益岗位和活动，引导多元社会主体参与家庭教育指导服务。教育局依托文化馆、图书馆、博物馆、青少年活动中心（少年宫、少科站）、学校少年宫、社区等公共服务阵地，为不同年龄段孩子及其家庭提供家庭教育指导服务。妇联联合相关部门对特殊困境儿童群体家庭教育开展支持服务工作，鼓励和支持各类社会组织发挥自身优势，积极关心流动人员子女、留守儿童、残疾儿童和贫困儿童。（责任单位：教育局、文明办、妇联、文体局、民政局）

（三）营造良好舆论氛围

充分利用电视台、电台、报刊等传统媒体以及微博、微信、抖音等新媒体优势，开设具有社会影响力的专题、专栏、专刊等，广泛宣传家庭教育科学理念和知识，宣传优秀家庭教育案例，传承和弘扬好家风家训家教，为家庭教育营造良好的社会环境和舆论氛围。（责任单位：广电局、宣传部、文明办、科技局）

（四）开好家庭婚姻"第一课"

在民政局婚姻登记处开设窗口，提供家庭教育、婚育健康及育儿知识指导和服务，特别是针对即将要离婚的家庭提供疏导和服务等。（责任单位：民政局、教育局、卫健委、司法局）

（五）大力拓展家庭教育主题文化及新媒体服务阵地

多渠道多形式常态化开展"家庭教育文化节"等科普活动；依托"互联网"建立大数据背景下家庭教育成效数据分析机制，建设好两大平台——指导服务优质资源的宣传推送平台、信息化互动与成长求助平台。落实线下课程，建设线上课程。各家长学校推行校级、年级、班级化教学，制订学校和班级教学计划，规定课时并严格落实，尤其是每学期开学精心设计家庭教育开学第一课，保证家长学校开好头、起好步；同时，通过家庭教育名师工作室，通过微信号、视频号等网络平台，免费生产和推送家庭教育学习资源，为家庭提供跨时代多平台的学习资源。志愿服务进家庭。通过公益大讲堂等多个志愿服务项目，促进家庭教育骨干讲师和志愿服务指导师的学习成长，走进社区、乡村，将家庭教育知识送到家门口；举办家庭教育"公益沙龙"，为家长提供"一对一"服务，答疑解惑，深受好评。

在家庭教育工作的推进与落实中，各学校作为家庭教育主阵地，勇于探索、大胆实践，慢慢总结出了一些可圈可点的特色做法，极大地丰富了县域家校社协同育人特色生态圈。

比如，浏阳市浏阳河小学确立了"家校协同育人"工作"个十百千万"工程："个"即一个核心，学校成立家长学校、家庭教育指导中心，其核心在于立德树人；"十"即十项举措：专家引路、课题引领、团队共建、以师育师、精选课程、科学指导、家长进校、亲子互动、幼小衔接、系统评价等；"百"即百人参与，全体教职工全员参与；"千"即两千户多家庭，定期开展家庭教育指导培训，服务于全校包括幼儿园在内的 2000 多户家庭；"万"即万人支持，家校携手，全员育人，形成家校协同共育合力。

比如，浏阳市大瑶镇南阳完全小学主抓"家校社"三大阵地建设："学校阵地"做好学期家庭教育工作规划，每学期第一个月开展一次全校性家长会，做一次家庭教育专题讲座；每月开展一次家委会培训；每月班主任组织一次线上家长会；每周组织一次班主任培训，包含家庭教育培训专题等。"家庭阵地"中，每学期开展 50% 的家访活动，每班由语文、数学老师和家长代表一同进行家访，面对面交流科学育儿方法。"社区阵地"中，学校在重大节假日会联合村（社区）开展家风建设活动，今年暑假"七夕节"当晚，学校精心策划活动方案，组织教师代表到村上开展家庭教育讲课，分享家风建设故事，畅谈家风建设设想，氛围佳，效果好。

比如，浏阳市特殊教育学校分盲、聋、启智三部分每月定期开展青春期知识讲座，每月底为家长进行家庭教育知识讲座；根据学生成长发展的特殊要求，采取"一对一互助"的方式，对行为偏差学生入户了解具体情况，为家长提供细致专业的指导服务。

比如，浏阳市浏阳河中学经过调查了解和多年实践，明确了定期分年级开展针对性强的主题讲座：对七年级家长开展"推动孩子尽快适应新生活"讲座，对八年级家长开展"青春期孩子的教育策略与智慧"讲座，对九年级家长开展"科学陪伴 助力中考"讲座；定期开展教师培训。同时，根据需要，不定期高频率开展线上直播讲座和家庭教育困惑答疑活动；不定期针对不同的困惑家庭进行一对一的家庭辅导。比如，浏阳市太平桥初级中学成立家庭教育党员讲师团，遴选专业的优秀党员教师作为讲师，定期给家长举办 30 分钟微讲座；每学期举办家长大讲坛，分享经验，探讨科学育儿方法；每期开展亲子互写家书活动等。

下一阶段，浏阳市教育局将持续深入地进行中小学家庭教育领域的探索，大力加强家庭教育与学校教育协同发展，进一步构建、丰富家校社协同育人特色生态圈，谋求家庭教育指导的宽度、广度、深度、效度，最大限度凝聚家校社合力，推进家庭教育工作再上新台阶，推动浏阳教育实现更高质量的发展。

‖ 益阳：加强"五个力建设"
推动新时代家庭教育高质量发展 ‖

益阳市妇女联合会

编者按：近年来，益阳市妇联深入贯彻落实习近平总书记关于注重家庭家教家风建设的重要论述精神，以"五个力建设"为抓手，着力提升家庭教育指导服务水平，打造富有益阳特色的家庭教育新模式。

一、"一盘棋谋划"，发挥机制领导力

加强统筹协调和指导督促，牢固树立"一盘棋"思想，切实增强全市家庭教育工作合力。市委、市政府高度重视家庭教育工作，定期组织召开家庭教育工作联席会议和市政府妇女儿童工作委员会专题会议，宣讲《中华人民共和国家庭教育促进法》《湖南省家庭教育促进条例》，明确相关部门责任，建立党委领导、家庭尽责、部门协作、社会参与的家庭教育联动工作格局。出台了《益阳市关于指导推进家庭教育的五年规划（2021—2025年）》，切实增强做好家庭家教家风工作的责任感使命感，建立健全家庭教育指导服务体系和家校社协同育人机制，将"一法一条例"真正落到实处。

市妇联充分履行牵头责任，在市妇女儿童活动中心的基础上挂牌成立市家庭教育服务中心，面积达2680平方米，精心谋划、系统布局家庭教育指导服务功能，建有父母课堂、家长沙龙室、亲子阅读书屋、传统国学室、心理咨询室等功能室，定期开展家庭教育精品课、亲子阅读指导、生命健康讲座、

个案咨询辅导等公益活动。各县市区妇联按照市妇联统一安排部署，积极开展家庭教育公益讲座进社区、进学校、进企业、进机关活动，对接教育部门和社会机构合力做好家校社共育，全面推动村（社区）家长学校建设。

二、"一股绳发力"，强化队伍战斗力

专业化、高素质的家庭教育指导服务队伍是有效开展家庭教育工作的关键。市妇联按照"十人精英组、百人讲师团、千人志愿队"的规划，充分利用社会资源，大力开展师资队伍的培养建设工作。组建十人精英组，制定全市家庭教育公益讲师赛课方案，广泛发动全市热爱家庭教育、有志于从事家庭教育公益事业的人员报名参加。通过家庭教育微课程和线下讲课两轮赛课，评出家庭教育十佳讲师，通过政府购买方式，将十佳讲师的精品课程送到乡镇、村（社区）家长学校；培养百人讲师团，以"妇女与家庭终身成长计划、百名家庭教育指导公益讲师培训"为主题，举办益阳市家庭教育指导讲师培训班，两年培训公益讲师和志愿者 300 余人次，明确要求参加培训的公益讲师每年须开展 5 次以上的家庭教育公益讲座；发展千人志愿队，全面加强家庭教育指导队伍建设，整合全市家庭教育组织、机构、人才等资源，不断扩大由家庭教育指导师、"五好家庭""文明家庭""五老""爱心妈妈"等共同参与的家庭教育指导队伍，从不同角度、不同形式开展家庭教育工作，为广大家庭提供"在你身边"的精准服务。

截至目前，全市共有家庭教育讲师团 39 个，专业讲师 441 人，从事家庭教育指导服务的社会机构 16 个，家庭教育指导服务志愿者近 1000 人。市、县家庭教育讲师团与社会组织联动，送课到乡镇、村（社区），2021 年以来已累计送课 1300 余场，实现全市所有乡镇（街道）、村（社区）家庭教育指导课程全覆盖。

三、"一堂课传播"，打造项目品牌力

夯实举措，开发精品课程，高质量回应广大家庭"急难愁盼"问题，满足家长的现实需求，提高家庭教育工作的影响力和传播力。市妇联重点开发

"父母小课堂"视频课程，以每季一主题、每月一课程，满足孩子各个年龄阶段的家庭教育指导服务需求。2022年课程涵盖沟通技巧、生活习惯培养、隔代教育、文明礼仪等主题；2023年涵盖跨越疫情、善待家人、远离网络成瘾、帮助孩子主动高效学习等主题，给家长们提供家庭关系、亲子相处小妙招。每期"父母小课堂"点击量均达到万人次以上，累计点击量已超30多万人次，许多家长在评论区留言、提问、互动。比如，来自江西的网友爱香在《隔代教育的支持理念》视频课程后留言：现在的爷爷奶奶不容易当，此栏目办得好！来自湖南的网友爱华留言：我也是个奶奶，今天是第一次听你们的课，很受益，有些话不知怎样同孩子说，接下来我每节课都要听！能学到我不知道的知识！

同时，市妇联通过政府购买，实施"幸福益家人·家庭教育"项目，指导家庭教育指导机构开发了《三招让孩子变"要我学"为"我要学"》《搞定孩子沉迷网络行为的技巧》《如何与孩子谈性之远离网络性侵犯》《做一名智慧型父母》系列课程，多形式、多维度、多渠道为学生及家长开展家庭教育父母课堂公益巡讲，深受家长们的喜爱，多次被"点单"。

四、"一体化推进"，焕发平台生命力

平台是开展家庭教育指导的有力支撑。市妇联打造线上线下两个平台，一体推进，互补融合，不断扩大家庭教育的覆盖面，焕发家庭教育平台生命力，让更多家长从中受益。

在线上，通过政法委小网格平台定期推送"父母小课堂"小视频等家庭教育视频课程至全市5925个村（社区）网格微信群，一键到村，送课到家到人，线上服务广大家庭，家长孩子有问题，能直接在网格群里找到好方法，大大提高了家长接受家庭教育指导服务的便捷性和高效率。

在线下，市妇联不断加强家庭教育指导服务体系建设，全市建立了市级家庭教育指导服务中心1个，县级家庭教育指导服务中心7个，乡镇、村（社区）家庭教育指导服务站点、家长学校1433个，构建"1+7+N"工作架构，推进家庭教育工作全域发展。市妇联兼职副主席、市关爱儿童协会会长王建

平以全国家庭教育创新实践基地——王建平博士家庭教育工作室为依托，播撒家庭教育种子，出版了家庭教育畅销书《陪孩子幸福成长》，赢得了广大家庭的认可和肯定；市家庭教育研究会常务副会长、北京师范大学教育学博士李静以天阅家庭教育指导中心为依托，持续开展家庭教育父母课堂公益巡讲，两年共开展 280 场活动，帮助广大家长找到适合自己孩子的教育方法，陪伴孩子健康成长。赫山区银东社区家长学校实施"父母成长计划"，建立"校外未成年人心理辅导站"，近两年服务辖区 280 余名孩子，让家长学校成为家长们的"无忧之家"、少年儿童的"课后乐园"。

五、"一张网服务"，提高关爱精准力

市妇联创新开展"情牵小树苗"困境儿童关爱服务行动，构建保障有力、高效运行儿童成长"关爱网"，尽力做到一童一伴、精准关爱。为解决留守儿童在家庭教育缺位、父爱母爱缺失等问题，市妇联组建"爱心妈妈"志愿队，发动社会各界爱心人士担任"爱心妈妈"。2022 年开展"爱心妈妈"结对帮扶 1200 余对，"爱心妈妈"通过走访、电话、微信等方式，动态掌握孩子成长情况，指导孩子与父母沟通交流，为留守儿童提供稳定的亲情关爱和心灵成长支持。通过开展安全健康知识的宣传教育，将防性侵、防溺水、防拐骗、防抑郁等意识植入孩子心里，引导孩子健康成长。

针对涉案未成年人特殊人群，市妇联联合市检察院成立未成年人"一站式"关爱中心，出台《关于保护妇女儿童权益联动工作机制的实施意见》，组织对涉案未成年人、失管未成年人等重点人群家庭定期开展针对性家庭教育，纠正家庭教育缺陷对未成年人身心健康的不利影响。

赫山区开展以"党建+"为特色的留守儿童关爱服务活动，按照"党委引领、支部组织、党员带头、群众参与"模式，为每位留守儿童明确一名"执委妈妈"、一名"党员舅舅"和一名"城里叔叔"，全区 3480 名村妇联执委、党员干部、驻村干部、乡贤企业家与 2075 名留守儿童结对认亲。同时，依托妇女儿童之家、党员之家、文化活动中心、农家书屋等现有阵地资源，开展"为爱阅读、幸福陪伴"亲子阅读大赛，链接全区家庭教育精品课程，打造 24 小时在线的"父

母加油站",拓展家庭教育和留守儿童服务内涵,"党建＋关爱留守儿童"模式在全国推广。

习近平总书记强调"广大家庭都要重言传、重身教、教知识、育品德,帮助孩子扣好人生的第一粒扣子,迈好人生的第一个台阶"。下一步,我们将以党的二十大报告中关于家庭建设及家庭教育的相关要求为指引,按照全国、省妇联关于家庭教育工作的部署,继续深挖特色,擦亮品牌,推动家庭教育工作高质量发展。

‖ 构建社区教育新模式　满足人民群众新需求 ‖

——沅江市教育局关工委参与社区创新教育案例

益阳市沅江市教育局关工委

一、案例背景

习近平总书记在北京大学师生座谈会上说过，人生的扣子从一开始就要扣好。家庭是人生的第一个课堂，父母是孩子的第一任老师，家庭和父母作为家庭教育的主体，成为系好人生第一粒扣子的关键。在孩子成长环境多变、文化影响多元、教育理念多彩的新时代背景下，市教育局以培育时代新人为目标，以满足人民群众家教新需求为己任，以市社区学院（原教师进修学校）为基地，巩固传统家庭教育"主战场"，成立系统家庭教育指导中心；从2019 年开始，市教育局关工委在此基础上，有效开辟社区"分战场"，先后在琼湖街道办事处和平社区和万子湖社区、胭脂湖街道办事处胭脂湖村、泗湖山镇和平村试点，搭建家庭教育指导中心，精心选聘教育专家，用心锻造教育金课，真心开展指导活动，并辐射到周边社区（村），传播了家教新理念，涵育了文明新风尚，厚植了家国大情怀。

二、案例实施

（一）创新组织形式，提升社区家教指导格局

1. 班子精心部署

市教育局成立了社区教育工作领导小组，由市局党组书记任组长，分管局长任副组长，局关工委、团委、社区学院主要负责人以及教育系统"五老"

人才库的专家为组员，每年召开部署会，每季召开推进会，每月召开调度会，确保了家教指导活动顺利开展。

2. 专家悉心指导

市教育局通过外引内联，建立了家庭教育指导专家信息库，组建了家庭教育专家指导组，并根据专家的专业特长、领域擅长，将社区分片包干指导，通过制订社区创新教育工作方案，明白工作流程、明晰工作规划、明确工作责任、明了工作方法，定期组织专家"坐诊把脉"，"一区一策"实地开展指导工作。

3. 社区全心配合

为强化社区主体责任，搭建了社区教育"快乐成长大本营"，根据实际需要，构建了家庭教育社区支持体系，建立4个家庭教育指导服务中心和青少年活动中心，做到了"十有"（即有中心牌子、有场地、有经费、有资料、有机构、有队伍、有章程、有制度、有台账、有激励机制），通过研学旅行、红色教育、公益讲座等活动提供咨询服务和教育服务，搭建家校连心桥，推进家庭教育向纵深发展。

（二）创新教育方式，深化社区家教指导内涵

1. 分类指导，提高家教精准度

四个社区教育中心，家长教育能力参差不齐，教育水平差异较大。为让家庭教育更精准，我们让不同层次的家长按需索取、对号入座，主动挖掘内在潜能。针对街道的家庭指导中心，对于优秀民主式家庭，以理论串讲为主，结合家乡建设，主要以"做智慧型父母，为党育人，为国育才"等为主题的讲座，让社区优秀家长畅所欲言，集思广益，全面推广；对于霸道封建式家庭，以情景再现为主，结合经典案例，主要以"做智慧父母，和孩子一起成长"等为主题的互动讲座，通过对话还原、情景模拟、现身说教等方式，搭建亲子沟通连心桥，走出家庭教育误区；对于丧偶缺爱式家庭，以事中求招为主，结合身边"急难愁盼"，主要以"如何做好隔代教育"等为主题的求招讲座，

让困惑家长"柳暗花明",通过"借力打力""移花接木""套用经典"等方式敞开心扉,走进孩子内心,寻找到家的温暖和力量。

2. 实践引导,提高家教创新度

为了让家庭教育更富创新性,社区家庭安排了线上理论讲座、专家答疑,教育基地还设有家庭教育实践活动,其中包括亲子运动会、研学旅行、红色旅游和社会公益活动。针对农村家庭教育误区,我们设计了研学实践环节,通过田间劳作、亲子比赛、志愿服务等活动,开展家庭教育活动,如收稻谷、种蔬菜、与福利院老人谈心等,让孩子体验生活,让父母换位思考,通过代表示范、合力实践来深化"说做合一"。我们设计了红色洗礼环节,组织亲子参加志愿服务和社会公益活动,在红色中熏陶,在教育中领悟,通过"文明城市,你我共建""不忘历史,缅怀英烈""重走红色之旅"等活动,体验幸福生活来之不易,激发家庭幸福感。

3. 国学宣导,提高家教美誉度

作为传统文化中的国粹,国学的影响力是持久的、全方位的。为此,我们将国学作为家庭教育指导的重要内容,通过我市红日国学院这个平台,将国学精华、家风家训等内容融入家庭教育指导之中。为此我们设计了文化浸润环节,通过聘请中国孔子基金会孔子学堂推广指导委员会副主任刘孝听教授开展国学讲座,让家长学会用国学思维教育孩子。每年寒暑假举办优秀传统文化讲座,让孩子浸润国学气息,点亮梦想的灯塔。

(三)创新工作举措,构建社区家教指导保障

1. 注重部门通力协作

立足社区基地建设,由市教育局关工委牵头,联合市妇联、团市委、市教育基金会、市老科协、市老干志愿者协会、市社区学院和四个社区等部门单位,共同承担基地建设任务等工作。为实现基地试点,面上开花,召开了未成年人教育大会和家庭教育实验项目专项工作会议,并成立了由主要领导、分管领导、局关工委负责人、社区负责人、社区专干组成的工作小组,开展

实地调研，举办座谈会，充分了解社区家庭教育的真实情况，将社区教育基地工作落地落实落细。

2. 注重师资科学配备

为保证家庭教育课程教学的专业性，采取理论与实践并重、校内外教师相结合、专家与一线教师相补充的模式进行家庭指导师队伍建设。社区教育试点以来，多次聘请北京家庭教育专家，搭建线上指导师团队，教育局关工委有专职心理健康教育教师 5 人、心理健康教育咨询师 43 人、家庭教育讲师团专职讲师 13 人、兼职家庭指导师 110 人，全面负责社区教育日常管理工作。同时，广泛邀请沅江退休老干、乡贤名流、专家学者进课堂，构建课堂讲解与问题支招相结合的教学模式。设置"每月一讲"制度，结合具体案例，撷取家庭教育主题，通过专家亲身示范、家长互动、反馈小结等方式，现场传经解惑。

3. 注重特殊群体教育

家庭教育有潜移默化的过程，特殊群体的家庭心理教育更需要较长时间的付出。我们的社区家庭教育指导坚持以心理辅导为抓手，搞好"深度开发"。针对留守儿童、残疾儿童和贫困儿童，采取"以心换心、以爱见爱"方式，将家长亟须掌握的教育要素融入社区教育工作内容，效果明显。近 2 年来，对 2200 多名留守儿童及监护人开展"一对一、一帮一"心理疏导、家庭教育知识辅导，问题家庭安全事故发生率同比下降 0.9 个百分点。

三、案例成效

（一）社区教育基础条件持续改善

2019 年，市局投入资金 30 万元，搭建市家庭教育指导中心信息化平台，并创办 4 个社区家长学校，每个社区学校有固定的活动专用教室，投影仪、电脑、网络、座椅、空调、图书室一应俱全。经过三年的持续充实，基地购置图书、音视频资料共计 6200 本，为家庭教育研究提供了扎实的条件保障。

（二）社区教育培训体系日趋完备

3 年来，社区家庭教育指导中心总开设 9 门次课程。其中，家庭教育理论类课程 6 门次、心理辅导实践类课程 3 门次，通过课程讲解、线下互动以及与名家对话交流等形式，开展教育培训。近年来，参加培训家长累计人数达 118253 人次；邀请名家讲座近百场，累计受众 25697 人次。在全市教育工作大会上表彰全市优秀家长 16 名。

（三）社区教育辐射效应充分显现

目前，四个社区相继推出"周末父母课堂"，已成功主办 16 期，受益家长达 2845 人；倡导亲子研学活动，辐射到 14 个乡镇 25 个社区（村），参加人数达 21000 多人次。特别是万子湖社区的东方壹号学校致力于养成教育，多次受到国家、省领导褒奖，被授牌为"湖南省关心下一代教育示范基地"。2020 年沅江市教育局关工委获得全国"新时代好少年·美好生活、劳动创造"主题教育读书活动先进集体荣誉称号。

‖《天天进步》创新成果进社区
学校、家庭、社区三位一体育新人 ‖
——冷水江市教育局关工委开展社区教育创新案例

娄底市冷水江市教育局关工委　况艳红

为塑造青少年健康人格，充分发挥关工委立德树人作用和社区育人功能，冷水江市教育局关工委组织教师创编《天天进步》青少年健康人格教育读本，以《天天进步》读本为载体，在冷水江市沙塘湾街道办事处中心学校、冷水江市第二中学及学校所属社区扎实开展《天天进步》健康人格教育试点工作，发挥学校、家庭、社区"三位一体"的育人作用。通过多年的实践推广活动，育人效果显著，冷水江市教育局分别于2020年、2021年专题下文在全市推广。

一、创编青少年健康人格教育读本《天天进步》

冷水江市教育局关工委组织人员在全市十所学校874名学生、861位家长、138位教师开展的抽样调查中发现，目前青少年人格上有如下突出问题：理想信仰模糊，价值观错位；心理素质不佳；人际关系不畅；性健康意识淡薄；行为习惯不良等。通过市教育局关工委与学校、老师的交流、探讨，形成了"教育的核心是培养健康人格"的共识。

因此，2010年市教育局关工委迅速组建了由中学正高级教师、特级教师潘义为主，骨干教师况艳红、邓继清、谢汝倩等教师参加的编写团队，结合当前青少年心理健康教育、性安全教育、校园欺凌、疫情防控等热点问题，精心创编了400多幅漫画，并配以教育诗文，编著了《天天进步》，该读本分中学和小学两个版本，2012 年出版发行。全书分"家庭生活""学校生活""社会生活"，小学版共 16 课，中学版共 17 课。该书既是一本漫画册、诗文集，又是一本育人手册、普法读本，做到图文并茂、寓教于乐，深受孩子们的喜爱。

为了让学校、家庭、社区紧密配合，学生真正做到知行统一，编委会成员又结合 2021 年 3 月教育部等六部委印发的《义务教育质量评价指南》中学生层面的发展内容：品德发展、学业发展、身心发展、审美素养和劳动与社会实践等五个方面，共 12 个大项关键指标，27 个小项考查要点，编写了"中（小）学生发展质量评价表"，形成了在读本之外与之配套的评价体系。

二、由教育局关工委组织定点实施

在冷水江市教育局关工委的具体组织和指导下，以《天天进步》健康人格教育读本为载体，在全市各中小学校中选定一所城区学校——冷水江市第二中学，一所农村学校——冷水江市沙塘湾街道办事处中心学校。以两所学校的学生为主体，以教育局关工委、教育系统离退休人员以及两所学校的教职工为主导，确定冷水江市布溪街道办事处青园社区和沙塘湾街道办事处冷碱社区为基地，开展"《天天进步》活动"进社区，以实现学校、家庭、社区"三位一体"对孩子进行健康人格教育的目标。

三、创新构建《天天进步》活动模式

《天天进步》活动基本步骤：展书—送书—读书—培训—评价—实践—推广。

（一）前期宣传（展书）

冷水江市教育局关工委将《天天进步》健康人格教育读本作为冷水江市德育与心理健康教育特色品牌，组织在全市范围内开展多次读书推介活动。通过读本展览、读本解说等形式，将读本带进学校、公园、社区，在学生和家长中引起了广泛的关注。

（二）中期推进（送书—读书—培训—评价）

（1）在布溪街道办事处青园社区及沙塘湾街道办事处冷碱社区开展"送读本、进社区"活动。

（2）在布溪街道办事处青园社区、沙塘湾街道办事处冷碱社区，不定期开展《天天进步》读本阅读指导、故事分享等活动，对学生开展爱国主义、爱护环境等方面的教育。

（3）在试点社区分别成立了以社区书记为组长，社区主任、社区工作人员、学校德育教师、班主任和家长为成员的健康人格教育工作队伍，明确工作任务，开展教育工作，还成立了家教讲师团，每一年度对家长进行三次集中培训。

（4）利用《天天进步》读本及与之配套的"中（小）学生发展质量评价表"开展品行常规教育活动，并在社区范围内，按照工作人员分包原则，对所管辖区域的孩子进行适当评价，督促孩子良好习惯的养成。

（三）实践及推广（实践—推广）

1. 在试点社区开展丰富的健康人格教育实践活动

一是开展节庆日主题活动。如母亲节、父亲节、教师节，通过制作手工、游戏活动、书写感悟等形式组织社区学生举行感恩教育活动；还策划了"学党史，感党恩，担使命"的党史学习教育。

二是开展社会实践活动。如冷碱社区的孩子们参观烈士墓，参观禁毒教育基地，在社区进行学雷锋活动，在学校建立小记者站，并深入社会进行采访；市二中组织了一支优秀的服务志愿队，通过开展"送你一朵小红花"为主题的交通劝导活动、"劳动，让生活更美好"的主题志愿活动、"青春日学雷锋""团聚敬老院"等志愿活动，提升了学生的综合素质，在社区引起了巨大的反响。

2. 在全市推广《天天进步》校本课程

冷水江市教育局2020年颁发了《关于推广青少年健康人格教育成果〈天天进步〉的通知》，2021年又颁发《关于进一步推广青少年健康人格教育成果〈天天进步〉的通知》，要求在冷水江市范围内各个中小学校小学三年级和初中七年级开设《天天进步》校本课程，每两周一个课时，有力地促进课程建设和教学工作的扎实开展。

四、教育效果显著

（一）培养了孩子良好的品行习惯

我们通过对 874 位学生抽样调查发现，学生有进步和进步大的比例达到了 80.07%。学生的品行习惯得到了极大的改变，讲礼貌、讲卫生、爱环境的人多了，守纪律、爱学习的人多了，守公德、做好事的人多了。

由此可见，此项教育实践活动的开展，不仅惠及了这两个社区的近 3000 名学生，更惠及了全市近 20000 名中小学生。

（二）提高了家长的教子能力

通过家长培训，家长们的育儿能力提高了。改善亲子关系、用评价激励孩子成长、陪孩子一同进步等逐步成了大部分家长的共识。家长们逐渐认同了这种家庭、学校、社区紧密结合的健康人格教育模式。

（三）提高了学校的教育教学质量

开展"《天天进步》活动"进社区以来，促进了学校的教育教学工作，沙塘湾街道办事处中心学校 2012 年中考综合总评在娄底市前进 125 名，2016 年跃居全市前五名。该学校多次被评为娄底市青少年健康人格工程先进单位、娄底市文明单位，被授予娄底市青少年健康人格教育基地、湖南省青春健康教育基地等称号。

冷水江市第二中学中考综合总评连续 8 年居全市第一名。多次被评为冷水江市综合目标管理先进单位、文明单位，2019 年被评为湖南中小学校"新时代好少年"主题教育示范学校，2021 年被授予"书香娄底"全民阅读、书香校园称号。

（四）社区工作得到了提升

冷水江市沙塘湾街道办事处冷碱社区与布溪街道办事处青园社区构建了"学校、家庭、社区三位一体"的育人模式，对全体居民素养都有提升，反响良好。冷碱社区的易忠云同学 2012 年以优异的成绩被清华大学录取，2016 年马超同学夺得了娄底市文科状元，考上了中国人民大学。两个社区多次被评为"安全文明单位""模范单位""先进社区"。

（五）社会反响良好，影响辐射周边地区

我市开展"《天天进步》活动"进社区作为冷水江市人民政府"为民办实事"之一，在冷水江市各中小学校进行全面推广。通过对两所代表学校、600 多名学生、500 多位家长、138 位教师以及 10 名社区工作人员开展的抽样调查，好评率达到 80% 以上，社区民风、学校学风、校风明显好转，学生的日常行为习惯得到了极大的改变，教育教学质量明显提高。此外，双峰、涟源、安化、新化、娄底、重庆、武汉等地的学校向我们学习经验，纷纷引进《天天进步》开展活动，"三位一体"的育人模式共惠及 5 万多名中小学生。

‖ 农村家庭教育打开"三扇门" ‖

永州市东安县教育局关工委　李中满

在广大农村，随着生活条件的改善，家长对孩子的培养愈发重视。但据我的观察，有些家长只盯着孩子的学习成绩，常对孩子说"你只要把书读好，其他什么事都不要做"，忽略孩子的身心健康与全面发展，把孩子养成了大事干不来，小事不想做的"负二代"。隔代教养留守儿童的家长往往溺爱孩子，将本该家长承担的养成教育、安全教育等主体责任推给学校和教师，忽视对孩子的陪伴及督导，造成学校教育与家庭教育的脱节、扯皮。

为了推进解决这些普遍存在的农村家庭教育问题，湖南省永州市东安县关工委和县教育局关工委大胆探索，努力打开"三扇门"，促进教师、学生、家长三方互动，促进家校共育协同发展。

一、打开家门：让教师指导家庭教育

学生教育不易，家长教育更难。我们首先让学校领导和教师意识到家庭教育的重要性，再通过县教育局关工委微信公众号和小程序传播家庭教育知识，让家长意识到自己的教育主体责任。我们编写了《中小学生学习成长手册》，教师协同家长指导学生制订学习成长方案。在制定学习成长目标时因人而异，让孩子锁定通过自己努力能分步实现的学习成长目标。教师家长及时跟进孩子的学习与成长过程，了解他们在学习与成长过程中遇到的困惑，并及时给予帮助。

每周开自治班会，孩子们做得好的上台介绍经验，做得不够的也上台说明，并选择唱歌等方式自我惩戒。每月从养成教育、身心健康、学业发展、艺术素养、综合实践等 5 个方面评选班级五星学生，每个学期评选学校五星学生，学校与家长都要兑现与孩子商定的奖惩方案。

我们办好线上、线下结合的家长学校，出版了一套资料，与公众号和小程序配套，及时推送学生同步学习资源、家庭教育案例，组织家长与学生同看安全教育、养成教育等视频，为每个孩子学习、成长建立电子档案。学习资料、公众号、小程序，既是学生的学习成长指导手册，也是家长教育读本，还是家校共育的桥梁与纽带。多管齐下，实现了大手拉小手、小手拉大手，家长与孩子共同进步，更好地落实家校共育的目标。

二、打开校门，让家长助力学校教育

我们建立健全中小学家庭教育工作机制，统筹家长委员会、家长学校、家长会、家访、家长开放日、家长接待日等各种家校沟通渠道。队伍建成以分管德育工作的校长、幼儿园园长、中小学德育主任、年级组长、班主任、德育课教师为主体，专家学者和优秀家长共同参与，依靠专兼职相结合的家庭教育骨干力量指导家长开展家庭教育。

在规模较大的学校，我们建立了全校家长委员会，每个班级都有家长代表参加，再推动建立年级、班级家长委员会，将家长委员会纳入学校日常管理工作中。每天在校级家委群推送家庭教育相关资源，实行阅读打卡制度，再由班级家委会负责人推送到班级家委会群中。

我们要求家委会组织定期与不定期的线上线下主题研讨、讲座，向广大家长宣传相关法律法规和政策，传播科学的家庭教育理念、知识和方法，组织开展形式多样的家庭教育指导服务和实践活动。同时，欢迎家委会参与学校管理，监管学校食堂、课后服务收费等；组织教育志愿者活动，如邀请民间艺人进校园开展课外辅导、家长轮流接送学生、协助学校维持上下学秩序等。

三、打开心门，让孩子快乐健康成长

农村孩子厌学现象严重，与学校和家长要求高、沟通少分不开。

上课时，所有孩子同一本书、同样的作业、同样的要求；在基础较差的学校，有的班级每次考试没一个学生及格，老师仍然按照课程标准、不顾学情地教学；家长不知孩子学习状态只问考试成绩……种种情况，导致农村很多学生不仅学习成绩无法提高，而且变得愈发敏感、脆弱与叛逆。

为了解决这一问题，我们倡导学校利用每周自治班，让每个学生对照《中小学生学习成长手册》逐项反思、自评互评后，写出成长周记，小结学习成长收获与感悟，向老师倾诉心声。比如某老师讲课太快，听不懂，某学科作业太多，晚上就寝纪律不好，家里出了什么状况影响学习等，班主任通过查阅学生成长周记了解情况后，及时与相关老师或家长沟通，协助学生解决实际问题。每周教师例会上，年级组长首先查看《教师工作日记》，重点查看班主任了解学生学习成长情况，有好的典型到会上介绍，考核时加分，而放松检查或发现问题没有及时帮助解决的，要在会上通报并责成整改。

另外，我们还鼓励学生给家长每月写一封家书，向家长汇报学习与成长情况以及内心深处的想法，并择优颁奖，鼓励孩子打开心门，得到家长的理解和成长助力。学校、学生、家长三方由此形成教育合力，相互促进，共同营造孩子快乐学习、健康成长的良好环境。

‖ 构建"12345"模式，推进家校社共育 ‖

衡南县教育局关工委 蒋媛竹

2019 年 5 月以来，根据省、市、县决策部署，衡南县教育局认真贯彻落实习近平总书记关于家庭教育"四个第一"的重要指示精神，率先开展"家校共育"试点工作，并在全县教育系统全面铺开。按照"一套机制""两支队伍""三类学校""四个平台""五项活动"的总体思路，呈现"三升、一降、一改善"的良好发展态势，形成了家校合作共育、各界广泛参与的新局面，构建了"家庭、学校、社会"三位一体的良好育人格局。

一、创建一个共育机制

成立了由县教育局党委书记、局长任组长的衡南县教育系统"家校共育"工作领导小组，制定了《衡南县全面推进"家校共育"工作实施意见》，多次召开专题会议研究"家校共育"工作，积极与县妇联对接各部门齐抓共管工作，用好专项工作经费和"知心屋"项目经费，通过多方合力共建，全面筑牢了机制保障和经费保障。

二、建设两支共育队伍

一是家庭教育指导师队伍。引进、培养专兼职心理健康教师 125 名，抽调县内优秀校长、教师，组建家庭教育讲师团，对接省、市妇联专家团进村授课，邀请省、市教育专家对试点学校中层以上干部、班主任及心理辅导教师、巾帼志愿者开展业务培训，组织最美家庭、道德模范等先进典型到试点村家长学校开展"优秀事迹报告会",全面打造"品德高尚、专业精良、乐于奉献、善于实践"的家庭教育指导师队伍。

二是家长志愿服务者队伍。积极开展家长志愿服务、家长义工活动,充分调动家长参与学校管理、支持学校建设的积极性和自觉性。鼓励和支持企业、社会团体发挥自身优势,开展家庭教育指导服务和关爱帮扶。如市爱尔眼科医院对试点学校全体学生进行健康义诊;市大湘公益服务中心、仁德关爱中心开展了发放爱心书包等关爱留守儿童系列活动;市家庭教育协会举办了年轻父母成长公益课堂,传播科学教子理念。

三、设立三类共育学校

一是学校家长学校。充分利用现有场所阵地和教育教学资源,按照管理制度规范、选优师资队伍、计划安排明确、教学内容系统、成效评估可行的设立标准,实现了全县完小以上学校的家长学校全覆盖。截至目前,衡南共有国家级家长学校1所、省级家长学校12所、市级家长学校53所、县级家长学校91所。

二是村(社区)家长学校。按照村支部书记担任校长,村妇联主席、村级家长学校初级讲师担任副校长,村妇联执委担任班主任的组织框架在试点村设立家长学校,并设立线上、线下家长课堂。根据儿童的年龄分班,建立0~3岁、3~6岁、6~12岁、12~18岁四个班家长花名册和线上家长课堂,定期为家长、监护人、村0~18岁儿童提供家庭教育培训与引导,加强儿童习惯养成,营造良好社会风气。

三是网络家长学校。以网络校联体为载体,进一步加强家庭育儿指导,着力构建网络"云端"家长学校。截至目前,网络家长学校共开展线上培训109次,培训家长约32万人次。心理健康教育网络课堂已覆盖全县209所学校、1994个班级、12.3万名学生、7000余名教师。

四、搭建四个共育平台

一是家校沟通平台。以学校为单位,搭建了学校、年级、班级三级家长委员会网络，加强家校联系，调动家长参与学校管理、支持学校建设。

二是家校互动平台。创办试点学校家长月刊，学校通过月刊向家长宣传家庭教育理念、普及家庭教育知识及学校教育工作动态，家长积极投稿发声，分享家庭教育经验心得，对学校教育工作提出意见建议。

三是家校交流平台。扎实开展"千名教师访万家"活动，探索新型家访模式，变家访为"村访""组访"，进一步提高家访质效，推动家访工作常态化。

四是家校信息平台。以学校为单位建立学校公众号，班级为单位建立家长微信群或 QQ 群，让家长及时了解学生在校情况。新型冠状病毒感染疫情期间，通过家长微信群每周推送青少年情绪安抚、父母陪伴技巧等家庭教育课程 32 次。

五、开展五项共育活动

一是家长培训活动。邀请省市知名专家，开设线上线下家长课堂，有效提升了家长和监护人的家庭教育能力。开展"为爱启航·陪伴成长"家庭教育精品课程讲座 190 场，近 2 万人聆听，5000 余个家庭受益。

二是劳动实践教育活动。开发劳动实践课程，邀请家长讲授劳动实践知识，定期组织学生参加劳动实践，让学生在实践中养成劳动习惯，学会劳动、学会勤俭。据省评估数据显示，试点学校喜欢开展劳动实践的学生比例达到82.47%。

三是结对关爱活动。各村采取村干部包片、村妇联执委包组的方式，对本村 0~18 的儿童及家庭情况进行入户摸底登记，全面了解每位学生家庭情况和各方面需求，以孤儿、残疾、留守儿童等特殊群体学生为重点，各村、学校实现"一户一档""一生一档"的动态管理。对学生家庭情况评估，按照"普通关爱、中度关爱、重点关爱"三个类别，对儿童及家庭进行分类管理，重点帮扶。

四是学校开放日活动。邀请家长走进校园，体验孩子的校园生活，通过视察校园、组织座谈等方式，畅通家长反映问题渠道，广泛征求家长意见建议，全面提高了家长对学校教育工作的满意度。

五是心理健康教育服务。进一步加强学生心理健康教育，定期开展心理健康普查、心理健康知识讲座等活动。按"一生一档"标准建立学生心理健康档案，动态评估学生心理健康状况，对测评结果异常的学生给予重点关注，及时疏导、"纠偏"或推荐就医。

自"家校共育"试点工作开展以来，全县教育系统全面加快建设家庭教育指导服务阵地，着力打造共学文化，深化育人理念，进一步丰富了家庭教育指导服务活动，家校共育工作总体呈现"三升、一降、一改善"的良好发展态势。

三升：一是提升了学生抗压能力。把挫折教育纳入学校课堂教育重要内容，有意识地培养学生自信乐观的心理品质和适应社会的能力，全县中小学生正确自我认识、积极自我调适、克服悲观失望、埋怨畏难等负性情绪的能力明显增强，患抑郁症的学生明显减少，犯罪现象为零。二是提升了学生思想素养。通过加强对学生价值观引导，引导学生树立正确的人生观，使学生价值观从追求名利的功利价值观向追求社会贡献和人格高尚的社会主义核心价值观转变，帮助孩子"扣好人生的第一粒扣子"。第三方评估显示：试点后，认为人生价值观"取决于金钱的多少"的学生比例由80.67%降至6.83%，"取决于权力的大小"的学生比例由73.11%降至6.27%，"取决于社会名望的高低"的学生比例由40.34%降至12.45%。而认为人生价值"取决于对社会贡献的大小"的学生比例由66.2%升至84.87%，"取决于人格是否高尚"的学生比例由9.24%升至87.18%。三是提升了家长对学校的满意度。通过"校园开放日"、家长志愿服务、家长义工等活动常态化开展，家校沟通、互动、交流的平台的有效化推进，全县范围内学生家长关心支持学校工作的正面典型屡见不鲜。第三方评估显示：学生家长对学校的满意度达到95%以上，如谭子山联合学校家长充分肯定和信任学校，大力支持学校改善办学条件，通过家委会自发筹集资金购买空调、饮水机等设备，无偿捐赠给学校，改善孩子在校学习条件。

一降：降低了学生行为偏差风险。通过心理教育进课堂、进社区等方式，为孩子们的身心健康成长提供了支持。第三方评估显示：试点工作后，学生出现行为障碍问题风险由4.79分降至2.58分，为低风险；出现情绪障碍问题的风险由原来的 3.55 分降至 2.76 分，为低风险。

一改善：改善了校园学风校风。家校共育试点打造了向上的共学文化，提供了积极的成长支持，建构了良好的互动格局，促使教育生态发生了明显的改善，连带学风、校风都发生了改变。

"家校共育"关键在"共"，落脚在"育"。衡南县教育系统全面铺开"家校共育"工作，不断健全完善"家校共育"模式，下阶段将持续用心用力用情，完善家庭教育指导服务体系和机制，把"家校共育"工作向纵深推进，为推动衡南教育事业高质量发展筑牢稳固基础。

‖ 家校社协同　当好引路人、守护人、筑梦人 ‖

——平江县教育局关工委家校社协同育人经验总结

岳阳市平江县教育局　李朝霞

　　"做儿童成长的引路人、儿童权益的守护人、儿童未来的筑梦人。"这是习近平总书记在今年"六一"国际儿童节到来之际，为儿童事业发展指引的方向。学生是民族和国家的未来和希望，办好教育事业，家庭、学校、政府、社会都有责任，学生成长成才，离不开学校教育、家庭教育和社会（社区）教育的协同。我县以家校社协同育人为抓手，努力为学生健康成长撑起一片蓝天，取得了一些可喜成绩。城北学校被评为"全国优秀儿童之家"，平江二中、启明中学、平江县桂花学校、颐华学校被评为省市级心理健康教育示范校。2020年新华社每日电讯六一专刊《一个国贫县的留守儿童的心理扶贫战》、湖南教育电视台《呵护留守儿童心灵，平江县"心理扶贫"暖人心》专题报道了我县关爱留守儿童事迹，获得社会广泛好评。以下是我们的工作总结。

一、多层面推动，当学生成长的引路人

（一）加强政策保障，整合多方力量

　　草拟文件报送上级部门，中共平江县委办公室、平江县人民政府办公室印发《关于加强新时代学生心理健康教育与家庭教育的实施细则的通知》（平办发〔2021〕14号），联动各单位，明细责任。中共平江县委教育工作委员会印发《平江县家长学校建设实施方案》（平委教发〔2021〕1号），规定

各乡镇、街道、村居委会的主要负责人深入学校担任家长学校的校长，并印制家长学员手册，出台《平江县中小学家庭教育评估细则》。

（二）瞄准实际情况，紧盯政策落地

2021年11月，县委副书记、副县长、教育局局长等召开了全县学校安全、心理健康教育与家庭教育工作推进会，乡镇、学区、学校主要相关负责人与会，就落实家庭教育、心理健康教育提出明确指示，并多次组织集中交流研讨，就各校在落地政策中的遇到的困难提出针对性的建议，通过思想的碰撞解决实际落地的困难，效果显著。在家长学校建设方面，已创建297所家长学校，完小以上家长学校覆盖率100%，所有家长学校至少完成了一次针对全体家长的家庭教育讲座，下发家长学员手册，并且根据实际情况开展特色活动。如平江二中、城北学校、汉昌学校等开设家庭教育专栏，指导家长掌握科学的育儿方法，梅仙学区连续开展家风学风联创联建活动，评选出了172户"优良家风家庭"，均获得良好的反响。

二、多维度发力，当学生权益的守护人

（一）部门联动发力，凝心聚力护成长

一是争取和支持开展各类专题调研，凝聚育人共识。成立由校长、法治副校长、公检司法干部、教师组成的平江县家庭教育讲师团，已陆续巡讲160余场。二是与公检司法研讨"利剑护蕾·2022"中小学"五防教育"专题讲座、女生健康知识系列讲座的课程开发，于2022年3月30日至4月26日先后通过数十次研讨，最终小学低年级《做保护自己的小战士》、小学高年级及初中《拥抱青春，绽放独一无二的美》被录制成视频推送到县政法委，作为全县的模范课程推广。同时，组织全县各学区、县直学校的专兼职教师研讨，将成果带回原单位进行教学。三是邀请社会爱心组织和名校大学生，开展暖心书信"蓝信封"活动，全县有26所学校、1600余名留守儿童参加。

（二）县域课程发力，线上线下全覆盖

连续三年召开了"小手牵大手，争创绿色和谐家庭"研讨会，同步网络直播观看达 10 万人次，推动"和谐家风十项小行动"创建，并通过微信群进行平台操作及推广培训，全面推进网上家长学校开通工作，实现网上家长学校建设全覆盖，并对 465 名家长学校的网络管理员进行了培训。同时，组织"五老"人士、心理健康教育专职教师、家庭教育优秀讲师，通过问卷调查和座谈，了解学生家长的实际需求，遵循学生身心发展规律，设计兼具实效性和科学性的心理健康教育和家庭教育微讲座共 56 堂，观看受众达 2 万余人。

编写、发放指导使用《绿色和谐家庭综合实践手册》，手册主要涵盖两方面内容，一是"深情常问候，爱意永流动"等和谐家风十项小行动；二是针对走近自然、节约资源、节能减排、垃圾分类四方面进行制订计划、实施行动等在内的绿色环保行为。通过两者创新结合，启发家庭利用暑假期间的相处时光，与孩子一起养成良好的生活习惯、学习习惯，与孩子一起践行低碳出行、亲近自然，与孩子一起建设良好的家风、家规。2021 年对参与活动的 12000 多组家庭进行评选，最终评选出 87 组家庭获得"平江绿色和谐家庭"的称号。

（三）学校创新发力，特色活动彰显成效

各学校结合区域实际情况，创造性地开展了万名教师大家访、家校夜话、周末互助学习小组、家长膳食委员会、家长志愿护校队等多方位合作的家校活动，如浆市中学等学校指导学生家长利用假期时间，开展互助合作活动，增进同伴、亲子关系；如桂花学校推动"放下手机，亲情陪伴"主题亲子活动，由学生和家长共同制定《手机使用契约》，均获得良好的反馈。

三、新苗向太阳，当学生未来的筑梦人

（一）讲好红色故事，演绎革命精神

教育系统各级关工委高度重视"五老"队伍建设，积极吸收一些经验丰富、责任心强的老党员、老教师、老战士加入关工队伍。平江二中第一任团总支

书记、校关工委主任，90岁高龄的李烈中老师，受邀为同学们讲述红色革命故事，用党的光辉历史和伟大成就、共产党人的模范事迹和光辉形象，激励引导青少年感党恩、听党话、跟党走。

（二）学好红色经典，营造浓厚氛围

我县发挥"红色老区"优势，在全县青少年中普遍开展"回溯百年，薪火'湘'传"党史学习教育活动。组织少先队员、团员走进革命遗址旧址、博物馆、纪念馆，积极开展红色研学实践活动。与书香校园建设结合，开展"红心向党"主题读书活动，营造互学、互动、互评的浓厚氛围。以班级为单位，以合唱为载体全面唱响爱党爱国爱社会主义的时代主旋律。简青芙蓉学校党员为新入团员讲"青春向党迎百年，立志勤学耀简青"为主题的团课；湖南师大附属颐华学校少委会特推出"百年党史天天读"活动；平江一中开展以党建带团建活动，前往加义镇喻杰故居、加义烈士陵园接受红色教育，缅怀革命先烈。城北学校原创音乐情景剧"我们跟着爷爷看铜像"，先后在各级中小学生艺术展演和第七届湖南艺术节"三星群星奖"中评获佳奖，获邀参加省、市、县多场演出，受到社会各界广泛好评。

（三）传承红色精神，激励新时代好少年

我县将社会主义核心价值观和新时代平江精神落细到"诚信守礼""环保节约""热心公益""自立自强""尊老爱亲"新时代好少年的评选活动，激励广大青少年从小听党话、跟党走，刻苦学习，树立理想，砥砺品格，增长本领，让平江红色精神代代相传。全县每年评选出"新时代好少年"100名，县委宣传部和县教育局联合举行颁奖仪式，县四大家主要领导亲自参加，为获奖学生授奖致辞。

虽然我们在家校社协同育人工作方面做了一些努力，取得了些许成绩，但离上级的要求和广大未成年人的期待还有一定差距。我们将继续以习近平总书记的重要指示精神为指引，不忘初心，笃行关爱，努力开创平江县教育系统关心下一代工作新局面，为培育新时代逐梦人而不懈努力！

‖ 一个公益课堂　上千家庭受益 ‖

郴州市嘉禾县"润禾"家庭教育公益课堂　刘红花

一、创新案例简介

2018年12月，在嘉禾县妇联的倡导下，在嘉禾县教育局关工委的支持下，由嘉禾县珠泉完小国家二级心理咨询师刘红花老师牵头，通过试讲、面试招募了6位讲师和12位志愿者组建了嘉禾县"润禾"家庭教育公益讲堂。公益课堂参与人员有心理咨询师、教师、家长，也有退休干部，组成了"我志愿为家庭教育点燃希望"的志愿者服务团队，定期在鳌峰社区二楼授课。

2019年3月8日在启动仪式上开启了第一堂公益课。2019年以来，每一年都会通过比武和面试招募少量讲师和志愿者，目前共有讲师、志愿者34位，每一位志愿者都是大爱付出。在这个纯公益课堂里，不打任何一个广告，不推销任何一款产品，不收取任何一分费用，只有一个愿景：走进润禾，幸福嘉禾！

2020年7月"润禾"家庭教育的做法还被嘉禾县教育局王伍英副局长和雷纯生主任撰写成题为"一个公益课堂，上千家庭受益"的报道，在"中国教育新闻网"上刊登、宣传。

2021年3月，公益课堂应广大家长朋友们的邀请走进了嘉禾县珠泉完小，志愿者讲师们利用星期三晚上的时间对家长进行家庭教育理念与方法的培训。志愿者老师们都是利用星期六的时间磨课、上课，占用星期三晚上的时间和家长们在一起学习，一起探讨。

2022 年 3 月嘉禾心理微团队的成员也加入到志愿者行列当中，队伍越来越壮大。受疫情的影响不能进行线下授课，近期开启了线上培训。

至今已经开展了 106 期公益讲堂。四年来，嘉禾县"润禾"家庭教育公益课堂的老师，走进社区，走进学校，到过机关单位，到过各乡镇，给不同年龄、不同文化背景的老人、孩子上过课。培训形式也是多样的，有对家长的培训，也有对家庭和个体的心理辅导。

公益课堂以"培养什么样的人，如何培养人"为初心使命，搭建"分享教育智慧，携手立德树人"的家教平台，营造"学习强国，家教兴邦"的社会氛围，获得了社会各界的一致好评。

二、成功经验和做法

1. 为家长搭建学习平台

（1）开展形式多样的家长培训

借助公益课堂，开展了形式多样的家长培训。讲师团队的家庭教育指导师王慧生老师、袁杰文老师，国家二级心理咨询师袁君兰老师、欧春梅老师、李华燕老师等专家为家长们授课，授课内容包括促进家长自我成长方面的《学家庭教育做智慧家长》《我的家庭教育观》《孩子，我该如何爱你》；指导沟通方面的《如何召开家庭会议》《如何与老师沟通》；教养培育孩子方面的《如何培养孩子懂得感恩》《如何培养孩子未来 20 年》；等等。授课形式有妈妈沙龙，有亲子课堂，有家庭会议。培训时有案例有课件，确保家长听有兴趣、学有收获。

公益课堂以"实"的内容、"活"的方式、"暖"的语言，帮助家长树立正确的教育观，了解孩子成长的特点、规律，还通过游戏互动和情景扮演的形式，让家长们切身感受科学的育儿理念，加强亲子沟通。在现场活动中，家长们认真聆听，仔细做好笔记，并积极参与到各个互动游戏环节中。

培训会后，家长们及时写出学习心得和收获。一系列课程下来，家长们纷纷表示受益匪浅，要将学到的育儿理念用于实践。同时建立了学生心理成长档案，并进行跟踪指导。

（2）利用自媒体"传经"

公益课堂除了面对面开讲，还利用自媒体"传经"。罗井艳、李美玲、肖红、周涵韵等志愿者每天都在"珠小家校共育"微信群里播报约 10 分钟的心理学和家庭教育知识，为不能到现场学习的家长提供更便捷的学习途径。所播报的内容包括《好妈妈胜过好老师》《家庭教育——家长学习成长》《你就是孩子最好的玩具》《放养，做父母不必那么累》等，四年来播报时长已达 14600 多分钟，家长们每天足不出户就可以学习育儿知识，解除家庭教育中的困惑。

通过线上线下相结合的"家庭教育公益课堂"，给家长全面学习家庭教育知识，系统掌握家庭教育科学理念和方法，提供了一个良好的平台。据统计，目前自愿参加"润禾公益课堂"听课的家长有 20000 多人次，涵盖 2000多个家庭。

2. 为家庭提供教育指导

针对特殊家庭、特殊儿童，公益课堂的讲师和志愿者还进行了"一对一"家庭教育指导，帮助家庭成员分析、查找家庭教育中存在的主要问题，并采取家庭绘画游戏、妈妈沙龙、亲子游戏等多种手段帮助问题家庭改善亲子关系，转变家长教育观念，纠正家长不良的教育行为。

3. 为孩子打开心灵之窗

在"家庭教育公益课堂"助推之下，珠泉完小着力培养一支了解家庭教育、深耕家庭教育的教师队伍，开设"心理健康月"，举行心理健康教育讲座，开展班主任沙龙活动，对教师特别是班主任、辅导员的教育教学方式进行指导，使教师熟悉小学生的心理发展，适应新时代心理教育的要求，提高教师心理健康教育能力，从而建立起平等、信任、友爱的师生关系，促进各种类型学生的健康成长。

在刘红花老师的带领下，珠泉完小在"心理健康月"，开设了"小学生心理辅导培训"课程，每月定期给学生上一堂心理辅导课，让公益课堂成为家长和孩子无形的纽带。目前开设的课程有《我的人生我做主》《我的情绪我做主》《每天都说我爱你》《学会合作》等。孩子们通过这些课例知道了怎样规划自己的人生，怎样控制自己的情绪，怎样和身边的人表达情感，怎样与人合作。四年下来孩子们在养成习惯、学习生活中都有了很大的改变，家长们反映孩子回家不再只盯着手机、电视，而是能主动学习，敢大声赞美，愿意精诚合作，精神面貌焕然一新。

4. 为志愿者开启成长之路

"润禾"家庭教育公益课堂每年会定期组织"三个一"活动，即一次户外团建、一次教学比武、一次集中培训，旨在增强凝聚力，打造竞争力，提升综合力。

通过四年的共同学习与共同成长，老师们在了解心理学知识的基础上开始能接纳并掌控自己的情绪；掌握沟通的技巧，并提升自己的情商管理能力；能愉快地学习、工作和生活，并且在专业成长上有了长足的进步，获得了许多荣誉。

刘红花副校长在2021年湖南省心理健康教师专业能力现场竞赛中荣获一等奖。志愿者李红梅老师的班主任课例获市一等奖，被评为"县优秀班主任"，被聘为嘉禾县思政课讲师；志愿者李志娟老师参加郴州市说课比赛获一等奖；志愿者郭春利老师被评为"县优秀教师"，参加郴州市工会—封家书短视频比赛获奖；段晓艳老师被聘为嘉禾县"送课到校"培训教师，担任珠泉完小"青蓝工程"指导老师，受邀参加"国培计划"小学家庭教育骨干教师工作坊研修。

三、未来工作展望

嘉禾县"润禾"家庭教育公益课堂，开创了首个郴州市"家庭教育纯公益课堂"的先例，深入家庭教育研究，为家庭教育把脉支招，解决家庭教育中的痛点难点，切实帮助学生缓解学习压力、解决心理障碍、增强自信心，还为学生营造了良好的成长环境，促进了学生健康成长和全面发展，打造了独具特色的青少年成长阵地和服务平台。

后续"润禾"公益课堂将向更多的优秀组织单位学习，建立教师、家长、学生、志愿者成长管理制度，开展各种学习交流活动，把实践成果应用推广到更多学校、家庭、周边县市区，形成长效机制，更好地服务于各县市区的精神文明与和谐社会建设中。祝愿一个公益课堂，有上万个家庭受益！

‖ 家谱文化增进"家校社"协同育人的活力 ‖

仰岳楼家谱馆　杨岳平

国有史，地有志，家有谱。中华民族有修家谱的习惯和传统，家谱承载着中华民族五千年血脉传承历史和家风，深藏着老祖宗的智慧。

2022年1月1日，《中华人民共和国家庭教育促进法》开始正式实施。家庭教育在我国首次进行专门立法和实施，给家校社协同育人提出了新的课题。

长沙仰岳楼家谱馆有40年历史，收藏了216个姓氏，3000多册家谱，受到社会各界关注。中新网、湖南卫视、《长沙晚报》《快乐老人报》等进行了专题报道，并为之开辟家风家教专栏。家谱馆与湖南省妇联、长沙市委宣传部、湖南师范大学、湖南女子学院、湖南工商大学有家风家教项目合作。家谱馆在推动中华优秀传统文化在家校社协同育人方面，创新性地做了一些尝试，积累了一些实例经验。

一、帮助祖孙三代写家谱，凸显家庭教育的特色性

家谱馆接待过许多寻根问祖、查阅家谱文献的朋友。现在很多中学都注重传统的家教文化，长郡中学高中入学学生第一篇作文题目是"家谱"。湖南林业科技大学周旭教授的女儿2012年秋考入长郡中学高中部，拿了一篇彭老师布置的《家谱》作文题，问父亲该怎么写。

周教授有点蒙了，回答不出《家谱》作文怎么写的问题。他年年清明节回老家和父亲去扫墓，在电视里看过台湾宋楚瑜先生回湘潭县射埠镇祭奠祖

先的节目,知道《家谱》作文的意义所在。

他带着 15 岁的女儿回望城老家找父亲及伯父,父亲从家里的阁楼上,找出 1932 年八修长沙塘冲祖辈留下的残缺不全、泛黄的几本老家谱。女儿的表现令人吃惊,她说长这么大,读高中了,一直都是读的别人写的书和文章,从来没有想到世界上有一种叫"家谱"的书,是老祖宗写给后人看的。家谱让女儿有天然的感应和责任,祖孙三代人决定修谱。他们来到家谱馆查阅族谱文献资料,望城区塘冲周氏后裔从全世界各地得到消息,纷纷参与寻根问祖修谱。学校老师一个"家谱"的作文题目,引发了全族 3 万多人参加的续谱文化活动。

二、深研家谱文献,为火宫殿、长郡中学、名人等提供历史依据

一方水土养一方人。长沙火宫殿是长沙饮食文化集大成,外地人来网红长沙打卡的地方。湖南师范大学公共管理学院社会学系民族学与人类学研究中心谭卫华副教授的研究生,以长沙地方火宫殿文化为选题写毕业论文。

1938 年 11 月 12 日,抗日战争"文夕大火",长沙火宫殿葬身火海,一片废墟。长沙坡子街有担当的杨震泰锡器店等八大商户,出钱重建火宫殿,他们被称为火宫殿"新八董"。家谱馆提供了清朝乾隆年间和民国时期的青山铺杨氏族谱文献资料,还邀请到杨震泰锡器店及八董后裔,举办了"城市记忆——重建火宫殿口述史"活动。家谱馆以其丰富的馆藏,成为湖南师范大学公共管理学院社会学系民族学与人类学研究中心的基地。

家谱文献也厘清了长沙名校长郡中学的创建历史。杨岳平主修岳阳汨罗《剑滩杨氏十修宗谱》时,在 1918 年七修宗谱里,发现了担任过平江县县长的钱葆青,写的《杨公迪吾先生传略》一文中,原原本本写了长郡中学由父亲杨迪吾出钱,儿子杨震华办学的经过。杨震华即我国著名作家,《青春之歌》的作者杨沫、电影表演艺术家白杨姐妹的父亲。杨震华是著名的教育家,他在长沙创办了长郡中学,后又在北京创办了新华商校。抗日战争中,他回到故乡,拿出部分住房和家族一起,创办了女子职业学校,让战争中的女子受到教育,造福乡梓。

家谱馆杨岳平以曾氏家谱提出的"湖湘女性文化之湘军眷属文化"研究，与工商大学骆晓戈教授、双峰县妇联主任王芳、党务工作者谢娜、工商大学中文系五位研究生、长沙市实验中学、周南中学组成了课题研究小组，撰写的《双峰女杰群体谱系研究》，已于2022年5月由湖南省妇联立项为重点课题，预计2024年结项完成。

抗日战争中曾宝荪主修了湘乡《大界曾氏五修族谱》，开女性主修民国族谱的先河，并且是曾氏历修族谱中内容最丰富、质量最高的族谱。曾国藩治家的理念"早起、庭扫、守恒"的遵循者和落实人，是富厚堂持家的母亲、儿媳、女儿们。族谱里，她们把曾国藩的治家理念演绎成了一部育儿经。她们影响到了富厚堂周边的亲朋戚友和湘军将领们的眷属。双峰、湘乡走出来的女侠唐群英、秋瑾、葛健豪，革命者向警予、蔡畅等都深得富厚堂女性们的影响。

三、挖掘家谱文献，拓宽党史人物的研究视野，开展红色文化宣讲

长沙是红色文化的策源地。2019年，家谱馆杨岳平撰写的论文《挖掘家谱文献，拓宽杨开慧、缪伯英、杨德群研究视野》，荣获湖南省党史研究院优秀论文奖。杨开慧是毛泽东的夫人，缪伯英是中国共产党第一位女党员，杨德群是"三·一八"惨案牺牲的进步女青年。这三位女烈士的家乡，都在长沙和汨罗搭界的地方，相距不到十公里。她们都是同乡和闺蜜，祖祖辈辈的姻亲关系、朋友关系、同学关系构成了相同的家风，这是他们追求进步，不怕牺牲的土壤。2021年建党100周年，《杨开慧、缪伯英的家风故事》成为红色文化的精品课，在长沙图书馆、长沙县图书馆、师大社区、女子学院等单位宣讲。

2021年10月1日国庆节，家谱馆受长沙市中雅培粹中学2001班家长委员会的邀请，在"讲百年党史，赓续红色文化"的主题班会上，讲述中共最早的两位女党员杨开慧、缪伯英的家风故事，奋斗历程。以谱证史，告诉孩子们不要忘记先烈们的足迹，传承红色精神，奋勇追梦。

同学们分享了自己的感受，学生代表熊千贻、王明磊同学接受了记者采

访，他们说：同学们都习惯了安定祥和的日常生活，这种幸福的日子是无数革命烈士奋斗的结果。长沙市政法频道对此次活动进行报道。

2023 年 3 月 7 日、5 月 30 日分别受邀在韶山电力党校、开慧镇党校进行宣讲，得到了充分肯定。杨岳平撰写的介绍《韶山毛氏五修族谱》一文，发布在仰岳楼家谱馆自媒体微信公众号，浏览量高达 39000 多次。网络时代，自媒体也是宣传家风文化的好平台。

四、以公众图书馆为传播家谱文化的高地，激发爱国爱乡爱家热情

长沙是湖湘文化发源地之一，素有"屈贾之乡"的美誉，传统的姓氏文化一直哺育和浸润着这座城市的后代。长沙市图书馆"湖湘有谱"系列讲座，从仰岳楼家谱馆提供备选的长沙 100 个家谱故事里，挑出了"杨开慧、缪伯英的家风故事""从族谱看：长沙姓氏地名文化""湖湘状元易绂和王容的家谱世界"等多个题目开讲。长沙图书馆家谱讲座预告发出后，不满 24 小时，预约报名就满员了。

"从族谱看：长沙的姓氏地名"，通过长沙姓氏看地名的历史积淀，族谱信息真实、可靠，让我们看到长沙这座千年古城，一次又一次地因为人们的迁徙到来、立业、繁衍，从废墟中拔地而起，历经岁月风雨的洗刷，那些古老的地名，依然可以帮助我们，清晰地寻找到各个姓氏的根。

"湖湘状元易绂和王容的家谱世界"从中国人家的理想"耕读为本，诗书继世""朝为田舍郎，暮登天子堂"出发，把听众代入古代状元家谱故事里。状元是我们中华民族历史上的优秀群体，科举虽然废除，状元仍然是当今奋发向上的代名词，如"三百六十行，行行出状元"。从唐朝武则天钦点状元开始，有国史记录的状元 724 名，湖湘状元有 14 名，寥若晨星。南宋宁乡状元易绂、湘乡状元王容，他们的故事留在了家谱里。他们是姑表兄弟，岳麓书院的学生，还都是家谱的纂修人。杨岳平老师带来她收藏的清朝宣统元年（1909）《易氏十修族谱》展示，吸引了听讲座的家长和孩子们。

廖女士带 8 岁的女儿来听讲座。她没有报到名，因易绂是她的家乡人，知道家乡有口"状元井"，特别亲切，特别想听。她在讲座上积极互动，讲

述了家乡宁乡状元易绂的遗风流韵，提到她曾经在旧书网上搜寻到原担任云山书院院长的曾祖父写的一本书而激动万分。她决定回家向父亲了解家谱，把先辈的事迹记录进家谱。

一位母亲带来6岁的儿子，坐在前排，鼓着大眼睛听着家谱故事。她说家谱文化讲座很少有，儿子能够听懂多少是多少，总比不知道的要好。在古代，儿童五六岁启蒙，都从背诵《百家姓》和《三字经》开始。至少他长大后，知道有家谱这件事。

自报家门周姓8岁的小学生，自告奋勇到讲台上分享，介绍自己喜欢看中国历史书籍，知道许多历史名人故事。他表示想看周氏家谱。

五、帮助海外华人华侨寻根问祖

家谱馆是湖南省侨联和长沙市侨联的支持单位。2019年国庆节，接待马来西亚34位华侨寻根问祖，陪同他们在长沙湘江边观看中华人民共和国成立70周年焰火晚会。他们为祖母国的繁荣富强产生了发自内心的自豪。

家谱馆多次接待来自美国、法国、日本的华人寻根问祖。2023年，各地政府纷纷举办黄帝陵、炎帝陵、舜帝陵祭祖活动，传播尊我始祖、爱我中华的共识，海外华人华侨纷纷组团参加。

家谱馆沿着习近平总书记指引的方向，从家谱深厚的文化底蕴中，挖掘汲取奋进力量，增强了"家校社"协同育人的活力。